解码京津冀

——京津冀协同发展研究报告

北京改革和发展研究会　编著

陈剑　主编

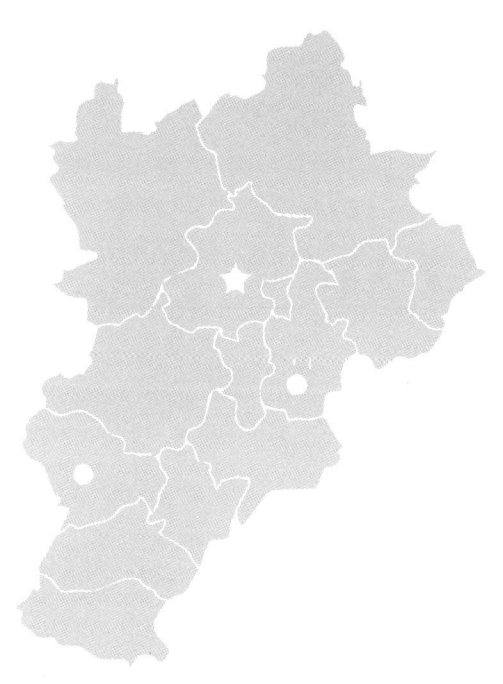

图书在版编目（CIP）数据

解码京津冀/北京改革和发展研究会编．—北京：北京燕山出版社，2018.3

ISBN 978-7-5402-4978-6

Ⅰ.①解… Ⅱ.①北… Ⅲ.①区域经济发展—协调发展—研究报告—华北地区 Ⅳ.①F127.2

中国版本图书馆 CIP 数据核字（2018）第 042454 号

解码京津冀

——京津冀协同发展研究报告

| 主　　编：陈　剑
| 责任编辑：贾　勇　王　迪
| 出版发行：北京燕山出版社有限公司
| 社　　址：北京市西城区陶然亭路 53 号
| 邮　　编：100054
| 电　　话：010-65240430（总编室）
| 印　　刷：三河市灵山芝兰印刷有限公司
| 开　　本：787mm×1092mm　1/16
| 字　　数：263 千字
| 印　　张：17.125
| 版　　次：2018 年 3 月第 1 版
| 印　　次：2018 年 3 月第 1 次印刷
| ISBN 978-7-5402-4978-6
| 定　　价：68.00 元

版权所有　盗版必究

撰 稿 人

陈　剑　连玉明　张国华　祝尔娟　刘万玲　张建国　赵　弘
李军凯　黄江松　鹿春江　徐唯燊　何晶彦　安树伟　闫程莉
王宇光　许　海　金志雄　魏雅娟　周聪利　何　芬　张静华

主编陈剑　简历

著名的现代化研究专家，首都经济研究专家。

1957年3月出生于安徽芜湖，祖籍江苏淮安。1982年毕业于安徽大学经济系，1986年毕业于吉林大学研究生院。先后在国家计划生育委员会、中国社会科学院等部门工作。1997年7月调入北京，先后担任北京市人民政府研究室副主任、北京社会主义学院副院长等职。

现任中国经济体制改革研究会副会长，北京改革和发展研究会首席专家，中国改革20人论坛执行主任，全国工商联参政议政委员，北京市委讲师团专家组成员，北京交通大学、北京联合大学等多所大学兼职教授。

出版专著20余部，发表学术论文500余篇。一些专著、论文和决策咨询文章在社会上产生广泛影响。

2015年以来主要著作有：专著《中国生育革命纪实（1978－1991）》(2015)，专著《国家重构——中国全方位改革路线图》(2015)，主编《建设常态现代国家——中国改革报告2015》(2015)，主编《北京协商民主的理论与实践》，主编《中国公民读本》(2016)，主编《京张历史文化及当代发展》(2017)，主编《中国新的社会阶层研究》(2017)，主编《中国基层协商》(2018)。

围绕首都发展，主要著作有专著《服务中国——破解首都经济难题》(1998)，《北京离现代化有多远》(2003)，主编六部《北京奥运经济报告》(2003—2008)，主编《京张冬奥发展报告2016》；围绕首都经济、京津冀协同发展，奥运会和雄安新区建设，发表论文百余篇。

序　言[*]

陈　剑

习近平总书记在党的十九大报告中指出，要"以疏解北京非首都功能为'牛鼻子'推动京津冀协同发展，高起点规划、高标准建设雄安新区"。这为推进京津冀区域整体发展指明了方向。

2017年9月13日，中共中央国务院对《北京城市总体规划（2016—2035年）》（以下简称《总体规划》）作了批复，对北京如何强化首都的核心功能，如何通过建设北京城市副中心进而疏解首都非核心功能，如何推动雄安新区建设，进而拓展首都功能，打造京津冀新的增长极，提出了详尽要求。

《总体规划》提出，关键是要牢牢把握首都城市发展的功能定位、目标定位。牢牢把握"都"与"城"的关系。北京的发展是首都发展，北京的规划是首都规划，最核心的就是"四个中心"。要正确认识、妥善处理好"都"与"城"的关系，始终将"都"摆在首要位置，自觉从党、国家和人民需要的高度审视和把握首都工作，紧紧围绕实现"都"的功能来布局和推进"城"的发展，使落实城市战略定位、优化提升首都核心功能，成为城市发展最鲜明的主题和全市人民的自觉行动。

首都作为全国政治中心，其功能的充分实现，对于凝聚全国人民力量，紧密团结在党中央周围，全面建成小康社会，实现"两个一百年"的奋斗目标，促进中华民族伟大复兴的历史进程十分重要。为了首都政治中心功能的实现，首都的安全稳定应当是重中之重。《总体规划》提出，坚持把政治中心安全保障放在突出位置，严格中心城区建筑高度管控，治理安全隐患，确保中央政务环境安全优良。

首都作为全国文化中心，对提升全国人民的文化自信，弘扬中华文化的国际影响力，提升中国在全球的软实力有着重要意义。《总体规划》提

---

[*] 陈剑，"以十九大精神为指引构建首都发展新格局"，北京市委机关刊物《前线》，2017年第12期。作为序言时，内容作了一些删节。

出,"抓实抓好文化中心建设,做好首都文化这篇大文章,精心保护好历史文化金名片,构建现代公共文化服务体系,推进首都精神文明建设,提升文化软实力和国际影响力"。"精心保护好历史文化金名片",这是实现首都文化中心功能的重要环节。

随着改革开放以来的稳步发展,中国日益进入国际舞台中央,在重大国际活动中,中国的声音不可或缺,因而重大国际活动、贸易往来、文化交流等日益增多,北京作为国际交往中心需要承担更多服务保障任务。《总体规划》提出,前瞻性谋划好国际交往中心建设,适应重大国事活动常态化,健全重大国事活动服务保障长效机制,加强国际交往重要设施和能力建设。

科技创新中心的功能,是习近平总书记2014年视察北京时提出的。《总体规划》也对科技创新中心功能的实现提出了要求,即"大力加强科技创新中心建设,深入实施创新驱动发展战略,更加注重依靠科技、金融、文化创意等服务业及集成电路、新能源等高技术产业和新兴产业支撑引领经济发展,聚焦中关村科学城、怀柔科学城、未来科学城、创新型产业集群和'中国制造2025'创新引领示范区建设,发挥中关村国家自主创新示范区作用,构筑北京发展新高地"。

未来北京的发展,需要在党的十九大精神指引下,紧紧围绕实现首都的功能来谋划北京城市的发展,努力以北京城市更高水平的发展服务保障首都功能的实现。

推进以疏解北京非首都功能为"牛鼻子"的京津冀协同发展,这是重大国家战略。我们要坚持不懈抓好疏解整治促提升专项行动,目的是优化提升首都功能。同时,发挥好"一核"作用,全力支持河北雄安新区建设,高水平建设城市副中心,更好地推动京津冀协同发展。

设立雄安新区,既是整个京津冀地区重要增长点,也是力图打造中国版的硅谷,努力构建全球有影响力的科技创新中心的重要组成部分。为此,雄安就应当建设成为首都功能的拓展地,特别是首都科技创新中心功能的主要拓展地,所承接的产业有自身特定的要求。雄安新区建设,因而也成为推进京津冀协同发展进程中的重要亮点。

对北京来说,疏解非首都核心功能是落实首都"四个中心"城市战略定位、治理"大城市病"的现实选择。党的十九大报告提出以疏解北京非首都功能为"牛鼻子",北京市第十二次党代会报告提出坚定不移疏解非首都功能,"坚定不移"表明要紧紧抓住这个推动京津冀协同发展的"牛鼻子",将其作为关键环节、重中之重,这充分体现了北京的决心。而要把雄安新区打造成新发展理念引领的现代新城,就需要树立创新思维,不断创新发展体制机制,不断探索发展新方式。

2017年6月,北京市第十二次党代会上提出,"建设河北雄安新区,是千年大计、国家大事,将与城市副中心共同形成北京新的两翼。坚决落实党中央决策部署,把支持雄安新区建设当成自己的事,主动加强规划对接、政策对接、项目对接,全方位加强合作,雄安新区需要什么就支持什么,做到有求必应、积极配合、毫不含糊。"这表明,北京市要"把支持雄安新区建设当成自己的事",并且要有一系列实际行动。

2017年9月13日,中共中央、国务院公布的第7版的首都城市总体规划(2016—2030年)增设雄安新区一节。也就是说,雄安新区建设已经纳入首都城市总体规划之中,并成为2017年6月北京市第十二次党代会提出的北京空间布局"一核两翼"的重要内容。

2017年8月18日,北京市和河北省两省市政府签署了《关于共同推进河北雄安新区规划建设战略合作协议》。认真分析这项战略合作协议,雄安新区作为首都功能拓展区已经进入了实质性的实施阶段。

雄安新区既然是打造中国版的硅谷,那么,并不是所有产业都适合在雄安发展。围绕雄安新区发展高端高新产业的定位,《合作协议》明确提出,"京冀双方将加强产业转移与承接的协同联动,严控新区承接一般性制造业、中低端第三产业,共同推动雄安新区发展高端产业,支持中关村发展集团等市属国企与雄安新区在科技创新领域开展合作,使新区在起步阶段就集中发展高端高新产业"。需要注意的是《合作协议》提出的,"严控新区承接一般性制造业、中低端第三产业"。这说明,雄安新区所承接的,将是首都的一些高端高新产业,而不是一般的第二、三产业。

此外,北京市将推动本市优质教育、医疗卫生等资源向雄安新区布局发展。结合雄安新区需求,为雄安新区规划建设和发展提供智力支持和人才支撑。上述内容说明,雄安新区作为首都功能拓展区,其建设已经进入具体的实施阶段。

可以预期,在党的十九大精神指引下,通过落实"四个中心"定位,重点打造全国科技创新中心,建设首都功能拓展区和北京城市副中心,在不久的将来首都将形成发展新格局。

目 录

序 言 ·· 陈 剑 1

第一部分　首都发展 ··· 1

引领型发展与北京科技中心的确立 ······························· 陈 剑 3
北京建设全国科技创新中心路径研究 ················ 鹿春江 徐唯燊 5
国际一流的和谐宜居之都指标体系及对北京的评价 ·········· 黄江松
　　　　　　　　　　　　　　　　　　　　　　 鹿春江 徐唯燊 24
北京城市空间布局优化研究 ································ 赵 弘 何 芬 62

第二部分　副中心和雄安新区建设 ····························· 73

"新北京"与通州城市副中心建设 ······································ 陈 剑 75
雄安新区规划建设的"负面清单" ·································· 连玉明 80
雄安新区体制机制改革创新的设想 ································ 刘万玲 86
对集聚创新要素建设雄安新区的思考 ···························· 张建国 91
雄安新区建设应关注十大平衡 ·· 陈 剑 98
建设雄安新区，关键词"放开"和"开放" ······················ 陈 剑 104
有序推进雄安新区产业创新 ·· 刘万玲 115

第三部分　京津冀协同发展 ·· 119

京津冀：突出整体定位调整产业结构 ···························· 陈 剑 121
建设"微中心"推动京津冀协同发展 ·················· 赵 弘 张静华 126
"交通·产业·空间"协同规划引领京津冀创新发展 ····· 张国华 138
京津冀协同发展指数测度及对策研究 ················ 祝尔娟 何皛彦 144
京津冀教育协同发展的现状、问题与对策 ········· 李军凯 刘振东 161
推进京津冀发展的若干政策建议 ···································· 陈 剑 169

税收助力京津冀协同发展的对策研究
　　——长珠三角税收管理经验借鉴 …… 金志雄　魏雅娟　周聪利　177
京津冀协同发展的工作成果与未来展望 ……………… 京津冀三地党刊
　　　　　　　　　　　　　　　　　　　　　　　联合课题组　189
京津冀协同发展战略实施效果与展望 ………………………… 安树伟　198
遵循城市发展规律，促进京津冀协同发展 …………………… 安树伟
　　　　　　　　　　　　　　　　　　　　　闫程莉　王宇光　209

第四部分　2022北京冬奥会 ………………………………………… 221

掌握指导2022年冬奥会筹办的锁匙 …………………… 陈　剑　223
尊重奥运产权　推动市场开发 …………………………… 陈　剑　228
东北亚三国奥运会及政策建议 …………………………… 陈　剑　234

第五部分　媒体专访 ……………………………………………… 243

雄安会成为中国"硅谷"吗？
　　——专访中国经济体制改革研究会副会长陈剑 ………… 齐　夕　245
陈剑：北京正站在新旧城双核心格局的起点上 …… 刘佳英　徐和谦
　　　　　　　　　　　　　　　　　　　　　实习记者　罗瑞垚　249
李铁：雄安新区不能再走土地财政老路 ………………… 侯润芳　255

后　　记 …………………………………………………………… 261

· 第一部分 首都发展 ·

引领型发展与北京科技中心的确立*

陈 剑

党的十八大以来，以习近平为总书记的党中央把创新摆在国家发展全局的核心位置，高度重视科技创新，围绕实施创新驱动发展战略、加快推进以科技创新为核心的全面创新，提出一系列新思想、新论断、新要求。2014年2月26日，习近平总书记在北京视察时指出，北京要坚持和强化全国政治中心、文化中心、国际交往中心、科技创新中心的核心功能。"科技创新中心"自此成为首都一项新的核心功能。2015年4月30日，中共中央政治局召开会议，审议通过《京津冀协同发展规划纲要》，明确了北京作为中国四个中心的新定位。

习近平总书记对北京城市功能增添新的定位，意味着什么呢？结合党的十八届五中全会提出的引领型发展，这个定位就十分清晰了。

随着中国在国际舞台上的迅速崛起，中国正从全球经济的追随者向引领者转变。而引领型发展，需要中国在经济、政治和文化上都能引领国际潮流，以推动世界经济发展，用人类共同语言弘扬人类共同的价值观，并担负起与中国在国际舞台上所处地位相应的国际责任。这需要中国诸多城市作为节点，成为某一领域有影响力的城市，以推动中国在国际舞台上扮演好引领者角色。而科技中心的确立，就是以习近平为总书记的党中央对北京城市的殷切期望。通过引领型发展承担起中国在国际舞台上引领者的作用。这既十分光荣，也充满了挑战。需要付出巨大努力才有可能实现。因为作为科技创新中心，需要有领先的科技、领先的产品，有在全球领先的创新成果，通过引领型发展引领全球的科技潮流。北京能否真正担负起中国科技创新中心的作用，通过科技创新引领世界科技的潮流，这无疑是一项十分具有挑战性的工作。

中国37年的改革开放，经济持续增长，经济实力迅速增强，但如果探

---

* 此文原载《北京日报》，2016年5月30。

讨中国的经济增长之谜，复制模仿、拿来主义或后发优势可能是一个重要的归因。但中国从追随者向引领者转变，继续复制模仿或拿来主义可能难以维系，后发优势不再，弊端日益显著。需要从中国制造向中国创造转变。只有中国创造在全球的领先，才能与中国在国际舞台上的迅速崛起相适应，才能与全球经济和科技等诸多方面的引领者地位相适应。

把北京科技中心的定位放到中国和平崛起的国际大视野去考察，就可以看出，这是一个具有十分重要战略意义的定位。其视野不仅仅限于一国范围，而需要在全球领先，需要在全球科技创新中脱颖而出，并引领中国创造在全球经济大舞台展现中国风采。

北京作为科技创新中心担当起中国创造引领者的重任，努力方向应包括以下内容：一是需要用全球眼光来谋划创新发展格局，持续培育对人类社会生产生活方式具有重大影响的原创技术，持续引领战略性新兴产业发展潮流，成为原创思想的策源地、全球创新资源的集散地和人才国际化发展的集聚地，打造引领自主创新的动力引擎。二是推动大量面向国际化的企业作为北京打造中国科技创新中心的载体。三是高度重视资本市场的作用，进一步发挥北京已经形成的科技与金融优势。四是加大结构调整力度，在一些新兴产业上有新的突破。五是招人聚才并举，择天下英才而用之，充分吸引国际一流的创新人才。六是强化制度建设，进一步健全和完善市场经济制度，创建一个好的市场环境。七是营造创新文化。

北京建设全国科技创新中心路径研究

鹿春江　徐唯燊[*]

2014年2月，习近平总书记视察北京的重要讲话，明确了北京全国政治中心、文化中心、国际交往中心、科技创新中心的城市战略定位。其中，全国科技创新中心是首次提出。北京建设全国科技创新中心有雄厚的资源基础，但是也面临不少问题。本文就是以北京建设全国创新中心的基本路径为着力点，探讨研究北京如何更好更快地建设全国科技创新中心问题。

一、北京建设全国科技创新中心的基础和保障

"十二五"时期，北京全面贯彻党的十八大和十八届三中、四中、五中全会精神，深入贯彻习近平总书记系列重要讲话精神，加快实施创新驱动发展战略，着力激发大众创新万众创业，有效发挥创新创业促进经济增长的乘数效应，逐步构建起以科技创新的发展体系。

（一）科技资源

科技资源是北京进行科技创新活动的基础，体现为首都科技研发的资金投入、人才储备和资源分配。一般来讲，科技资源可以分为人才和投入两个方面：前者是从人才的数量和质量上衡量北京对科技研发的投入，体现了首都智力资源的情况；后者是指在科技活动过程中产生的各种费用，体现了首都科技经费的投入强度。

1. 科技人才

北京高度重视科技研发人才的引进和培养工作。"十二五"时期，随着"千人计划""海聚工程"等的逐步实施，首都已逐渐成为全球高端人

---

[*] 鹿春江，首都社会经济发展研究所综合处处长、副研究员；徐唯燊，博士，首都社会经济发展研究所综合处主任科员、助理研究员。

才的"强磁场",人才的集聚效应已经开始显现,其中部分人才已然成为科技领军人物,为北京加强全国科技创新中心建设奠定了基础。

表1 "十二五"时期北京科技人才的情况

年份	每万人中本科及以上学历人数（人）	每万名从业人员中R&D人员数量（人）	规模以上工业企业R&D人员占从业人员的比重（%）	高等学校R&D人员占教职工的比重（%）
2011	1837	203.1	4.23	—
2012	1932	212.7	4.45	22.73
2013	2139	212.2	5	23.44
2014	2379	212.1	4.96	23.88
2015	2261	207.2	4.6	24.93

注：R&D人员折合全时当量，"—"代表相应年份的数据不可得。
资料来源：《北京统计年鉴》数据整理和计算。

从总体上看，"十二五"时期北京在科技人才方面表现出以下特点：

第一，科技人才储备充足，高端人才聚集加速。2015年，全市高等教育在校学生189.5万人，其中硕士以上学历的36.7万人，占19.4%。每万人中本科及以上学历人数由2010年的2020人增加到2015年的2261人，年均增长率为2.3%；每万名从业人员中R&D人员数量由2010年的187.8人增加到2015年的207.2人，平均每年增加近4人。不难发现，首都科技人才储备相对充足，结构不断优化，并且随着各项人才计划的逐步实施，境外高端人才开始加速向北京聚集。截至2015年末，北京累计有1337人入选"千人计划"，大约占全国的1/4，258人入选"万人计划"，大约占全国的30%。

第二，科技人才的配置更为合理。各类人才在各种平台的分布更为科学，形成了对科研成果转化的促进。目前，北京高等学校密集，以市场为导向的研究主体不断涌现。2015年，北京高等学校R&D人员占教职工的比重已接近1/4，规模以上工业企业R&D人员占从业人员的比重也已接近5%。

2. 科技投入

与科技人才的加速增长不同，"十二五"时期北京科技投入的增长相对缓慢，基本上呈小波动上升趋势。

表2 "十二五"时期北京科技研发投入的情况

年份	R&D经费内部支出相当于地区生产总值的比例（%）	规模以上工业企业R&D经费内部支出占主营业务收入的比重（%）	基础研究支出占R&D经费内部支出的比重（%）
2011	5.76	1.05	11.59
2012	5.95	1.17	11.83
2013	5.98	1.14	11.58
2014	5.95	1.18	12.57
2015	6.01	1.29	13.8

资料来源：《北京统计年鉴》数据整理和计算。

整体来看，"十二五"时期北京在科技研发投入方面表现出如下特点：

首先，科技经费投入保持高强度。"十二五"时期，北京R&D经费内部支出相当于地区生产总值的比例始终在5.75%以上，2015年甚至超过6%，持续居全国首位。

其次，企业研发投入持续增长，投入强度波动上升。"十二五"时期，北京规模以上工业企业R&D经费内部支出占主营业务收入的比重基本上呈现上升趋势，2015年达到1.29%，相比2010年的0.9%增加了0.39个百分点，这意味着企业R&D经费的增长速度高于其主营业务收入的增速，体现了企业对科技研发投入的关注程度逐渐提高。

最后，R&D经费结构日趋合理，基础研究支出比重上升。基础研究是科技创新的源泉，并不断推动着技术的进步。基础研究支出占R&D经费内部支出的比重体现了北京在基础研究领域的投入强度。"十二五"时期，北京基础研究支出占R&D经费内部支出的比重由2010年的11.63%增加到2015年的13.8%，增长势头非常强劲。

（二）科技绩效

科技绩效是北京科技创新活动的结果和影响，衡量着首都科技创新目标的完成度。一般来讲，科技绩效可以分为科技产出、结构提升和引领带动三个方面。科技产出是科技活动的直接成果；结构提升反映了科技创新对北京加快转变经济发展方式的促进作用；引领带动体现了北京科技创新活动对国家战略的贡献。

1. 科技产出

科技产出主要包含科技论文、发明专利、技术合同等。"十二五"时期，北京不断加强全国科技创新中心的核心作用，实施"科技北京"行动计划和技术创新行动计划，科技产出不断涌现，成果总量显著提升。

表3 "十二五"时期北京科技产出的情况

年份	每万人发表科技论文数量（篇）	每万人有效发明专利数量（件）	每亿元R&D经费内部支出技术合同成交额（亿元）
2011	—	—	2.02
2012	76.0	33.6	2.31
2013	75.1	40.4	2.41
2014	75.8	48.2	2.47
2015	77.3	61.3	2.49

注："—"代表相应年份的数据不可得。
资料来源：《北京统计年鉴》数据整理和计算。

"十二五"时期，北京的专利申请量、专利授权量、技术合同成交总额、实现合同总金额均有显著增长。北京累计获得国家科学技术奖398项，占总数的三成以上，获得市级科技奖励的成果超过千项。中关村国家自主创新示范区企业累计制定国际标准184项，比"十一五"时期高出一倍。

在成果总量显著提升的基础上，人均和单位支出的科技产出也有显著提高。其中，每万人有效发明专利件数上升趋势非常明显，由2012年的33.6件增加到2015年的61.3件，年均增长率达到22.2%。

此外，北京不断加强对前沿技术的研究，在信息技术、生物医药等方面获得了一系列突破，取得了量子通信和CiPS细胞等一批重要成果，北京科技创新的国际竞争力和全球影响力大幅度提高，越来越多的科技产出正在由"跟跑"变为"领跑"。

2. 结构提升

"十二五"时期，北京不断加强高技术产业的发展，取得了突出的成绩。全市经济结构进一步优化，信息传输、软件和信息技术服务业、金融业以及科学研究和技术服务业等高技术产业增加值占GDP的比重始终保持在高水平，2015年分别为10.36%、17.06%和7.91%，其对首都经济增长的贡献率高于70%。现代制造业、现代服务业占第二、三产业的比重基本上呈上升趋势，二者分别由2010年的31.94%和66.28%上升到2015年的37.01%和72.57%，涨幅分别达5.07%和6.29%。

表4 "十二五"时期北京结构提升的情况

年份	大中型工业企业中有R&D活动的企业比重（%）	现代制造业增加值占第二产业增加值的比重（%）	现代服务业增加值占第三产业增加值的比重（%）	高新技术产品出口占出口总值的比重（%）
2011	44.49	33.58	66.81	30.71
2012	46.39	35.23	68.53	31.89
2013	49.16	38.62	70.05	32.26
2014	50.40	38.39	71.09	30.08
2015	51.26	37.01	72.57	25.67

资料来源：《北京统计年鉴》数据整理和计算。

"十二五"时期，北京的新兴产业取得了一系列重要成果：新一代信息技术产业领先发展，高端装备制造业提升发展，生物医药产业跨越发展，新能源汽车产业加快发展，科技服务业健康发展，现代农业高端发展，成为引领经济转型升级最活跃的一环。

3. 引领带动

"十二五"时期，北京作为全国科技创新中心的引领带动作用开始凸显。实现技术交易增加值占地区生产总值的比重由2010年的9%上升到2015年的9.47%，始终保持稳定增长的态势，随着技术交易的逐渐活跃，北京科技创新的影响力进一步增强。2015年，全市技术合同成交72272项，成交总额接近3500亿元。其中，流向外省市技术合同额增长迅猛，由2010年的654.8亿元增加到2015年的1878.7亿元，年均增长率高达23.47%；流向外省市技术合同额占技术合同成交总额的比重也由2010年的41.46%上升为2015年的54.41%，增幅达到12.95%。

表5 "十二五"时期北京引领带动的情况

年份	流向外省市技术合同额占技术合同成交总额的比重（%）	实现技术交易增加值占地区生产总值的比重（%）	每亿元R&D经费内部支出发明专利授权量（件）
2011	33.64	9.2	17
2012	56.34	9.3	18.9
2013	56.67	9.4	17.5

续表

年份	流向外省市技术合同额占技术合同成交总额的比重（%）	实现技术交易增加值占地区生产总值的比重（%）	每亿元R&D经费内部支出发明专利授权量（件）
2014	54.91	9.46	18.3
2015	54.41	9.47	25.5

资料来源：《北京统计年鉴》和北京技术市场管理办公室数据整理和计算。

"十二五"时期，北京不断深化科技创新的区域协同，与18个省、自治区、直辖市建立了区域合作和对口支援机制。首都创业导师志愿服务团积极与有意向的省、自治区、直辖市进行对接，成为北京科技创新资源服务全国的典范。北京的决策研究资源同样非常丰富。截至2015年末，北京约有智库800余家，专职研究人员1.5万人。其中，以政策研究为主，直接或间接服务于决策的研究机构就有200余家，为加强中国特色新型智库建设做出了很多有益的探索。

（三）科技服务

科技服务是北京推进科技创新活动的主要举措，体现了政府在加强科技创新中心建设中的支持服务作用。一般来讲，科技服务可以分为技术市场、金融服务、创业孵化、环境氛围和支持政策五个方面。技术市场是联系科技创新与实体经济的纽带，是完成科技成果转移转化的主要方式；金融服务是指金融市场和金融机构为科技活动提供的融资和保险等业务，反映了科技活动和金融的结合；创业孵化是指北京为科技创新成果产业化所提供的支持；环境氛围反映了科技活动所处的外部环境；支持政策是指北京为推动科技活动而采取的一批政策法规及其实际效果对科技创新能力的促进和提高。

1. 技术市场

"十二五"时期，北京技术市场表现为规模增大、质量提升的发展形势。截至2015年末，全市技术交易额为2767.8亿元，是2010年的2.6倍；吸纳（本市和外省市）的技术合同成交额为1147.5亿元，是2010年的2.3倍。技术交易额和吸纳（本市和外省市）的技术合同成交额同时完成了翻番。

表6 "十二五"时期北京技术市场的情况

年份	技术交易额增长率（%）	吸纳（本市和外省市）的技术合同成交额增长率（%）
2011	18.9	36.43
2012	61.52	43.43
2013	9.95	−2.97
2014	12.39	7.9
2015	9.34	12.49

资料来源：《北京统计年鉴》和北京技术市场管理办公室数据整理和计算。

北京积极推动企业"走出去"，技术出口的国家（或地区）超过70个，涉及发达国家（或地区）30个，出口领域主要是通信、海洋工程、资源综合利用技术等，出口方式主要是技术服务，来自国际市场的技术需求已经成为北京技术市场发展的新动力。

2. 金融服务

"十二五"时期，北京加快推进统一监管下的全国场外交易市场建设。截至2015年末，全国中小企业股份转让系统（新三板）共有挂牌企业5129家，总市值2.5万亿元；北京股权交易中心（北京四板市场）共服务企业2147家。"十二五"时期，北京创业投资金额与创业板上市公司数量都呈现迅速增长的态势，创投机构数量、创投案例和投资金额都位居全国第一。2015年，北京共出现股权投资案例2596起，投资金额1464.9亿元，分别占全国的31%和27.9%。

北京积极利用金融工具支持新技术、新产品的推广，有关部门共同开展了新技术、新产品的风险补偿工作，为相关企业购买产品质量保险和产品责任保险等四个险种加以补贴。北京还主动通过银行系电子商务平台对新技术、新产品进行推广，截至2015年末，已经有32家企业的42种产品达到了平台的准备标准。

3. 创业孵化

"十二五"时期，北京科技孵化体系逐渐完善。孵化企业数量呈现加速上升的态势，截至2015年末，北京共拥有150多家科技孵化器，其中国家级孵化器50家，在孵企业数量超过1万家，孵化机构、创投机构、培训机构和技术转移机构等有效衔接的科技孵化体系已经初步形成。

此外，北京市政府为降低小微企业和创业团队科研创新投入成本，激发小微企业和创业团队的科技创新活力，推出了首都科技创新券，到 2015 年已经有近 700 家小微企业和创业团队使用科技创新券近 4000 万元。

4. 环境氛围

"十二五"时期，北京积极建立各种提升公民科学素质的科普平台，为居民提供个性化服务，传播科技创新的知识，宣传科技创新的理念，使得居民的科学素质进一步提高。截至 2015 年末，全市 16 个区共建立社区科普体验厅 30 个，建设面积 6300 平方米，特色展示项目 190 多项；在 14 个区启动建设社区科普体验厅 19 个，预计建设面积 3000 平方米，互动展示项目超过 200 项。

"十二五"时期，北京科技创新国际交流合作范围进一步拓展。北京连续五年成功举办"中国跨国技术转移大会"等活动，累计促成项目 120 多个，签约金额达 560 亿元。国际技术转移协作网络（ITTN）成员单位已超过 200 家，与全球 40 余个经济体的 400 余家技术转移机构形成了长期合作关系。北京市国际科技合作基地已经达到 370 家。北京企业已经在海外布局研发机构 582 家，跨国公司累计在京建立研发机构 81 家。

5. 支持政策

"十二五"时期，北京不断加强全国创新中心建设，推出了一批支持首都科技创新的政策，尤其是 2014 年以后，"1＋N"科技创新政策体系（"1"是指北京市委、市政府印发的《关于进一步创新体制机制　加快全国科技创新中心建设的意见》；"N"是指税务、工商、国资、知识产权等方面的配套政策，如《北京市促进中小企业发展条例》《关于全面深化市属国资国企改革的意见》《北京市专利保护和促进条例》等）逐步建立。此外，北京还实施了《"科技北京"行动计划（2009—2012 年)》和《技术创新行动计划（2014—2017 年)》，组织实施"新一代移动通信技术突破及产业发展""数字化制造技术创新及产业培育""生物医药产业跨越发展""面向未来的能源结构技术创新与辐射带动"和"先导与优势材料创新发展"等 12 个重大专项，其中部分专项已经硕果累累，高端产业功能区创造的 GDP 已经达到全市 GDP 的 45.2%。

"十二五"时期，北京为更好地推进科技协同创新、成果转化和产业化，陆续推出了一批相关政策。特别是 2014 年以来，北京尝试以放松科技成果处置权为突破口，相继印发了《加快推进高等学校科技成果转化和科技协同创新若干意见（试行）》（京校十条）和《加快推进科研机构科技成果转化和产业化的若干意见（试行）》（京科九条），起到了一定的效果，也是对《中华人民共和国促进科技成果转化法》的修订进行的有益探索。

"十二五"时期，北京积极发挥政府采购的作用，提出了《关于在中关村国家自主创新示范区深入开展新技术新产品政府采购和推广应用工作的意见》，颁布实施了《北京市新技术新产品（服务）认定管理办法》，新增国有（控股）企业为实施主体，鼓励和支持非公有制企业进入交通管理、市政基础设施建设等领域，实施以来政府采购额已经超过500亿元，共认定新技术新产品（服务）8000多项。此外，北京还积极建立新技术新产品（服务）首发平台，2015年发布新技术新产品（服务）26项。

"十二五"时期，中关村国家自主创新示范区创新改革先行先试硕果累累。由19个国家部委相关司局和31个北京市相关部门共同组建的中关村创新平台开始发挥作用；示范区的规模和布局在《中关村国家自主创新示范区发展规划纲要（2011—2020年）》的指导下优化调整，"一区十六园"的格局基本建立；示范区的人才特区建设不断加强，研究制定了20项外籍人才出入境新政策；示范区在全国率先推行"1+6"政策（"1"是指中关村创新平台，"6"是指在股权激励、科研项目经费管理等六个方面推行的政策）和"新四条"政策（即技术转让企业所得税试点和企业转增股本个人所得税试点等四方面政策），其中多项政策已经向全国推广。

二、北京加强全国科技创新中心建设的矛盾和问题

通过前面的分析可以发现，北京具备全国领先的科技创新基础，也同时拥有全国领先的科技创新能力。但是，在北京加强全国科技创新中心建设的过程中，依然面临诸多瓶颈和制约，仍然有很多矛盾和问题需要解决。

（一）企业经营成本居高不下

目前，北京高企的经营成本是加强全国科技创新中心建设的主要阻力之一。改革开放以来，北京的经济增长更多地依靠要素驱动，抬高了整体的经营成本。很多有潜力的中小企业受制于高昂的土地费用和人工成本，或选择"短平快"的发展方式，或转移到外省市发展；科技创新项目也往往是"开花多，结果少"。在北京孵化的科技创新项目，一经步入产业化阶段，就可能因为成本而选择在京外落地。不难发现，如果经营成本问题

得不到有效解决，那么即使科技创新主体具有科技创新意愿，优质的科技创新项目也难以进一步发展。

2015年的《福布斯》中国经营成本最高城市排名显示，北京的经营成本居全国首位，其中劳动成本指数、办公成本指数、税收成本指数全部位居全国第一。

表7 中国经营成本最高城市排名

排名	城市	劳动成本指数	办公成本指数	能源成本指数	税收成本指数	企业险金负担指数
1	北京	1	1	29	1	40
2	天津	20	6	5	10	14
3	南京	7	15	46	11	20
4	贵阳	5	25	125	8	9
5	深圳	3	2	27	5	107
6	乌鲁木齐	10	17	131	4	20
7	上海	2	2	113	2	75
8	杭州	4	11	6	7	119
9	武汉	51	7	2	16	20
10	合肥	9	41	34	42	20
11	珠海	8	5	23	9	131
12	太原	22	15	119	17	11
13	厦门	6	22	87	3	98
14	大连	14	8	70	30	86
15	南宁	25	28	75	46	20
16	哈尔滨	31	14	37	47	47
17	海口	39	52	28	18	47
18	福州	11	9	87	60	47
19	长春	19	26	30	55	75
20	宁波	18	39	6	26	121
21	苏州	11	34	46	66	40
22	太仓	52	66	46	13	12

续表

排名	城市	劳动成本指数	办公成本指数	能源成本指数	税收成本指数	企业险金负担指数
23	广州	21	4	23	51	123
24	济南	17	12	91	39	87
25	福清	24	82	82	22	47
26	重庆	27	24	77	65	34
27	沈阳	54	20	70	19	60
28	青岛	35	21	69	41	78
29	兰州	33	48	83	53	20
30	长沙	52	18	39	71	14

资料来源：《福布斯》。

事实上，居高不下的经营成本是对北京加强全国科技创新中心建设的一大阻碍。北京中心城区的房价已经与伦敦、纽约、东京等世界城市相当，并且这一成本在短期内会进一步上升。此外，北京的薪酬成本增长得很快，与日韩和台湾的相差不大。在全球竞争的科技创新环境下，北京对国际水平的科技创新人才的吸引力已经由于空气污染等原因降低，加之房价和薪酬等成本接近发达经济体的水平，势必会影响北京加强全国科技创新中心的建设。

（二）部分高端人才相对不足

各类人才是北京加强全国科技创新中心建设的重要支撑。通过前面的分析不难看出，北京在全国科技创新人才数量上占据绝对优势，但在科技创新人才结构方面仍然具有进一步调整和优化的空间。目前，北京的科学家、企业家和风险投资人仍然相对不足。

首先，拥有国际学术影响力、能够引领研究潮流的科学家相对不足。由于科研机构管理体制、科技创新环境氛围等方面的原因，北京在引进境外顶级科学家方面依旧不具竞争力。尽管北京的院士和"千人计划"专家数量已居全国首位，但其中能够引领研究潮流的科学家并不多。北京企业层面的研发机构多为国有企业或外资企业设立，并未建立起储备科学家的机制，在这一点上，北京明显逊色于深圳。

其次，具有全球视野、能够左右行业发展趋势的企业家相对不足。目前，北京的企业家群体存在一些结构性不足：大型企业的企业家多属于国有或外资企业，民资企业家力量不强；有意向从事实业的企业家严重流失，或转投房地产，或被外省市吸走；有能力"走出去"的企业家更是凤毛麟角。

最后，有实力调配资源、为创新活动助力的风险投资人相对不足。目前，北京既具有经济实力又具有丰富行业经验的天使投资人和风险投资人非常稀缺。北京过去对这类人才重视程度不高，缺少有针对性的人才政策，现在虽然有了一些风险投资人，但其更多地关注有上市可能的项目，并未发挥对原始创新活动的助力作用。

（三）科技创新主体缺乏动力

目前，北京的科技创新活动更多地集中在高等学校、科研院所和国有企业，政府的科技创新资源也更多地配置在这些体制内单位。然而，大规模的资源投入并未形成理想中的外溢，产学研合作并没有取得根本性突破。之所以出现这样的情况，是因为科技创新的主体普遍缺乏动力。对于高等学校和科研院所，其实行的是事业单位管理体制，各级领导更多地关注行政考核和课题经费，对市场需求和产学研合作并不热心；高校教师和研究人员的职称评定以论文为主，与企业合作的科研模式通常得不到鼓励，甚至还有一些条条框框的约束，这在很大程度上压低了二者的收入和积极性。对于国有企业，管理者的任期不定且有国有资产保值增值的压力，对长期才能见效且具有高风险的科技创新活动明显缺乏积极性。

实际上，民营企业更应该成为科技创新的主体之一，但在北京其更容易被国有和外资企业所排挤，并且在政府资源的配置方面也未能得到应有的待遇。

（四）科创管理水平仍需提高

目前，政府主要是以成本计价法对科技创新活动进行管理，但科技创新活动有其自身的规律，从一定程度上讲，失败是一种常态。如果政府用管理生产经营活动的方法管理科技创新活动，就可能导致科技创新主体的萎缩，如小微企业在科技创新成本结构方面经常与目前的税务稽查规定不适应，使得不少有创新动力的企业被排除在科创企业的行列之外。在课题经费结构中，与科创主体有关的经费比重过低，很难调动研究者的积极性。此外，政府对科研项目的管理重立项、轻管理。有关部门往往只重视立项和验收两个环节，项目管理的系统性和项目跟踪的连续性均有待提升。

三、北京加强全国科技创新中心建设可借鉴的经验

经过多年的快速发展,北京已逐渐成为一个国际化大都市,在其加强科技创新中心建设的过程中,其他同等规模的世界城市的经验可能更值得借鉴。因此,这里选择伦敦、纽约和东京三个公认的世界城市,简要分析其建设科技创新中心的经验。

(一)伦敦的经验

伦敦拥有全球领先的商业和金融企业,这类企业基本处于知识经济的前沿。随着经济的周期性波动,严重依赖金融业的伦敦面临进一步发展的挑战,而通过科技创新驱动结构优化,为伦敦注入了新的动力。

1. 政府积极引导

伦敦在制定城市发展战略时,基本思路是尽可能发挥城市的比较优势,政策目标是把伦敦建成全球的科技创新引领者。2010年,英国科技城项目开始实施,政府力求把东伦敦打造成国际一流的科技中心。为此,政府投入巨资(超过4亿英镑)支持科技城的建设,吸引大量高科技企业聚集在东伦敦。随着集聚效应的发生,该地区现在也被称为"迷你硅谷"。

2. 支持中小企业

伦敦政府高度重视发挥企业在创新型城市建设中的作用,特别是中小企业的作用。为此,伦敦政府构建了一个科技创新支撑平台,组织具有中小企业创新经验,特别是具有研发新产品和服务经验的专家,把创新产品和服务的理念提供给企业。此外,伦敦政府还积极开展各类青年项目,鼓励和支持青年在创新型城市建设中发挥作用,引导知识在个人和组织间传播,以更有效地服务于科技创新过程。

3. 大力吸引人才

2013年,政府开始实施天狼星计划,主要目的是为创业团队提供资金和培训。这项计划规定创业团队必须2人以上,并且需要有一半的队员是非英国居民,以此吸引更多的外籍人才并向优秀的科创人才提供免雇主担保签证。此外,伦敦政府通过向各类机构宣传城市的创新目标和愿景,提高了居民的创新意识,塑造了积极创新的文化。

(二)纽约的经验

纽约凭借国际金融中心的地位,积极发展对人力资本要求很高的生产

性服务业，并以此提升产业附加值。但是，过于依赖金融业限制了纽约科技创新能力的提高，使纽约在很长时间里在美国科技创新的城市排名中处于落后地位。2002年，纽约政府宣布要把这个金融城市打造成"东部硅谷"，而在接下来的14年中，纽约已逐渐发展成拥有全球影响力的科技创新中心。

1. 推动重点项目

为扭转科技创新领域的劣势，纽约政府推行了一批政策激发城市的科技创新活力。一是通过优惠政策减少科技创新的成本。"硅巷"建立之初，政府实施了减税计划（减征房地产税，免征房租税）和曼哈顿优惠能源计划（期限为12年，前8年电费降低30%，后4年电费降低20%），投入大量资源支持科技创新企业，并向相关的院校无偿提供土地和多达1亿美元的基建资金。二是通过公私合营充分发挥政府支出的杠杆作用。纽约政府同商业联盟与房屋业主结为合作伙伴，吸引全球的信息技术企业落户"硅巷"。

2. 实现差异化发展

在建立科技创新企业孵化基地的过程中，纽约扬长避短，发现了一条有别于硅谷的发展道路。第一，纽约按照城市的人员和产业构成，集中发展互联网、数字传媒等高技术产业，并通过信息技术支持本地创业生态和风险投资的发展。第二，纽约选择避开与周边地区的竞争，主动形成差异化的产业格局，积极构建产业互助系统，形成良性的科技系统。

3. 金融助力科技创新中心建设

利用金融业的绝对优势支持科技创新中心建设是纽约的一条重要经验。遭受国际金融危机强烈冲击的华尔街成为纽约建设科技创新中心的重要助力，大量年轻人从投资银行流入创业企业。部分风险投资人也迁移到曼哈顿地区，这使纽约成为风险投资最为集中的城市之一。在风险投资增长的激励下，大量孵化器也在纽约落地，积极为科技创新企业提供资金支持和咨询服务。

（三）东京的经验

东京能够成为科技创新中心与日本的国家科技战略密切相关。1995年，日本颁布了《科学技术基本法》，明确了科技立国的战略，并开始实行5年一个周期的《科学技术基本计划》，持续深化科技体制改革。东京作为日本第一大城市，不仅是国家战略的积极实践者，代表着日本在国际创新体系中的实力，而且是科技体制改革的探路者，起着重要的示范作用。到目前为止，东京已发布了3期《东京都产业科学技术振兴指南》。

1. 坚持问题导向

《东京都产业科学技术振兴指南》在关注产业目标的基础上，更为重视城市功能的完善，力求产业转型升级和城市功能完善相辅相成。首先，为应对人口老龄化的挑战，东京政府在重点发展的技术上选择针对癌症、慢性病等，研究运用生物技术的检测诊断产品。其次，为降低碳排放，东京政府鼓励研制新型生物燃料和污泥焚烧设备，推进城市庭园草坪化行动。最后，为应对自然灾害，大力发展针对房屋、道路等基础设施的修复和补强技术和通信应急保障技术。

2. 完善创新体系

《东京都产业科学技术振兴指南》明确了政府的定位——科技创新的规划者、科学研究和成果转化的组织者、科学技术普及工作的主导者。第一，完善科研基础设施。东京政府积极整合高等学校和科研院所的资源，提升基础研究能力。主要措施有建立交叉学科研究中心（如健康长寿医疗中心等）、积极吸引境外人才（如亚洲人才育成等）、推进协同创新（如建立东京都大学政策提案发布会制度）。第二，强化核心技术攻关。绘制每一个课题的技术路线图，对能源、环境等关键领域，明确具体路径。提高科学技术奖励水平，评选表彰优秀技术。第三，强化科研成果转化。推动以产业应用为目的的产学金融协作，围绕重点领域开展都市机能活用型产业振兴项目，举办产业交流展和危机管理产业展等高层次交易会。设立东京都知识产权综合中心，支持中小企业创造、使用、管理和维护知识产权。

3. 合理运用产业政策

东京政府对高新技术企业实行多项税收优惠政策，如免征计算机物产税，购买电子设备减征7%的所得税，且可以在本年度进行30%的特别折旧；对信息产业增加25%的税务贷款，设置软件研发免税储备、意外损失储备制度，减征7%的资产税。东京政府不断加强对高新技术企业的金融支持，如建立振兴地区技术的特别贷款制度，高新技术企业可以获得长期低息贷款，贷款期限可达25年，利息优惠10%；政府特别设立了小企业金融公库，向符合条件的小企业提供年息2.7%的特别贷款。

四、北京加强全国科技创新中心建设的对策和建议

(一)改革职称制度,变职称评聘为岗位聘任

职称制度是事业单位和国有企业评价人才的主要方法,很多民营部门的工作人员基本上没有渠道参与职称评审或即使能参与职称评审,评下来单位也不会以此为依据聘任。随着社会环境的变化,这种传统职称评聘方式的某些方面日益显得不合时宜,不仅难以适应全社会,特别是民营经济发展的需求,甚至成为科研进步和激发创新积极性的障碍。建议改革职称制度,变职称评聘为岗位聘任,即今后不再由政府或事业单位统一进行职称评审,而是由单位根据自身需要,对需要的人才自主聘任。聘任什么样的岗位则从事什么样的工作。是不是专家,主要看是不是从事相关专业、从事的年限和经验的丰富程度以及创新能力和水平。这既有利于解决民营部门人才的评价问题,也有利于解决职称终身制的问题,通过岗位的能上能下,调动人才的持续专业能力。

(二)提升科研人员收入水平,让科研人员安心科研

科研兴则国家强,科研衰则国家弱。科研人员的创新能力是检验一个国家发展潜力的试金石。国家的发展必须为科研创新提供可持续发展的环境和氛围,充分调动科研人员的积极性。经过几十年的发展,我国的科研环境和氛围有了很大的改善,与新中国成立初期已不可同日而语。但是,在科研环境和氛围大幅改善的同时,科研人员的收入水平却与社会物价水平之间逐渐拉开了差距。比如,当前,在首都房价高企的情况下,按照全额补助事业单位的工资体系,一名普通科研人员可预期的毕生工资收入,不吃不喝不足以买下北京五环以内的100平方米的房子,更别谈有一个安静的书房(这是很多知识分子梦寐以求的),这很难让科研人员安心科研。

提升科研人员收入水平可以有两条途径:要么比照金融、保险或大型国有企业中层干部标准提升中高级科研人员工资,让寄托了国家未来发展希望的科研人员不比大型国有企业中层干部收入低,此外科研人员不得再从课题经费中列支收入;要么允许科研人员在课题的科研经费中列支收入,但在每月和每年获得的收入总额上分别进行限制,使其各项课题年收入总额不超过大型国有企业中层干部年平均收入水平。第一种是欧洲和亚洲等国家的普遍做法,该做法能保证科研人员具有较高收入水平但不利于

激发科研人员活力；第二种是美国的做法，既能激发科研人员活力，也能保证科研人员合理收入水平。成为世界领先的科技创新圣地必须有世界领先的科技创新管理体制。美国之所以成为世界各国科研人员向往的国家，有其科研管理体制的合理性。建议采取美国的做法，提升科研人员的收入水平。

（三）建立科研信用制度，让科研人员专心科研

在信用制度发达的国家，科研信用也是信用制度的一个重要方面。如美国对科研经费和科研过程的管理就非常松，几乎没有人查，立项和结项也都非常简单，对科研的管理更多是靠项目负责人的自觉。但是，一旦查出有问题，比如抄袭、作弊、科研经费挪用等，则后果会很严重，不仅成为其一生的瑕疵，脸面上挂不住，还会影响其声誉，被排除出学术圈。因此，建议在提高科研人员收入的前提下，可以尝试推进科研信用制度建设，强化科研人员对科研的自觉管理，同时简化行政部门对科研的过程管理，让科研人员有更多时间投入科研。可以采用不定期、覆盖一定比例的方式抽查，逐步培养科研人员的科研信用意识。

（四）编制科技创新前沿热点排行榜，开展针对性研究

每年科技管理部门应引导相关政府部门、各行业、各协会、各学会编制各自的科技前沿热点排行榜，如2017全球十大科技前沿热点、2017物理学全球十大科技前沿热点等，明确全球、全国、北京市以及各学科、各领域的科技前沿问题，从而为相关部门及科研人员选择科研攻关点提供方向。同时，要加强自身实力的评估，根据首都实力，引导各科研单位根据自身特点和实力，结合科技前沿排行榜，做好各单位科研攻关的选题工作。

（五）降低创新企业成本

高昂的人工成本和土地费用，势必会影响北京建设全国科技创新中心。尽管从整体上看，这些成本在短期内难以下降，但仍可以通过在特定地区（或行业）实行特殊的政策降低创新企业的经营成本。一是降低在孵企业成本。对满足一定标准的在孵企业，实行社会保险费补贴和提供低价位集体宿舍政策来降低企业开办成本，同时对引进人才可考虑提供一定的收入补贴。二是实行租金优惠政策。政府可以设置专项资金，向科技创新企业提供房租优惠。对境外高端人才创业、本地大学生创业，在规定的用房面积内可推行一定年限的免租金优惠政策。三是拓宽税收优惠政策。为

支持企业增加研发投入，可以对连续两年研发投入增长率高于规定比率的企业实行所得税减免；提升研究设备折旧、研究人员工资等的税前抵扣比例；对研究机构以科技创新成果创立的企业取得的收益，可允许延迟缴纳相关税款；科技型中小企业通过转让科技创新成果取得的收入可减免所得税。

（六）创新人才吸引政策，筑牢科技创新的人才基础

从国际经验看，没有国际顶尖的科技创新人才和团队，很难实现加强全国科技创新中心建设的目标。基于目前的科技创新人才开发情况，北京可依托首都国际人才港等平台建设人才科技创新试验区，进一步调整和优化首都科技创新人才的结构，并加强首都人才培养的国际化进程。一是改进完善境外科技创新人才的引进工作。北京应不断开拓境外科技创新人才引进渠道，通过在境外重要科技人才集中区和科技创新活跃区设置办事处等人才引进机构，并构建国际人才信息系统，推动引智机构直接在境外服务。二是实施与国际惯例接轨的绿卡政策。借鉴国际上通行的做法，进一步取消科技创新人才的绿卡申请限制，给予这类人才更多的国民待遇。北京可考虑对迫切需要引进的国际顶尖的科技创新人才给予更高的积分，以保证其在被引进时就能够得到绿卡，并允许长期在京从事科技创新工作的外籍人员退休后在京养老。三是建立优秀外国留学生毕业直接留京制度。北京应考虑放松优秀外国留学生在京就业的限制，如规定在京学习达到一定年限、学历达到一定程度并且学习成绩达到一定要求，可以免除两年工作经验限制直接留京工作。

（七）引进和培养天使投资人和风险投资人

北京应对天使投资人和风险投资人在科技创新中的作用予以重视，不断加强对二者的引进和培养力度。一是鼓励和支持具有经济实力和行业经验的成功人士成为天使投资人，主动帮助科创人才开展创业。二是进一步完善相关法律法规，营造完善的创业生态系统和知识产权保护体系，吸引国内外天使投资人和风险投资人在京建立创投机构。三是鼓励高等院校的经管学院增设风投专业，招收一批有理工背景且具备管理经验的工程师加以深度培训，形成风险投资人才储备。

（八）通过大学带动科技创新

美国硅谷是以大学或科研机构为中心，通过科研与生产相结合，科研成果迅速转化为生产力或商品，形成高技术综合体的科技创新模式。北京

是高校资源和科研院所资源众多的城市，可以借鉴硅谷模式，鼓励在大学，特别是有较强理工科背景的大学附近建设科技创新孵化中心、科技产品交易市场和科技产业园。通过科技产业园聚集科技公司和科技人才，科技产品交易市场聚集科技创新需求和成果转化市场，大学聚集不竭的科研创新思想的方式，形成科研与市场结合、市场与创新结合的良性互动局面。特别是目前北京在一些郊区建立了大学城，如果能在大学城附近建立科技创新孵化中心、科技产品交易市场和科技产业园，不仅有利于当地的经济社会快速发展，还有利于北京产业疏解和合理布局，建设多中心城市。

（九）提升科技创新服务水平

一是切实转变政府职能。政府相关部门应转换思路、转变角色，将对科研过程的管控转变到如何激发科研人员的科研积极性上来，包括通过科研信用制度等制度创新，既实现对科研过程的适度监管，又能让科研人员从繁杂的科研性事务工作中解脱出来，把更多精力投在科研创新上。二是鼓励各单位加强对科研工作的服务，包括一般的行政性事务工作、财务贴票报销等管理工作，能由专业人士承担就由专业人士承担或允许在科研经费中列支雇佣专门行政或财务人员的费用，从而让科研人员更多地从事科研工作。三是鼓励高校和科研院所建立科技成果转化办公室，通过建立专门力量推进科研成果的转化工作。四是搭建科研单位和企业的信息服务平台。打通科研单位和企业之间的信息沟通渠道，将有需求的企业和有成果的研究人员聚集在一起，实现信息互联互通，推动企业与科研单位合作。

参考文献

首都科技发展战略研究院．首都科技创新发展报告［M］．北京：科学出版社，2016．

王战，翁史烈，杨胜利，王振等．转型升级的新战略与新对策——上海加快建设具有全球影响力的科技创新中心研究［M］．上海：上海社会科学院出版社，2015．

闫仲秋，王力丁，申建军．首都建设全国科技创新中心研究［M］．北京：中国经济出版社，2016．

国际一流的和谐宜居之都指标体系及对北京的评价

黄江松　鹿春江　徐唯燊[*]

一、对现有宜居城市指标体系的简要评述

从20世纪末开始，国外对宜居城市评比就非常关注。联合国每年专门用人类发展指数（HDI）对全球不同国家的宜居状况进行了排名（没有专门针对城市的排名）。联合国人居署（UNHSP）还就城市政府、组织、个人或项目在适合人居方面的突出工作设立了"联合国人居奖"，以表彰其在人居环境改进方面的工作。该奖项不针对城市整体宜居状况，而是针对城市宜居状况改进工作的奖励，也没有宜居城市排名。出于政府改进工作和一些跨国公司经济利益的考虑，西方发达国家还产生了许多对全球或是本国内的城市宜居状况的排名，如英国经济学人信息部（EIU）排名、美世咨询公司（美世）排名、CNN网与《Money》杂志排名、美国The Partners for Livable Communities 排名和Sperling's Best Place排名等。其中，EIU和美世的宜居城市排名在国际上是很有影响的。EIU选取了社会稳定、医疗资源、文化环境、教育资源和基础设施5个方面30个指标，每年对全球140个城市的宜居水平进行两次评价。美世从金融环境、基础设施、教育、居住条件、消费品、经济环境、医疗保健、自然环境、社会稳定、休闲娱乐、公众社会生活自由度等10个方面选取31个指标，对全球230个城市的生活质量进行排名。宜居城市是个动态的概念，处于不同发展阶段的城市，人们对它的认识是不同的。欧美国家的城市发展水平普遍高于我国，EIU、美世评价宜居城市的指标体系不太适合我国城市发展水

---

[*] 黄江松，博士，首都社会经济发展研究所副所长、研究员；鹿春江，首都社会经济发展研究所综合处处长、副研究员；徐唯燊，博士，首都社会经济发展研究所综合处主任科员、助理研究员。

平。比如空气质量、交通拥堵这些对国内大城市而言很重要的指标要么没涉及，要么权重太低，以至于评价结果与人们的直观感受大相径庭。根据EIU的评价，北京在国内7个城市（包括上海、广州、深圳、青岛、大连、苏州）中是宜居水平最高的，这个结果一公布，引起舆论一片哗然。同时，我们通过对EIU和美世在北京的分支机构的走访了解到，EIU、美世的宜居水平评价以人们的主观感受为主，而且问卷调查的样本量很小，如美世只发放100份问卷，调查对象还仅限于在中国居住的外国人。

中国学者对宜居城市评价指标体系的研究始于上世纪90年代。吴良镛（2001）最早建立了人居环境的实证研究框架，把人居环境分为居住系统、人类系统、社会系统、自然系统和支撑系统5个系统加以研究。此后，不少学者以客观指标为基础构建了适合中国国情的宜居城市评价指标体系，如聂春霞和何伦志（2012）使用经济发展、环境优美、废物处理、生活舒适、文化丰富5个方面24个指标构建评价体系，对中国30个主要城市的宜居水平进行评价。与此同时，以被调查者主观感受为基础构建评价指标体系的研究也方兴未艾，如孟斌等（2009）和党云晓等（2015）基于三次大规模抽样调查问卷对北京市的人居环境变化进行评价。2016年3月北京市统计局发布了"国际一流的和谐宜居之都"监测评价结果，从城市安全、生活品质、环境宜人、社会和谐、开放创新5方面进行评定，具体监测指标涵盖了35项。由于是政府部门设计、发布的指标及进行的监测，在指标选取方面受到的约束多，如要考虑监测结果发布的时效性问题，要考虑相关政府部门的利益；有的指标具有浓厚的本地特点，不能开展国内外横向比较，如市民公共行为文明指数、环境卫生指数、京津冀城镇化率；这套指标体系没有设定目标值，宜居的标准、国际一流的标准都没设定，所以只能开展北京宜居水平的纵向比较，对于社会各界普遍关切的北京宜居水平距离一流的差距没有给予回应。

二、对"国际一流的和谐宜居之都指标体系"的理解

（一）对宜居城市的理解

1996年联合国第二次人居大会提出了城市应当是适宜居住的人类居住地的概念，此概念一经提出就在国际社会形成了广泛共识，成为21世纪新的城市发展观。2004年北京在全国率先提出建设宜居城市，2014年2月习

近平总书记视察北京时提出北京要建设国际一流的和谐宜居之都。2017年2月习近平总书记视察北京时强调要把建设国际一流的和谐宜居之都作为战略目标。宜居城市有广义和狭义之分。狭义的宜居城市指气候条件宜人、生态景观和谐，适宜人们居住的城市。广义的宜居城市是一个全方位的概念，强调城市在经济、社会、文化、环境等各个方面都能协调发展，人们在此工作、生活和居住都感到满意，并愿意长期居住下去。本课题采用的是广义的宜居城市的概念。我们认为，宜居城市是面向所有城市居民的，不仅仅为在城市中工作的人，还要为儿童、老年人、残疾人等各类人群提供较好的生活环境，使他们各得其所；宜居城市是可持续发展的城市，不仅适合当代人居住，还要适合子孙后代居住；宜居城市既要有良好的"硬环境"，满足居民的物质需求，还要形成人与人之间和谐共处的"软环境"，满足居民的精神需求。

从广义宜居城市的内涵看，和谐内含于宜居的概念之中。

（二）宜居城市指标体系研究的视角

概括起来，对宜居城市指标体系研究有三种视角：一是以城市的客观指标数据为基础，通过对城市各方面的指标进行综合评比，最后得出结果；二是基于居民主观感受的心理视角，这类评价数据来自对城市居民的实际调查，主要采用问卷调查、随机访谈等形式；三是前二者相结合的视角。本课题采取第一个视角，全部采用客观指标。

（三）宜居城市指标体系研究的空间层面

对宜居城市的评价，可以从三个空间层面来进行评价。一是评价和比较城市之间的宜居水平。评价单元为独立的城市，评价的内容和相应的评价指标相对宏观，既包括环境和生态指标，也包括经济指标和社会发展指标，但核心是与居民生活和居住密切相关的内容。要评价的城市必须具有可比性，即城市规模、发展水平等差异不能太大。二是评价城市内部不同区域的宜居水平。评价单元为城市内部不同的空间，评价内容和指标相对具体。三是评价城市内部不同居住区的宜居水平。评价单元是独立的住宅或居住区，评价指标具体到各住宅区的建设面积、建设质量、建筑风格、日照、配套设施等。本课题采取第一个空间层面，而且北京是国际性大都市，所以本课题研究的是特大城市的宜居指标体系，即宜居之都指标体系。

（四）如何体现国际一流

自北京提出建设宜居城市目标以来，社会各界争议很大，认为北京人口多、城市规模大、城市功能集聚、资源承载力有限，北京不可能建成宜居城市。2015年美世评选出的前五名最宜居城市是：维也纳、苏黎世、奥克兰、慕尼黑、温哥华，同年EIU评选出的前五名最宜居城市是墨尔本、维也纳、温哥华、多伦多、卡尔加里和阿德莱德（并列）。可见，全球最宜居的城市都不是特大城市，联合国将人口在800万以上的城市定为特大城市。但是，根据这两大机构的评价，世界城市东京、纽约、伦敦都是宜居城市。三大世界城市的GDP在全球城市分别排第一、第二、第四，人口总量都在800万以上或接近800万，人口密度在每平方公里5000人以上。北京有2000多万人口，与东京、纽约、伦敦同属特大型城市之列。所以，北京与人口较少、规模较小的城市比宜居水平，显然有失公平。因此，北京要建设的宜居城市，应瞄准东京、纽约、伦敦等国际性、特大型城市的宜居水平。所以，在本课题研究中将这三个城市的宜居水平确定为标准值，体现国际一流。

三、宜居城市指标体系设计的原则

一是着眼宜居城市的建设。一个城市宜居水平的高低部分取决于先天条件，如地理位置、气候条件，这套指标不是对城市宜居水平的客观评价，所以作为宜居城市的先天指标不涉及，着眼宜居城市的建设。

二是着眼政府促进城市宜居水平的提高。宜居城市的建设是个系统工程，涉及政府、企业、社会、公众多个主体。在指标体系设计上，着眼政府这个城市建设主体。

三是着眼问题导向。处于不同发展阶段，宜居城市建设的重点不同，这套指标体系重点关注国内特大城市当前在宜居方面的短板。

四是着眼前瞻性原则。指标体系要体现世界城市在提高宜居水平方面的新理念、新举措。

五是着眼居民需求的满足。指标体系突出反映城市发展与人的需求满足的关系。总书记"2.24"讲话中提到，城市规划建设做得好不好，最终要用人民群众满意度来衡量，要坚持人民城市为人民，以北京市民最关心的问题为导向，增强人民群众获得感。

四、宜居城市指标体系的理论基础：基于马斯洛需求理论构建特大城市宜居框架

做好城市工作，要坚持以人民为中心的发展思想，坚持人民城市为人民。以人民为中心，建设国际一流的和谐宜居之都就要从满足人的需求出发。根据马斯洛的需求层次理论，人的需求从低到高分为5个层次，即生理需求、安全需求、社交需求、尊重需求、自我实现需求。马斯洛认为，一个国家多数人的需求层次结构，是同这个国家的经济发展水平、科技发展水平、文化和人民受教育的程度直接相关的。那么，我们进一步分析会发现，需求是动态变化的，生活在不同地域、不同时代，人们的各种需求的表现差异性很大。

将马斯洛的需求层次理论与现代大城市生活结合起来，我们认为提高特大城市宜居水平应从5个层次需求的满足出发，提高特大城市的健康性、安全性、开放性、包容性和活力。

满足人的生理需求，提高城市的健康性。生理需求是指个人在城市生活所必需的物质方面的需求。格莱泽在《城市的胜利》中提到，"地缘上的接近性为思想和商品的交流提供了便利，但它同时也方便了细菌的传播和钱包的盗窃。全球所有较为古老的城市都得过'大城市病'：传染病、犯罪、拥挤"。历史上，城市的健康水平一度低于农村。17世纪，英国城市地区的死亡率大大高于农村；1901年时纽约市民平均预期寿命比全国低7岁。随着时代的发展，现代城市经过几十年到几百年的建设、发展，城市满足市民生理需求的能力大幅提高，所以市民生理需求的内涵已发生很大变化。比如，洁净的空气成为人们在大城市生活基本的生理需求。根据对在北京工作的外籍人的调查了解到，北京的雾霾天气已成为外籍人员离京、外籍人员拒绝来京工作的首要因素，76.1%的被调查者表示会因空气质量差而选择离开北京。人们来到城市是为了生存，宜居城市是能让他们生活得更好的城市，能够满足市民健康生存和繁衍的要求，提供健康的空气、水、住宅、食品，完善的市政基础设施，便利的商业环境，有效防治各种传染病。

满足人的安全需求，提高城市的安全性。李光耀认为，一个宜居城市的重要条件是人民感觉安全，他说："在这个地方创造一种安全，一种舒适的感觉。如果你老是感觉害怕，无论周遭环境有多美好也没有用。"但

是在现代社会，特大城市由于人口密集、规模大、社会多元、对外开放程度高、社会关注度高，面临的潜在风险非常大，是各种风险的多发地和矛盾的汇集点。当今世界恐怖袭击事件无一不在特大城市爆发，向世人警示特大城市的高度脆弱性。特大城市危机事件还呈现跨领域发生态势，经济安全、社会安全、生态安全、网络安全彼此之间界限逐渐模糊，相互交融，牵一发而动全身；传统威胁增加的同时，恐怖袭击、金融攻击、网络攻击等非传统威胁亦呈不断上升势头。宜居城市应满足人的安全需求，增强市民的安全感，维持稳定的社会秩序。

满足人的社交需求，提高城市空间的开放性。20 世纪 90 年代我国在城市实行住房制度改革，单位不再分配住房，人们住在商品房小区；而且随着改革的深入，城市人口流动性加大，大量外来人口涌入大城市，导致我国现代大城市与传统的乡村社会、计划经济时代的大城市在社区层面存在本质区别，现代大城市的社区是陌生人社会，邻里之间没有天然的联系。那么，建设宜居城市要最大程度地满足市民社交的需求。城市政府要在社区建有足够的、满足不同人群的公共空间、文体设施和场地、公园绿地，为居民交往提供场所。大城市公共交通要便捷，慢行系统要完善，方便各类居民，尤其是无车居民出行。大城市要重视街道的建设，雅各布斯在《美国大城市的死与生》一书中提出，街道是一个城市最重要的器官，能促进人们的交往。街道及街边的商店是大城市里非正式的公共场合，丰富的城市生活就是从街道开始的。街道还是城市里孩子们成长的地方，城市街道是培养孩子们公共责任感的绝佳场所。另外，处在信息时代的人们大都依靠互联网、移动互联网进行交往，大城市要建有广覆盖、安全、快速、低价甚至免费的互联网、移动互联网。

满足人的尊重需求，提高城市社会的包容性。尊重的基础是公民社会权利的平等，没有公民权利的平等，尊重就不可能实现。城市要提供平等的公民权利体系，城市居民不论种族、肤色、户籍都平等地享有选举权和被选举权，平等地享有教育、医疗、社会保障等公共服务，平等地参与城市管理、接受公共管理。社会建有客观的评价机制，只有每个公民的贡献能够得到恰当的评价，尊重才能得到体现。全社会建有良好的收入分配机制，这是尊重在经济上得以体现的最为根本的机制。能给予一个人和其才能、贡献相匹配的报酬，能打破各种身份限制，实现同工同酬。社会学的研究证明，对于一个社会的良性运行而言，有组织比没组织好。政府要鼓励、扶持各类社会组织的发展。尊重需求的满足,重点体现在对城市贫困人口、老年人、残障人等弱势群体的服务、关怀。

满足人的自我实现需求,提高城市的活力。城市是人类最伟大的发明,在工业社会,城市能组织大规模生产降低生产成本,创造极大的物质财富;在信息社会,虽然互联网普遍使用,人们借助新技术可以无障碍地进行交流,大城市因为人员的多元性、地缘的接近性、空间的集聚性,相比农村、小城市,仍然具有满足自我实现需求的先天优势。宜居城市应满足市民自我实现的需求,提高城市活力。提高城市经济活力,使之成为创业、创新、创意人才的集聚地。营造独特、多元的城市文化氛围,提高城市文化活力。功能齐全、完备的文化设施,丰富的公共文化活动,繁荣的文化市场都有助于满足人自我实现的需求,吸引各地、各国优秀的文化人才。世界上的特大城市无一例外都是地区乃至世界的文化中心,如纽约、伦敦、巴黎、东京。研究美国大城市中心区的振兴过程还发现,居民的文化参与有助于提高公民意识、增强社区凝聚力,文化舞台越活跃,中心区的暴力水平和贫困率下降越多。发展慈善事业,提高城市社会活力。就个人而言,参与慈善活动是满足自我实现需求的路径,随着社会的进步,慈善将成为一种生活方式;对国家而言,基本完成工业化之后的国家,如果能够兴起广泛而持续的慈善运动,<u>整个社会就会实现稳定的转型和提升</u>。

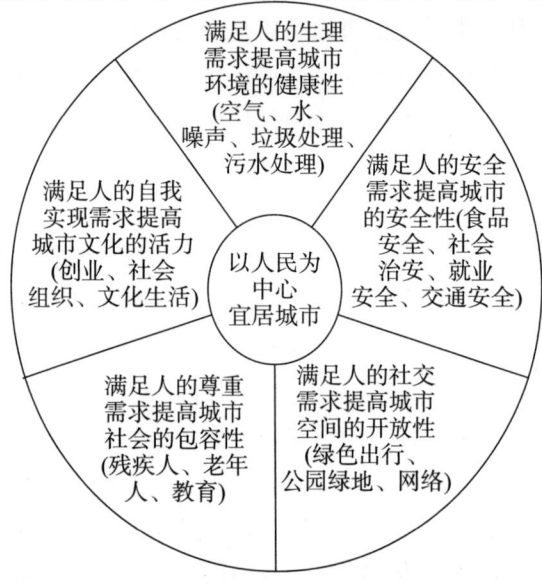

图 1 基于马斯洛需求理论的特大城市宜居框架

五、国际一流的和谐宜居之都指标体系及对北京的评价

在前三部分研究基础上，同时考虑到四个城市客观指标的可得性、可比性，课题组构建了国际一流和谐宜居之都指标体系。构建本指标体系的目的，除了进一步明确国际一流和谐宜居之都的内涵外，更主要的是对北京目前的宜居水平作出评价。城市的宜居水平不存在绝对的标准，只有在比较中才会显现出来。这里采用的方法是在特定指标上将北京与纽约、伦敦、东京的一般水平（用这三个城市指标的平均值来反映）相比得到一个比值，该比值代表了北京在该指标上宜居水平的实现度。通过计算20个指标的加权平均实现度，就能得到北京国际一流和谐宜居之都的实现度。

表1 国际一流和谐宜居之都指标体系

总目标	目标	具体指标	北京	纽约	伦敦	东京	国际一流	实现度
国际一流和谐宜居之都	城市环境的健康性（25%）	PM2.5年均浓度（微克/立方米）	80.6	10	11	16	12.3	15.3%
		供水安全系数	1.25	1.4	1.4	1.4	1.4	89.3%
		污水处理率（%）	87.9	100	100	100	100	87.9%
		森林覆盖率（%）	25.6	65	34.8	37.8	45.9	55.8%
		单项实现度						62.1%
	城市的安全性（25%）	失业率（%）	1.39	5.6	7.1	3.6	5.43	100%
		刑事犯罪率（件/十万人）	457.29	1188.93	2751.64	1162	1700.86	100%
		万车死亡率（人/万车）	1.64	1.2	0.53	0.49	0.74	45.1%
		火灾死亡率（人/万人）	0.022	0.083	0.06	0.07	0.071	100%
		单项实现度						86.3%
	城市空间的开放性（20%）	人均公园绿地面积（平方米）	9.84	19.6	25.4	9	18	54.7%
		网速（兆比特/秒）	2.2	11.77	9.19	19.01	13.32	16.5%

续表

总目标	目标	具体指标	北京	纽约	伦敦	东京	国际一流	实现度
国际一流和谐宜居之都	城市空间的开放性（20%）	百人互联网宽带用户数（户）	22.65	27.12	—	38.43	32.78	69.1%
		15公里半径内轨道密度（公里/平方公里）	0.58	0.71	1.2	1.23	1.047	55.4%
	城市社会的包容性（15%）	平均受教育年限（年）	12	12.9	12.3	11.5	12.23	98.1%
		教育占财政支出比重（%）	10.6	—	16.9	14.34	15.62	67.9%
		每万人社会组织数（个）	14.7	52	—	97	74.5	19.7%
		社会保障占财政支出比重（%）	8.7	—	39.3	14.86	27.08	32.1%
		单项实现度						54.5%
	城市文化的活力（15%）	世界200强大学数（个）	2	3	5	2	3.333	60%
		世界文化遗产数（个）	7	1	4	0	1.7	100%
		万人文化创意产业从业人员（人）	932	530	573	744	615.7	100%
		文化场馆指数	34	56	82	43	60.3	56.4%
		单项实现度						79.1%
总实现度								66.9%

注：数据来源说明见附件1。

根据我们的评价，北京与东京、伦敦、纽约的宜居水平存在很大差距，仅相当于这三个城市的67%。差距比EIU的评价更大。根据EIU 2015年数据，北京宜居水平是76分，东京、纽约、伦敦分别是95、87、87，北京相当于他们的84.7%。原因在于我们选取的指标、赋予的权重直指北京在宜居方面的软肋，比如对空气质量指标就赋予很高的权重。而且，我们全部采取客观指标进行评价，结果应该更接近事实。

表2　北京及国际大都市宜居水平比较（2015年）

	北京	东京	伦敦	纽约
社会稳定	80	90	70	70
医疗资源	67	100	88	92
文化娱乐与自然环境	69	94	97	92
教育资源	83	100	100	100
基础设施	86	93	100	100
总得分	76	95	87	87

根据我们的评价，总体上看，北京在城市安全、城市文化活力方面的表现尚可，相当于这三个城市的80%。尤其是在就业、社会治安、历史文化遗产、创意产业从业人员数量等方面，北京已超过三个世界城市的平均水平，具有明显优势。但是，北京在城市空间的开放性、社会包容性、环境的健康性三个方面与世界城市存在很大差距。从具体指标看，北京宜居短板突出体现在空气质量差、上网速度慢、社会组织少，北京在这三个指标上的实现程度不到三个世界城市的20%。2015年北京PM2.5年平均浓度为80.6微克/立方米，而东京、伦敦、纽约PM2.5年均浓度分别为16、11、10微克/立方米。2015年北京的上网速度仅为2.2兆/秒，而东京高达19兆/秒，伦敦在三个城市中是最低的，也达9.19兆/秒。2015年北京每万人社会组织数为14.7个（指登记注册和备案的社会组织），而发达国家每万人社会组织数一般在50个以上，美国是52个，日本是97个，法国110个。

另外，财政在社会保障上的支出、森林覆盖率、人均公园绿地面积、交通安全、轨道交通密度这5个指标，北京相当于世界城市的50%左右。

但是我们不应否认的是，"十二五"以来北京的宜居水平在缓慢提高。EIU调查数据显示，"十二五"时期，北京的宜居水平有了进一步提高。在2015年8月公布的最新城市宜居水平排名中，北京位列第69，比"十一五"时期末的排名上升7位；北京的总得分是76，比2010年增加2分。EIU将总分在80分以上的城市认定为宜居城市，所以距离80分的门槛仅相差4分。2016年3月24日，北京市统计局首次发布"国际一流的和谐宜居之都"监测评价结果称,过去5年,北京和谐宜居总指数逐年上升,2015年达到118.9,较2010年提高18.9个点。

应该说近年来北京在城市发展理念上越来越关注人的感受,采取了一些卓有成效的措施,如加大轨道交通的建设力度,治理大气污染和水环境,实行平原造林,在中心城区腾退的空间建设公园绿地,等等,促使城市宜居水平得到提高。

六、北京宜居水平民意调查结果①

为了解北京市民对北京市宜居水平的评价,我们采用前述宜居城市指标体系进行了主观评价。2017年1月,委托北京市社情民意调查中心开展专题民意调查。在调查实施过程中,根据《北京市统计用区划代码(2015年版)》,按照区——街道(乡镇)——社区居委会,采用多阶段抽样方式随机抽选调查社区。在选定的社区中对本社区居民进行随机拦截,并发放调查问卷进行调查访问。共接触1367个调查样本(即被访者),调查范围覆盖全市16区,最终实际有效调查样本为1000个。

调查显示,2016年,居民认为北京市宜居水平得分为65.3分,与客观评价结果高度吻合。五个二级指标中,城市健康水平得分最低(60.6分),社会包容度评价得分最高(68.4分),极差为7.8分。

表3 北京市宜居水平评价情况

	评价得分
城市健康	60.6
城市安全	66.5
空间开放度	66.9
社会包容度	68.4
文化活力	66.1
宜居水平(加权计算)	65.3

纵观北京市16区居民对宜居水平的评价中,郊区居民的宜居水平评价普遍高于城区居民的评价。密云区居民对宜居水平的评价最高,评分为

---

① 详见附件4。

81.5分；排第二、第三的是延庆区、通州区，分数分别为76.8分、74.0分；海淀在城六区中排第一，全市排名第四，评分为73.5分；第五是房山，72.4分。

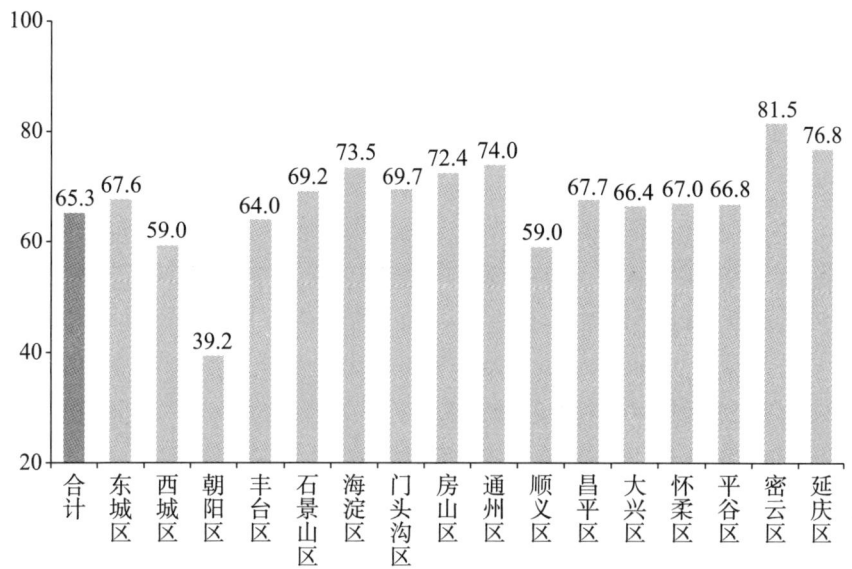

图2 各区居民对北京市宜居水平评价

年龄越大，对北京的宜居水平评价越低。20岁以下居民对北京市宜居水平评价最高，为68.8分，30－39岁及以上的居民评价最低，为64.3分，相差4.5分。

学历越高，评价越低。初中及以下评分为68.3分，研究生评分为61.6分，相差6.7分。

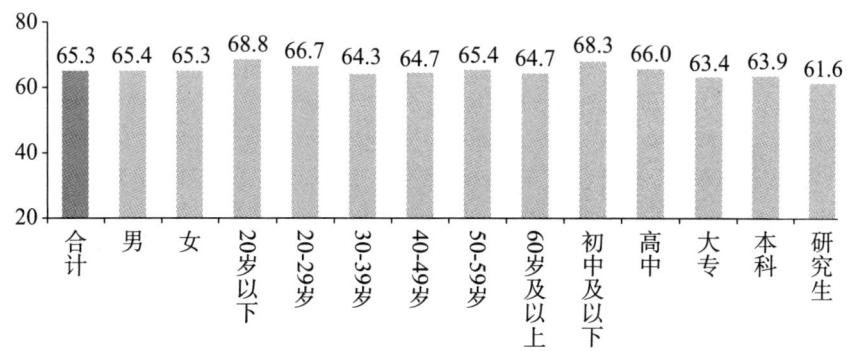

图3 不同性别、年龄、学历居民对北京市宜居水平评价

非京籍居民比京籍居民对北京的宜居评价高。非京籍居民的评分比京籍居民高5.5分。

在北京居住时间越长，对北京的宜居水平评价越低。在京居住5年以下的居民评价为72.0分，而居住30年以上的居民评分63.0分，相差9分。

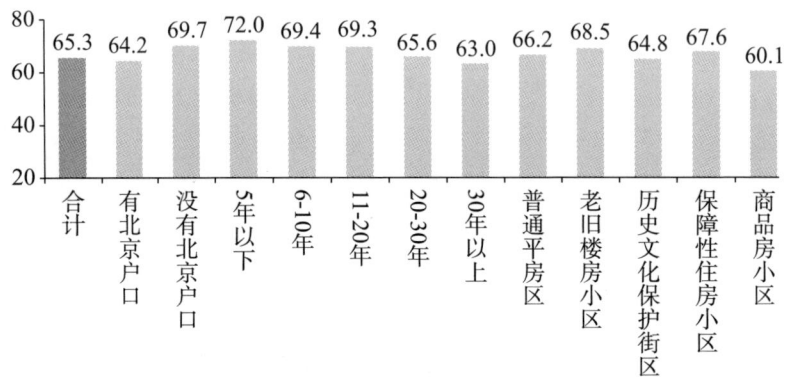

图4 不同户籍、居住年限、房屋类型居民对宜居水平评价

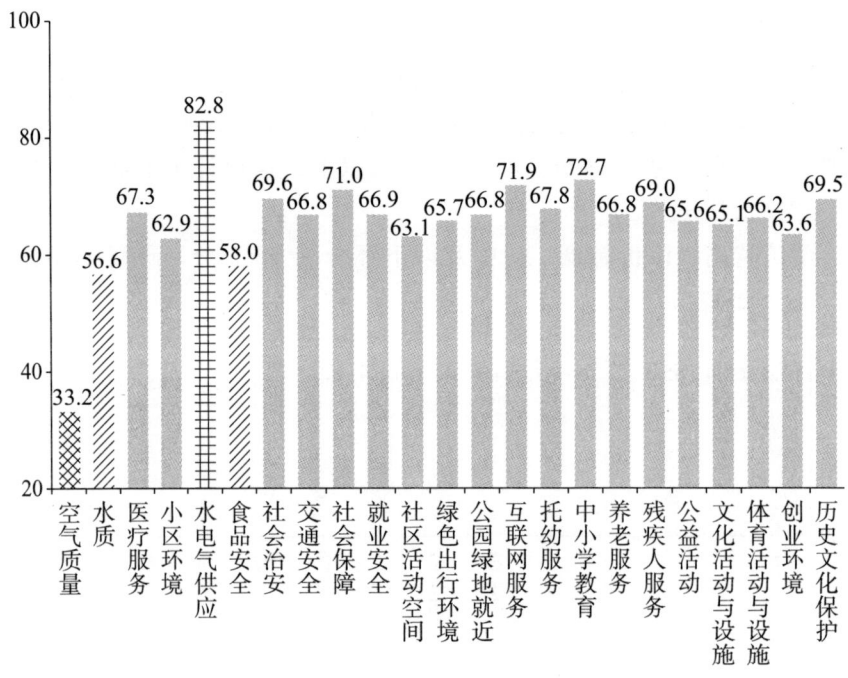

图5 我市居民对宜居水平23个三级指标总体评价

在评价宜居水平的 23 个三级指标中，评价最好的 5 个方面是水电气供应、中小学教育、互联网服务、社会保障、社会治安。评价最差的 5 个方面是空气质量（33.2 分）、水质（56.6 分）、食品安全（58 分）、小区环境（62.9 分）、社区活动空间（63.1 分）。

附件 1 数据来源说明

1. PM2.5 年均浓度

北京数据来源于北京市环境保护局，纽约数据来源于 New York City Community Air Survey，伦敦数据来源于 London Datastore，东京数据由北京市统计局提供。

2. 供水安全系数

供水安全系数由北京市水务局提供。

3. 污水处理率

北京数据来源于《北京统计年鉴 2016》，纽约、伦敦、东京数据由北京市水务局提供。

4. 森林覆盖率

森林覆盖率由北京市园林绿化局提供。其中，北京森林覆盖率是指平原地区森林覆盖率。

5. 失业率

北京数据来源于《北京统计年鉴 2016》，纽约数据来源于纽约州政府网站，伦敦数据来源于 Office for National Statistics，东京数据来源于东京都总务局统计部。

6. 刑事犯罪率

刑事犯罪率来源于《北京法治发展报告（2013）》。

7. 万车死亡率

北京数据来源于《北京统计年鉴 2016》，纽约、伦敦、东京数据来源于《北京法治发展报告（2013）》。

8. 火灾死亡率

北京数据来源于《北京统计年鉴 2016》，纽约、伦敦、东京数据来源于《北京法治发展报告（2013）》。

9. 人均公园绿地面积

人均公园绿地面积由北京市园林绿化局提供。

10. 网速

网速来源于 Bandwidth Place 网站。

11. 百人互联网宽带用户数

北京数据来源于《北京统计年鉴 2016》，纽约、伦敦、东京数据来源于《中国社会建设报告（2014）》。

12. 15 公里半径内轨道密度

15 公里半径内轨道密度由北京市统计局提供。

13. 平均受教育年限

北京数据由北京市统计局提供。纽约、伦敦、东京数据为所在国家数据。

14. 教育占财政支出比重

北京数据来源于《北京统计年鉴 2016》，伦敦数据来源于《中国社会建设报告（2014）》，东京数据来源于《东京都统计年鉴 2014》。

15. 每万人社会组织数

北京数据来源于《北京市"十三五"时期民政事业发展规划》，为 2015 年包括登记注册和备案在内的北京社会组织数。纽约、东京数据为所在国家数据，来自"建设世界城市背景下推进北京社会组织培育发展和服务管理的思考"（岳金柱等著，《社团管理研究》2012 年第 3 期）。

16. 社会保障占财政支出比重

北京数据来源于《北京统计年鉴 2016》，伦敦数据来源于《中国社会建设报告（2014）》，东京数据来源于《东京都统计年鉴 2014》。

17. 世界 200 强大学数

世界 200 强大学数来源于 QS World University Rankings（2016—2017）。

18. 世界文化遗产数

世界文化遗产数来源于联合国教科文组织网站，截至 2016 年世界文化遗产数。

19. 万人文化创意产业从业人员

北京文化创意产业从业人员和人口数据来源于《北京统计年鉴 2016》，纽约、伦敦、东京文化创意产业从业人员数据来源于《中国社会建设报告

(2014)》，纽约人口数据来源于维基百科，伦敦人口数据来源于 Office for National Statistics，东京人口数据来源于东京都总务局统计部。

20. 文化场馆指数

博物馆个数、公共图书馆个数、美术馆（画廊）个数、剧院（演出场所）个数和电影院个数五个指标均由北京市统计局提供。

附件2 文化场馆指数的计算方法

文化场馆指数是综合反映城市文化场馆发展情况的指数。该指数通过综合评价法计算得出，把不同量纲的指标合成为一个无量纲的指数。具体计算过程如下。

1. 数据收集

文化场馆指数由博物馆个数、公共图书馆个数、美术馆（画廊）个数、剧院（演出场所）个数和电影院个数五个指标合成得到。这五个指标的数据见表1。

表1 文化场馆原始数据

	北京	纽约	伦敦	东京
博物馆（个）	173	143	215	72
公共图书馆（个）	25	217	353	388
美术馆/画廊（个）	189	613	857	688
剧院/演出场所（个）	102	420	241	230
电影院（个）	182	95	158	82

2. 数据标准化

为了便于对数据进行统一处理，需要先对数据作标准化处理去除量纲。这里采用常规的极值标准化方法，鉴于上述五个指标都是正向指标，计算公式均为：

$$Y_{ij} = 100 \cdot (X_{ij} - \min X_{ij}) / (\max X_{ij} - \min X_{ij})$$

其中，Y_{ij} 代表第 i 个城市第 j 个指标标准化后的数值；X_{ij} 代表第 i 个城市第 j 个指标的原始数值；i 的取值为1、2、3、4，分别对应北京、纽约、伦敦、东京四个城市；j 的取值为1、2、3、4、5，分别对应博物馆个数、公共图书馆个数、美术馆（画廊）个数、剧院（演出场所）个数和电影院个数五个指标。通过这种方法，标准化后的指标数值均在 0—100 之间，最小值为 0，最大值为 100。标准化后的指标数值见下表。

表 2 标准化后的指标数值

	北京	纽约	伦敦	东京
博物馆	70.63	49.65	100	0
公共图书馆	0	52.89	90.36	100
美术馆/画廊	0	63.47	100	74.7
剧院/演出场所	0	100	43.71	40.25
电影院	100	13	76	0

3. 确定指标权重

通过专家打分，确定五个指标为相同权重。

4. 计算指数

通过加权平均的方式计算出各城市的文化场馆指数，计算公式为：

$$Z_i = 0.2 \cdot \sum_{j=1}^{5} Y_{ij}$$

其中，Z_i 代表第 i 个城市的文化场馆指数；Y_{ij} 代表第 i 个城市第 j 个指标标准化后的数值；0.2 为五个指标的权重。四个城市的文化场馆指数见下表。

表 3 文化场馆指数

	北京	纽约	伦敦	东京
文化场馆指数	34	56	82	43

附件 3 宜居城市要素问卷调查分析

为了解市民对宜居城市构成要素的需求，课题组开展了问卷调查，共发放问卷 561 份，回收有效问卷 508 份。其中男性占 46%，女性占 54%；67% 的人有北京户口。学历结构如下：

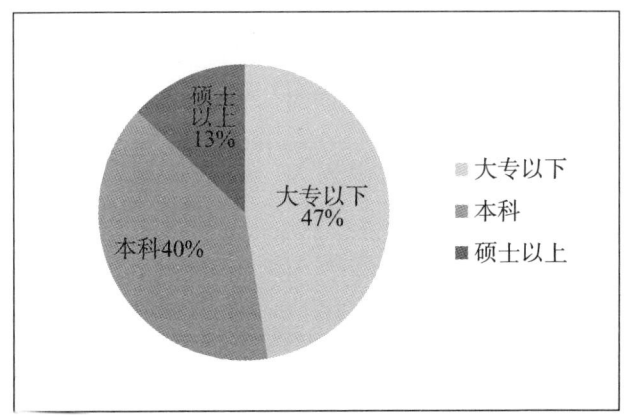

图 1　受访者学历结构

受访者职业结构如下图：

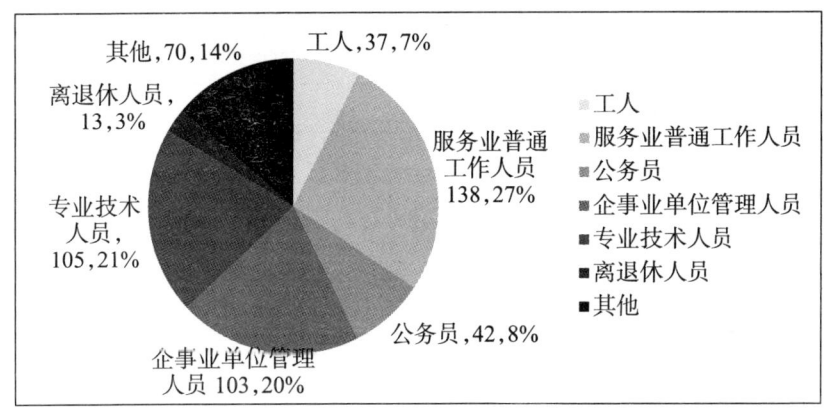

图 2　受访者职业结构

通过对调查数据分析，居民看重的宜居因素排名如下：

表 1　居民看重的宜居因素排名

	指标	得分	平均分	中位数	众数
1	用电有保障	2240	4.409449	5	5
2	燃气供应有保障	2240	4.409449	5	5
3	自来水供应有保障	2209	4.348425	5	5
4	医疗水平高	2187	4.305118	5	5
5	饮用水质放心	2186	4.30315	5	5

续表

	指标	得分	平均分	中位数	众数
6	社会治安好	2182	4.295276	5	5
7	食品安全	2161	4.253937	5	5
8	公共交通便捷	2159	4.25	5	5
9	城市绿化率高	2156	4.244094	5	5
10	看病方便	2151	4.234252	5	5
11	购买食品、生活日用品方便	2148	4.228346	5	5
12	社会保障健全	2134	4.200787	5	5
13	中小学教育质量满意	2124	4.181102	5	5
14	小区干净、整洁	2108	4.149606	5	5
15	空气质量好	2106	4.145669	5	5
16	餐馆卫生，品种多	2092	4.11811	5	5
17	网速快	2088	4.110236	5	5
18	有充足的就业机会	2083	4.100394	5	5
19	较高的经济发展水平	2070	4.074803	4	5
20	物业服务好	2069	4.072835	5	5
21	托幼服务满意	2063	4.061024	5	5
22	居民受教育水平高	2062	4.059055	4	5
23	物价水平合理	2058	4.051181	5	5
24	步行安全、方便	2058	4.051181	5	5
25	没有噪音污染	2050	4.035433	5	5
26	通讯费低	2047	4.029528	4	5
27	河湖水清	2045	4.025591	5	5
28	堵车不严重	2041	4.017717	5	5
29	房价合理	2038	4.011811	5	5
30	人口密度合适	2034	4.003937	5	5
31	居民区停车方便	2034	4.003937	5	5
32	家附近有公园	2033	4.001969	4	5

续表

	指标	得分	平均分	中位数	众数
33	骑自行车安全、方便	2033	4.001969	4	5
34	注重保护城市历史风貌	2033	4.001969	4	5
35	养老服务水平高	2030	3.996063	4	5
36	电影院、剧院等文化场所方便	2023	3.982283	4	5
37	养老服务价格不高	2021	3.978346	4	5
38	无障碍设施方便	2021	3.978346	4	5
39	高水平大学多	2010	3.956693	4	5
40	健身场所方便	2008	3.952756	4	5
41	养老设施多	2007	3.950787	4	5
42	图书馆方便	1972	3.88189	4	5
43	房屋租赁市场规范	1962	3.862205	4	5
44	社区有活动空间	1961	3.860236	4	5
45	上班离家近	1947	3.832677	4	5
46	垃圾再利用率高	1941	3.820866	4	5
47	健身场所收费不高	1940	3.818898	4	5
48	社区自治水平高	1930	3.799213	4	5
49	博物馆多	1926	3.791339	4	5
50	图书馆书多	1921	3.781496	4	5
51	文化演出多	1921	3.781496	4	5
52	文化演出价格不高	1904	3.748031	4	5
53	公益慈善活动多	1877	3.694882	4	5
54	社区活动多	1795	3.533465	4	5

附件4 北京宜居水平民意调查分析报告

为了解北京市民对北京市宜居水平的评价，我们采用前述宜居城市指标体系进行了主观评价。2017年1月，委托北京市社情民意调查中心开展专题民意调查。在调查实施过程中，根据《北京市统计用区划代码（2015年版）》，按照区——街道（乡镇）——社区居委会，采用多阶段抽样方式随机抽选调查社区。在选定的社区中对本社区居民进行随机拦截，并发放调查问卷进行调查访问。共接触1367个调查样本（即被访者），调查范围覆盖全市16区，最终实际有效调查样本为1000个。被调查居民的结构如下：

1. 被访居民中，六大城区样本居多，占六成；十大郊区样本占四成

表1 各区被访者比例

城区	样本人数	比例（%）	郊区	样本人数	比例（%）
东城区	100	10%	门头沟区	40	4%
西城区	100	10%	房山区	40	4%
朝阳区	100	10%	通州区	40	4%
丰台区	100	10%	顺义区	40	4%
石景山区	100	10%	昌平区	40	4%
海淀区	100	10%	大兴区	40	4%
——	——	——	怀柔区	40	4%
——	——	——	平谷区	40	4%
——	——	——	密云区	40	4%
——	——	——	延庆区	40	4%

2. 被访居民女性较多

表2 被访者的性别结构

性别	样本人数	比例（%）
男	413	41.3%
女	587	58.7%

3. 被访居民年龄分布较为均匀

表3 被访者的年龄结构

年龄	样本人数	比例（%）
20岁以下	21	2.1%
20—29岁	217	21.7%
30—39岁	196	19.6%
40—49岁	194	19.4%
50—59岁	188	18.8%
60岁及以上	184	18.4%

4. 被访居民学历结构分布

表4 被访者的文化程度

文化程度	样本人数	比例（%）
初中及以下	206	20.6%
高中（含中专、职高）	317	31.7%
大专	230	23.0%
本科	224	22.4%
研究生	23	2.3%

5. 八成被访居民拥有北京户口

表5 被访者的户籍

户口	样本人数	比例（%）
有北京户口	801	80.1%
没有北京户口	199	19.9%

6. 85.2%的被访居民在北京居住了10年以上

表6 被访者的居住年限

居住年限	样本人数	比例（%）
5年以下	49	4.9%
6—10年	99	9.9%

续表

居住年限	样本人数	比例（%）
11—20年	117	11.7%
20—30年	180	18.0%
30年以上	555	55.5%

7. 一半居民居住在普通平房区和老旧楼房小区

表7 被访者的居住房屋类型

居住房屋类型	样本人数	比例（%）
普通平房区	202	20.2%
老旧楼房小区（1990年前）	289	28.9%
历史文化保护街区	30	3.0%
保障性住房小区	182	18.2%
商品房小区（1990年以后）	297	29.7%

一、北京市宜居水平得分为65.3分

调查显示，2016年，居民认为北京市宜居水平得分为65.3分，与客观评价结果高度吻合。五个二级指标中，城市健康水平得分最低（60.6分），社会包容度评价得分最高（68.4分），极差为7.8分。

表8 北京市宜居水平评价情况

	评价得分
城市健康	60.6
城市安全	66.5
空间开放度	66.9
社会包容度	68.4
文化活力	66.1
宜居水平（加权计算）	65.3

纵观北京市16区居民对宜居水平的评价中，郊区居民的宜居水平评价普遍高于城区居民的评价。密云区居民对宜居水平的评价最高，评分为81.5分；排第二、第三的是延庆区、通州区，分数分别为76.8分、74.0分；海淀在城六区中排第一，全市排名第四，评分为73.5分；第五是房山，72.4分。

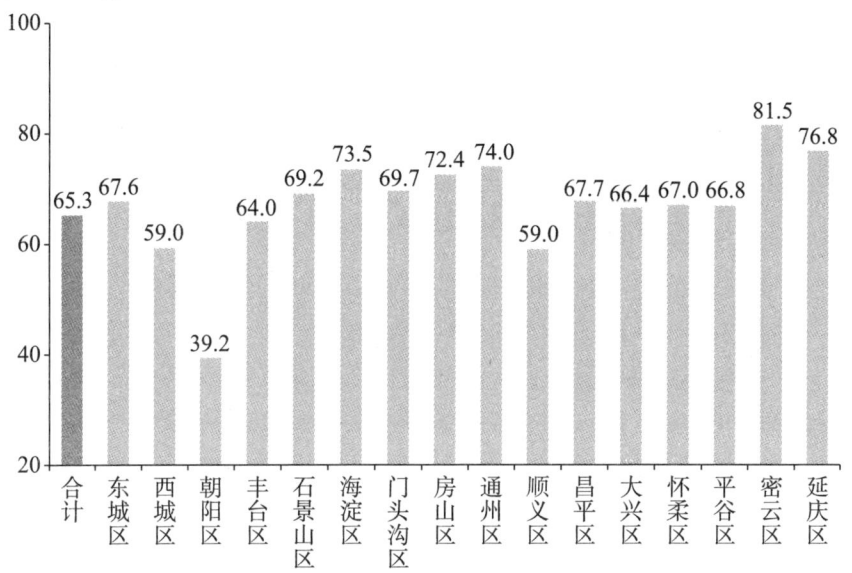

图1 各区居民对北京市宜居水平评价

从被访居民年龄看，年龄越大，对北京的宜居水平评价越低。20岁以下居民对北京市宜居水平评价最高，为68.8分，30—39岁及以上的居民评价最低，为64.3分，相差4.5分。

从被访居民学历看，学历越高，评价越低。初中及以下评分为68.3分，研究生评分为61.6分，相差6.7分。

非京籍居民比京籍居民对北京的宜居评价高。非京籍居民的评分比京籍居民高5.5分。

在北京居住时间越长，对北京的宜居水平评价越低。在京居住5年以下的居民评价为72.0分，而居住30年以上的居民评分63.0分，相差9分。

在评价宜居水平的23个三级指标中，评价最好的5个方面是水电气供应、中小学教育、互联网服务、社会保障、社会治安。评价最差的5个方面是空气质量（33.2分）、水质（56.6分）、食品安全（58分）、小区环境

(62.9分)、社区活动空间(63.1分)。

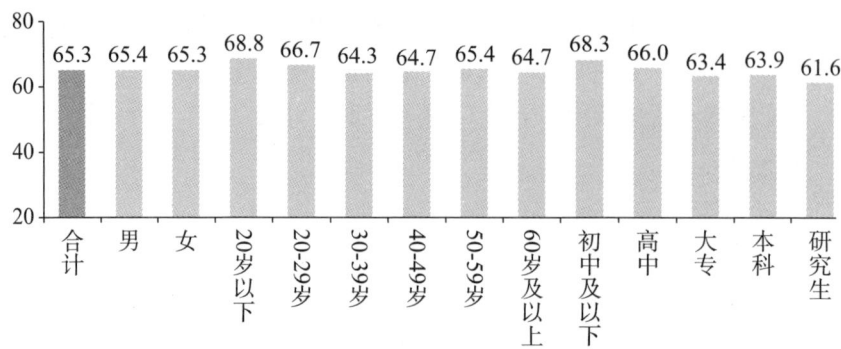

图2 不同性别、年龄、学历居民对北京市宜居水平评价

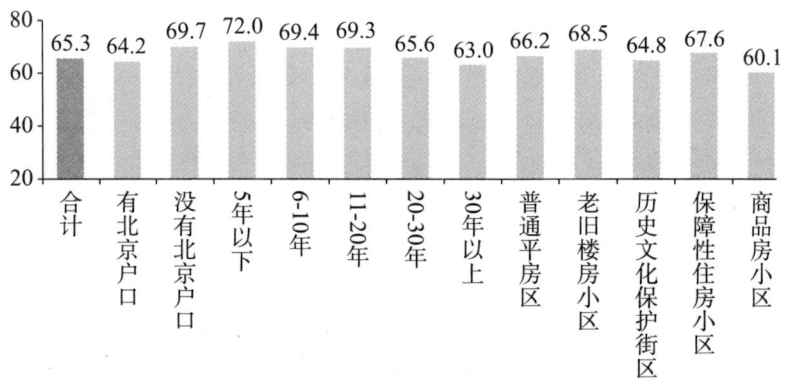

图3 不同户籍、居住年限、房屋类型居民对宜居水平评价

在评价宜居水平的23个三级指标中,评价最好的5个方面是水电气供应、中小学教育、互联网服务、社会保障、社会治安。评价最差的5个方面是空气质量(33.2分)、水质(56.6分)、食品安全(58分)、小区环境(62.9分)、社区活动空间(63.1分)。

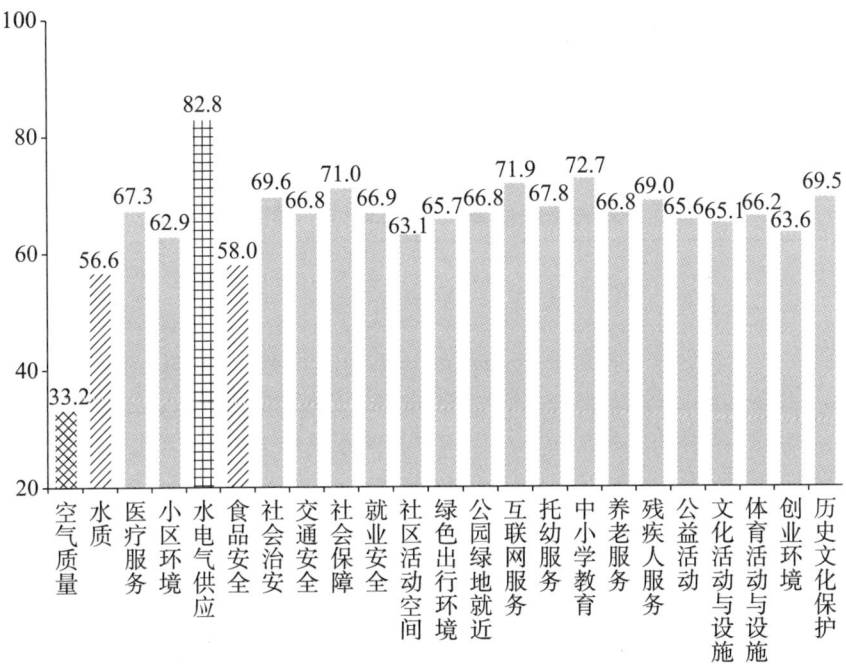

图 4　我市居民对宜居水平 23 个三级指标总体评价

二、在"城市健康"5 个指标中，空气质量成为最大的短板

调查显示，城市健康水平得分为 60.6 分，其中被访居民对水电气供应的评价最高，达到 82.8 分，空气质量的评价最低（仅为 33.2 分），水质得分为 56.6 分。

表 9　城市健康维度评价情况

	评价得分
城市健康总体水平	60.6
空气质量	33.2
水　质	56.6
医疗服务	67.3
小区环境	62.9
水电气供应	82.8

从分项评价指标看,空气质量成为最大的短板,2016年全市PM2.5年均浓度为73微克/立方米,仍超国标(年均35微克/立方米)1.09倍,与居民的期望差距较大。城市"最轻的"空气会影响"最重的"民心,宜居城市,健康的环境对大家很重要。

表10 大气环境质量比较(单位:微克/立方米)

	澳大利亚	美国	加拿大	欧盟	东京	新加坡	韩国	香港	世界平均水平	北京
PM2.5年均浓度	5.9	11	12	14	16	18	29	30	32	73

注:北京为2016年数据,东京、新加坡和香港为2014年数据,其他国家和地区为2013年数据。

另外"水质"短板较为明显,南水北调中线通水后,北京市生活刚性需水得到基本满足,有效缓解了水资源紧张状况。但随着居民生活水平的提高,对水质的关注度逐渐提高,各种家用净水设备的热销也能够反映居民对水质的焦虑。

1. 密云区和延庆区居民对城市健康方面顾虑较少,朝阳区居民忧患意识最高。

各区居民对"水电气供应"的评分都位于80分以上,而顺义区和朝阳区居民的评价较低,分别是73.8分和68.4分。

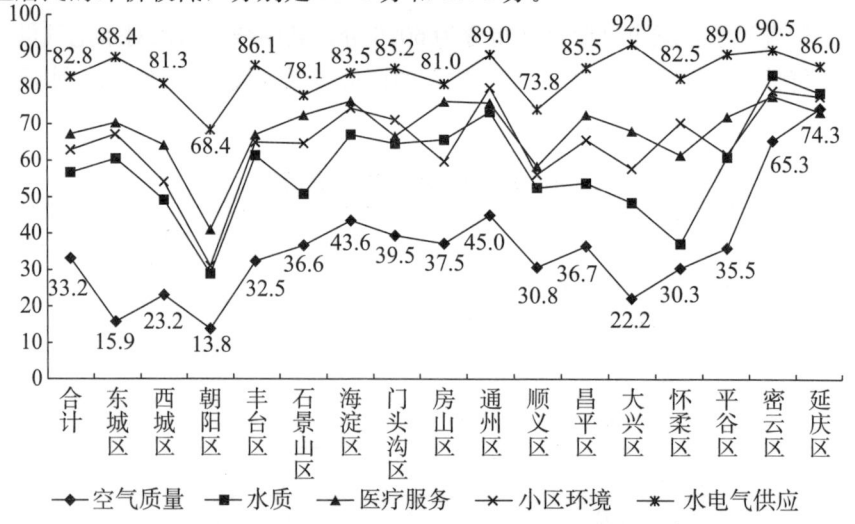

图5 各区居民对城市健康水平总体评价

对于"空气质量",很明显地看到,延庆区和密云区的空气质量远优于其他区,居民给出了74.3和65.3的评价,分别高于北京市总评价分数32.1分和41.1分。

另外,密云区和延庆区的居民对"水质"也较为满意,给出83.5分和78.8分;而朝阳和怀柔区的居民却对水质问题有较大的担忧,仅给出29.2分和37.5分。

在"医疗服务"和"小区环境"方面,通州区、密云区、延庆区和海淀区的居民认同度较高,打分都逼近80分;而朝阳区居民却认为这两方面的表现离他们的期望差距较大,评分只有41.3分和31.2分。

2. 维度分析中,不同类型的居民对北京市城市健康的5个指标的评价基本一致。

相对而言,20岁以下的年轻人对"小区环境"的评价低于总体评价4分左右。

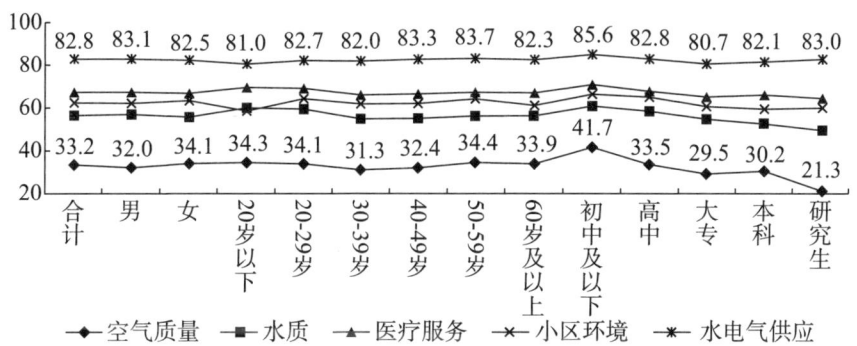

图6 不同性别、年龄、学历居民对城市健康水平总体评价

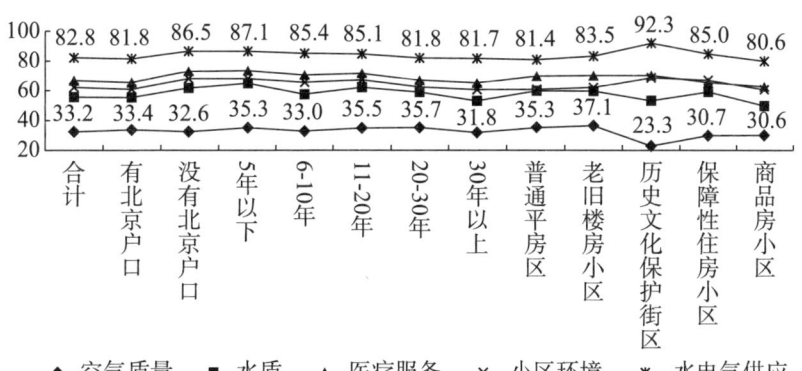

图7 不同户籍、居住年限、房屋类型居民对城市健康水平总体评价

随着学历的升高，居民对"小区环境""水质"和"空气质量"的要求越来越高；值得关注的是，研究生学历的被访居民对空气质量的评价最低，分数低于总评分近12分。

住在历史文化保护街区的居民对"水电气供应"没有什么顾虑，但对"空气质量"更加担忧。

三、在"城市安全"5项指标中，食品安全仍是被访居民认为需要提升的重要指标

调查显示，城市总体安全水平得分为66.5分，其中被访居民对社会保障的评价最高（71.0分），其次为社会治安（69.6分），食品安全的评价最低（58.0分）。

表11　城市安全维度评价情况

	评价得分
城市安全总体水平	66.5
食品安全	58.0
社会治安	69.6
交通安全	66.8
社会保障	71.0
就业安全	66.9

1. 密云区和延庆区居民对城市安全评价较高，评分皆在80分上下，朝阳区居民评分最低，分数仅在40分左右。

密云区和延庆区在"食品安全"方面做得较好，分数分别为76.5和73.0；顺义区和通州区在食品安全方面尚未达到60分，还有待提高。

另外，房山区居民在"社会治安""交通安全""社会保障"和"就业安全"方面评价也较高；值得关注的是，在十大郊区中，顺义区在5项安全指标评价中都得分较低；怀柔区居民对"就业安全"呼声较大，评分为57.5分。

城六区中，海淀区的安全水平各项指标评价都高于其他区；而朝阳区居民对各项指标都表现出非常担忧；石景山区在"社会保障"和"就业安全"方面表现较好；西城区在"交通安全"方面还要加强，评分为61.0分；另外，加强食品安全问题仍是各区的工作重点。

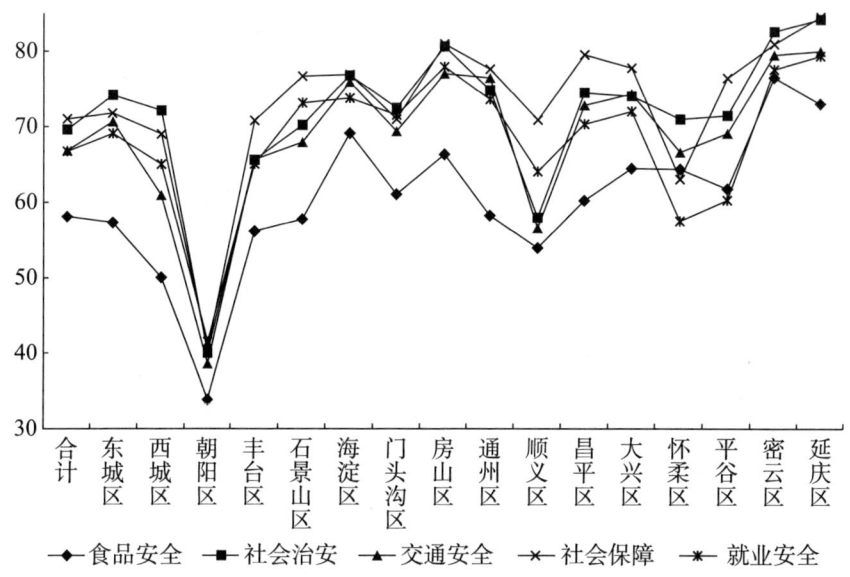

图 8　各区居民对城市安全总体评价

2. 随年龄、学历和居住时间的变化，居民对北京市安全水平的5个指标的评价呈趋势化。

被访居民年龄越大，对"社会治安"和"交通安全"的评价得分越低；而研究生学历的被访居民对这两个指标的评价分数较高；住在历史文化保护街区的居民对"社会治安"评价较高。

在北京居住时间较长以及住在商品房小区的居民对北京市安全水平的各项指标评价都较低；而住在老旧楼房小区的居民对各项指标评价都较高。

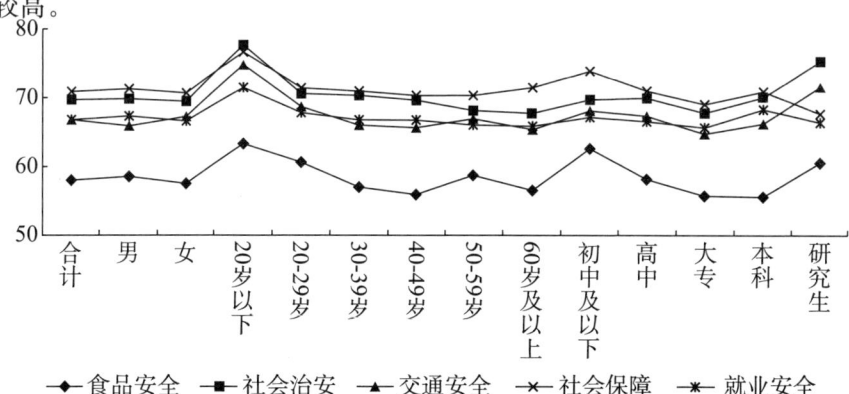

图 9　不同性别、年龄、学历居民对城市安全总体评价

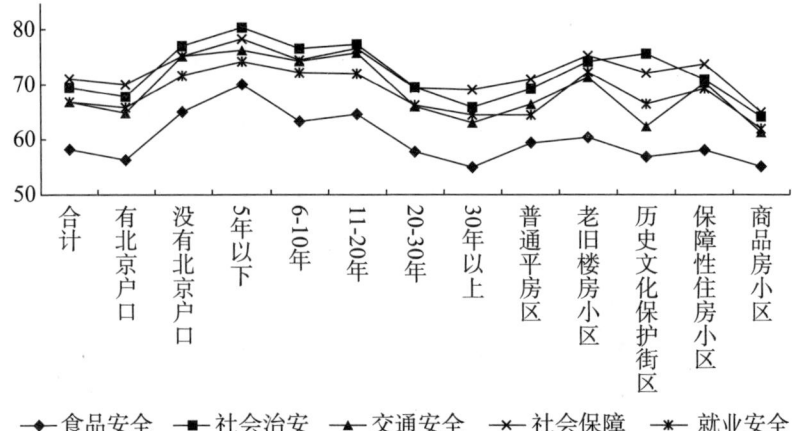

图 10　不同户籍、居住年限、房屋类型居民对城市安全总体评价

四、在"城市开放度"4 项指标中，社区活动空间略有不足

调查显示，城市总体开放度得分为 66.9 分，其中被访居民对北京市互联网服务（网速网费）的评价最高（71.9 分），其次为公园绿地就近（66.8 分），社区活动空间的评价最低（63.1 分）。

表 12　城市开放度维度评价情况

	评价得分
城市总体开放度	66.9
社区活动空间	63.1
绿色出行环境	65.7
公园绿地就近	66.8
互联网服务（网速网费）	71.9

1. 密云区居民对城市开放度评价较高，朝阳区居民评价最低。

密云区在城市开放度各方面都领先于其他区，且四项指标评分皆在80分以上；通州区在"绿色出行环境"方面也达到了 80 分；而顺义区的居民对于几个指标的评分比其他几个郊区都相对较低，特别是"公园就近绿地"一项的评分，仅为 47.5 分。

六大城区中，海淀区和石景山区对四项指标的评价均较高。

值得关注的是，朝阳区居民对"社区活动空间""绿色出行环境"和"公园绿地就近"三项评分都是最低，不到40分。

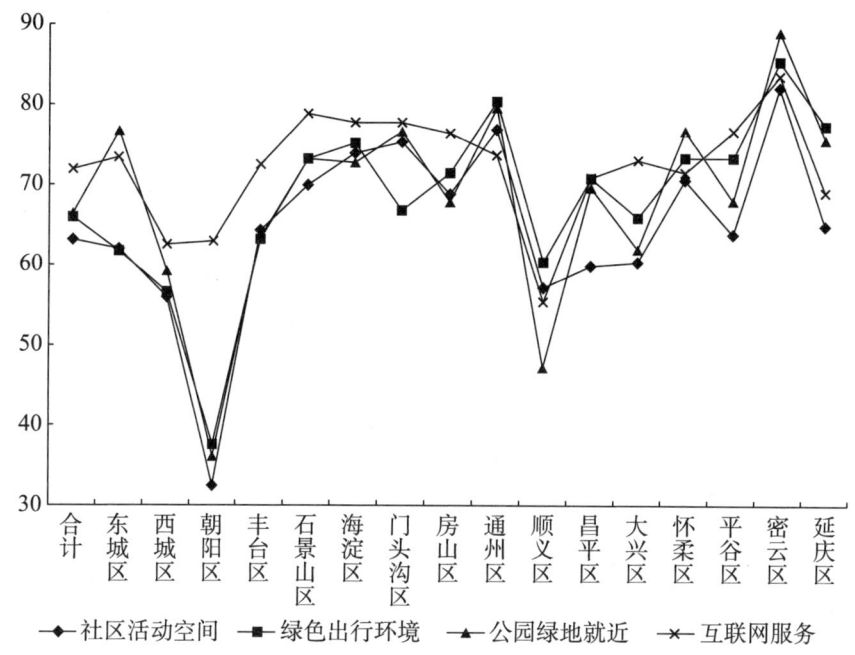

图11　各区居民对城市开放度总体评价

2. 学历越高，在京居住年限越长的居民对北京市城市开放度的4个指标的需求越高。

20岁以下的年轻人对北京市"绿色出行环境"的评价较高，高于平均分7.2分；研究生、居住在历史文化保护街区和商品房的居民对于"社区活动空间"和"绿色出行环境"两项指标的需求较高，评价低于60分。

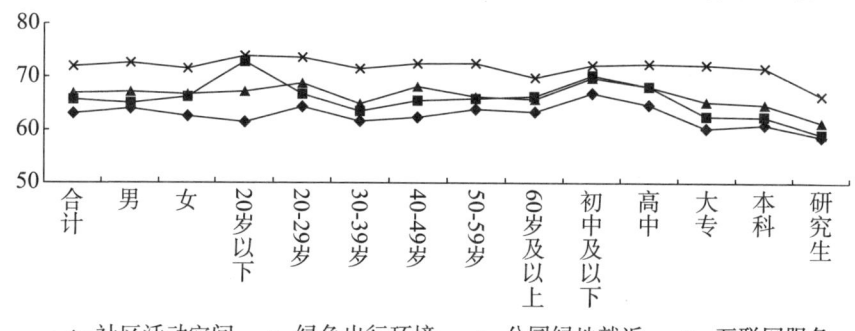

图12　不同性别、年龄、学历居民对城市开放度总体评价

在北京居住 6—10 年和住在老旧楼房小区的居民对于"互联网服务"满意度较高。

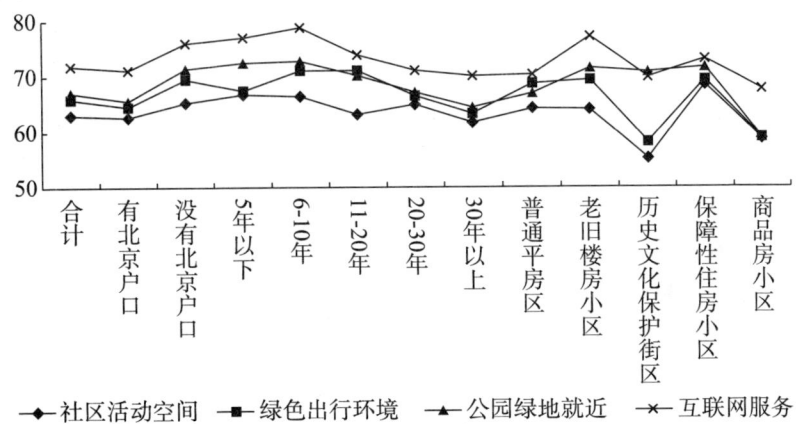

图 13　不同户籍、居住年限、房屋类型居民对城市开放度总体评价

五、在"城市包容度"的 5 项指标中，北京城市社会的包容度较高

调查显示，城市总体包容度得分为 68.4 分，在六个二级指标中得分最高。其中被访居民对中小学教育的评价最高（72.7 分），其次为残疾人服务（69.0 分），对公益活动的评价最低（65.6 分）。

表 13　城市包容度维度评价情况

	评价得分
城市总体包容度	68.4
托幼服务	67.8
中小学教育	72.7
养老服务	66.8
残疾人服务	69.0
公益活动	65.6

1. 房山区、密云区居民对城市包容度评价较高，朝阳区居民评分最低。

房山区、延庆区、怀柔区、密云区对"中小学教育"的评分分别为 87.5 分、84.5 分、83.5 分和 83.0 分，明显高于其他区。

房山区、密云区和平谷区的"托幼服务"评分也都在80分以上。

房山区和密云区在"残疾人服务"方面也做的较好。

在"养老服务"方面,房山区的评分也是最高(81.5分)。

"公益活动"获得密云区居民的高度认可。

相比之下,朝阳区居民对5项指标的评价都未达到50分,对于"养老服务"指标的评价,分数仅有33.0分。

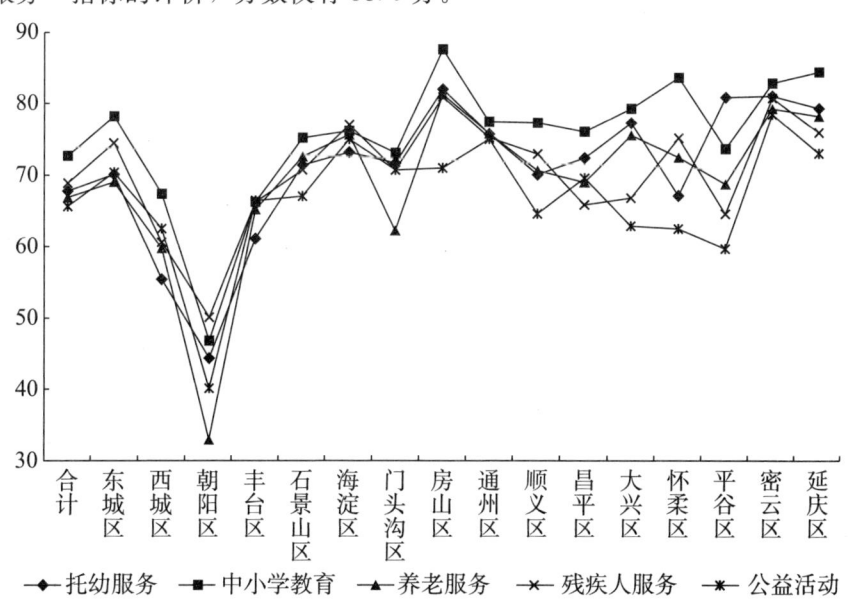

图14 各区居民对城市包容度总体评价

2. 学历越低、在京居住年限越短的居民表现出越高的城市包容度。

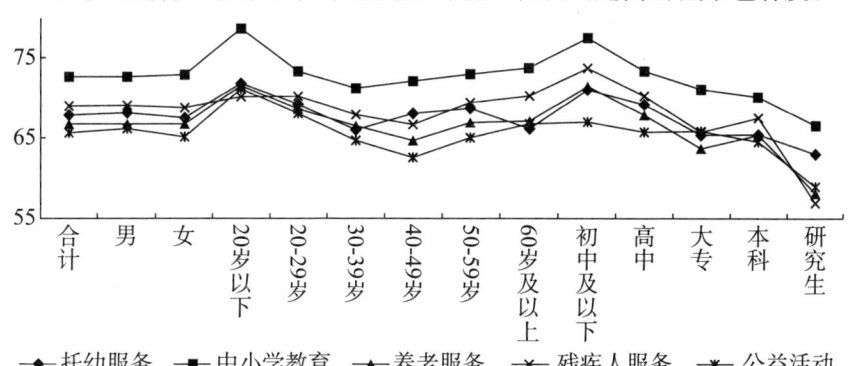

图15 不同性别、年龄、学历居民对城市包容度总体评价

刚离开中小学校园不久的20岁以下的年轻人对北京市"中小学教育"

评价较高；学历为初中及以下、在北京居住 5 年以下的被访居民有同感；住在商品房小区的居民对城市包容度的 5 项指标评价都较低，其中，"公益服务"和"养老服务"的评分低于 60 分。

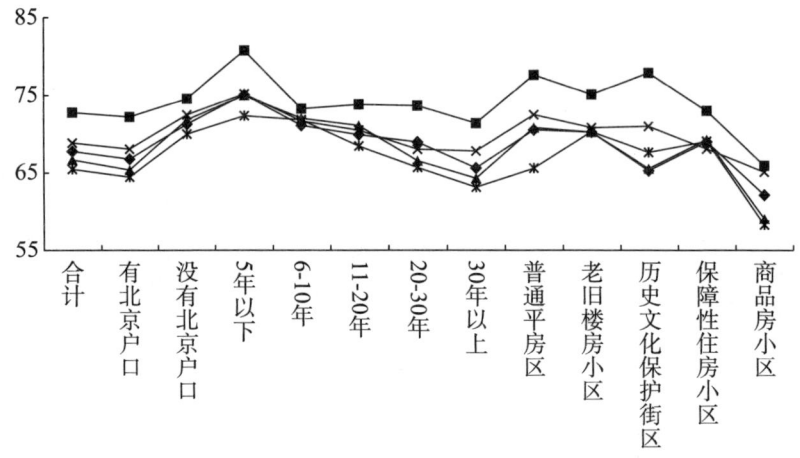

图 16　不同户籍、居住年限、房屋类型居民对城市包容度总体评价

六、在"城市文化活力"4 项指标中，北京创业环境有待进一步提高

调查显示，城市总体文化活力得分为 66.1 分，各项指标得分较为均衡。其中，被访居民对历史文化保护的评价最高（69.5 分），其次为体育活动与设施（66.2 分）和文化活动与设施（65.1 分），对创业环境的评价最低（63.6 分）。

表 14　城市文化活力维度评价情况

	评价得分
城市总体文化活力	66.1
文化活动与设施	65.1
体育活动与设施	66.2
创业环境	63.6
历史文化保护	69.5

1. 密云区居民对城市文化活力评价较高,朝阳区居民评分最低。

密云区居民对城市文化活力4项指标的评价都在80分以上,尤其是对"文化活动与设施""体育活动与设施"和"历史文化保护"3个指标的评价皆已达到85分以上。

另外,在"历史文化保护"方面,房山区和怀柔区做得也不错,分别得到84.3分和82.5分的评价。

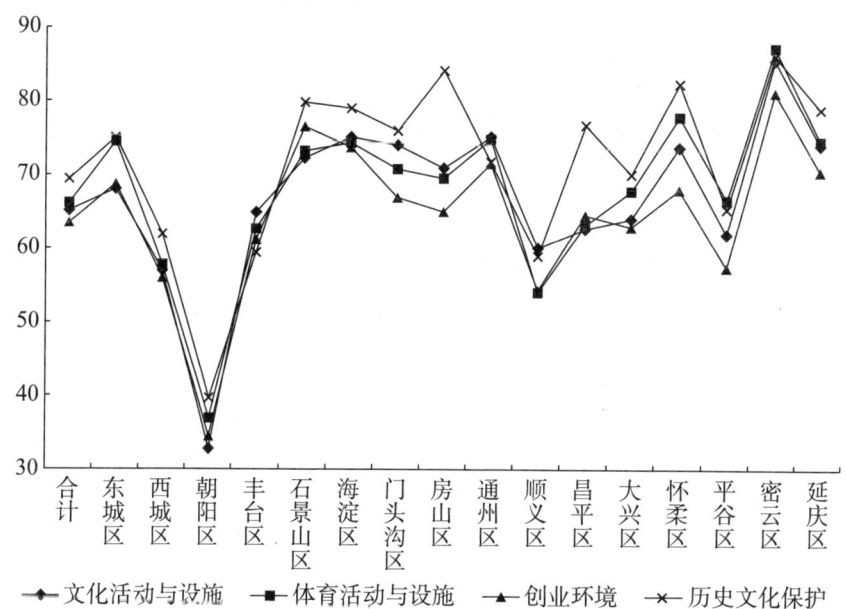

图17 各区居民对城市文化活力总体评价

相比其他区,在"创业环境"和"体育活动与设施"方面,顺义区和西城区还有提高的空间,居民给出的评价都低于60分。

朝阳区居民对北京市文化活力满意度最低,4项指标评分都在40分以下。

2. 年龄越大、学历越高、在京居住年限越长的居民对北京市的城市文化活力满意度越低。

除此以外,住在历史文化保护街区的居民认为"体育活动与设施"方面做得还不到位;而住在商品房的居民更加担忧"创业环境"。

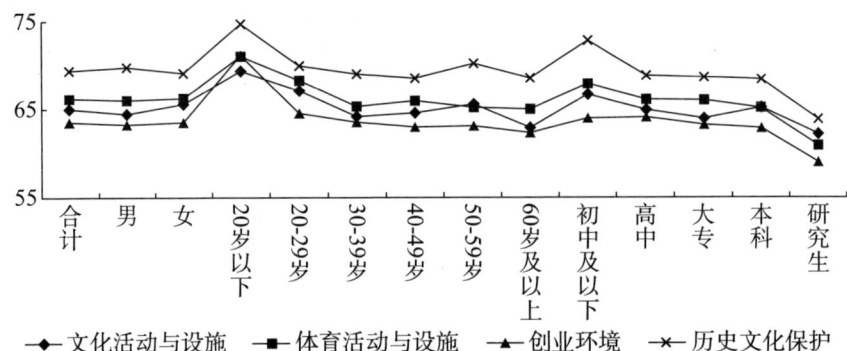

图18 不同性别、年龄、学历居民对城市文化活力总体评价

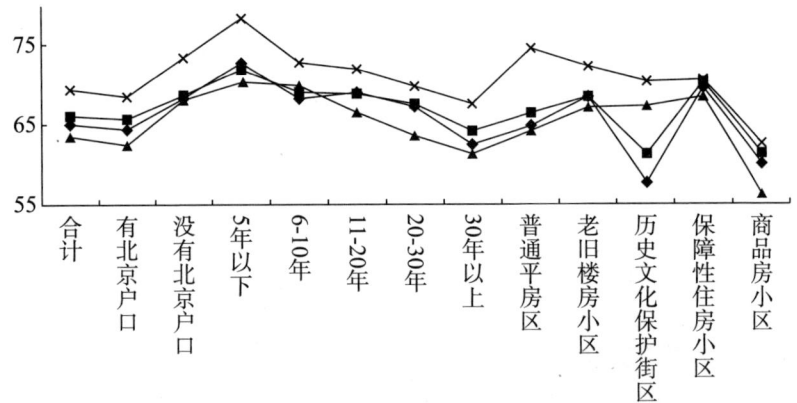

图19 不同户籍、居住年限、房屋类型居民对城市文化活力总体评价

参考文献

[1] 爱德华·格莱泽.城市的胜利［A］.上海社会科学院出版社，2012（12）

[2] 董晓峰等.基于统计数据的中国城市宜居性［J］.兰州大学学报（自然科学版），2009（10）

[3] 黄江松等.北京要建设什么样的宜居城市［J］.前线，2007（1）

[4] 黄江松等.北京与世界城市宜居水平比较研究［J］.前线，2010（10）

[5] 简·雅各布斯.美国大城市的死与生［A］.译林出版社，2005（5）

[6] 蒋之炜等.从马斯洛需求层次理论看城市生活品质内涵［J］.中国人口.资源与环境，2008（18）

[7] 李健等.全球创新网络视角下的国际城市创新竞争力地理格局［J］.社会科学，2016（6）

[8] 刘易斯·芒福德.城市文化［A］.中国建筑工业出版社，2009（8）

[9] 齐心.北京城市病的综合测度及趋势分析［J］.现代城市研究，2015（12）

[10] 齐心等.北京世界城市指标体系的构建与测评［J］.城市发展研究，2011（4）

[11] 宋贵伦等.中国社会建设报告（2014）［M］.中国社会科学出版社，2015（1）

[12] 田山川.国外宜居城市研究的理论与方法［J］.经济地理，2008（4）

[13] 屠启宇等.国际城市发展报告（2016）［M］.社会科学文献出版社，2016（2）

[14] 王军.城记.［A］.生活·读书·新知三联出版社，2004（5）

[15] 王坤鹏.城市人居环境宜居度评价——来自我国四大直辖市的对比与分析［J］.经济地理，2010（10）

[16] 王兆宇.世界城市服务业发展的结构特征与经验借鉴［J］.城市发展研究，2015（12）

[17] 许传玺.北京法治发展报告（2013）［M］.法律出版社，2013（10）

[18] 杨全社.基于马斯洛需求层次理论的公共产品分类及其对公共产品供给管理的意义.经济研究参考［J］，2010（20）

[19] 岳金柱等.建设世界城市背景下推进北京社会组织培育发展和服务管理的思考.社团管理研究［J］，2012（3）

[20] 张文忠等.和谐宜居城市建设的理论与实践［M］.科学出版社，2016（6）

[21] 张暄.聚焦东京［A］.中国城市出版社，2004（1）

[22] 赵峥.亚太城市绿色发展报告［M］.中国社会科学出版社，2016（7）

[23] 朱鹏等.基于人的"需求"理论的"宜居城市"评价指标初探［J］.河南科学，2006（1）

[24] 机遇之都7（普华永道，2016）

[25] 美世宜居城市报告（2009）

[26] 宜居城市科学评价标准（2007年4月19日通过中华人民共和国建设部科技司验收）

[27] EIU宜居城市报告（2010－2015）

[28] Global power city index

[29] State of the world cities

北京城市空间布局优化研究

赵 弘 何 芬*

推动京津冀协同发展,一个重要内容是调整优化区域生产力布局,这对北京优化城市空间布局提出了迫切要求,也提供了良好契机。北京应加快推进城市空间布局优化调整,引导各类城市功能合理布局,有效提升城市运行效率与综合承载力,支撑以首都为核心的世界级城市群建设。

一、北京城市空间布局的特征及其形成原因

(一)北京城市空间结构最突出的特征是"单中心"格局

城市空间布局应与规模体量相适应。小城市一般采取集中紧凑的空间布局形式。随着城市规模扩大,为避免功能集聚与运行效率的矛盾,国际上许多城市采取"主城-卫星城(新城)"模式,分散城市功能,形成"多中心"格局。

长期以来,北京一直在探索从"单中心"迈向"多中心"的路径,但始终未能取得真正突破。北京历次城市规划都借鉴国外经验引入了"卫星城""边缘集团""新城"等概念,比如1983年版城市总体规划强调市区采取"分散集团式"布局,在郊区规划建设了13个卫星城;1993年版规划增加到14个卫星城和10个边缘集团;2004年版城市总体规划在卫星城基础上规划建设11个新城;等等。

北京"分散化""多中心"的城市布局思路值得肯定,但从实施效果来看,城市发展并没有很好地实现这些规划理念,城市功能未能有效分散开来。新城虽然获得一定发展,中心城仍然"一心"独大,功能过度集聚现象并没有得到扭转。北京五环以内面积约占全市4.1%,集中了全市

---

* 作者赵弘,北京市社会科学院研究员,博士,副院长;何芬,北京方迪经济发展研究院助理研究员。

48.9%的常住人口。2014年中心城集中了全市70%的地区生产总值和72.7%的城镇单位从业人员。宋志军和刘黎明（2016）分析了1985、1995、2005、2014年的北京用地结构变化，认为北京的规模性增长大于内涵式发展，空间增长呈"圈层状"加"树枝状"方式向外扩展[1]，并未形成"多中心"的城市格局。

（二）北京"单中心"格局难以根本突破的主要原因

一是城市规划的前瞻性不足，对城市空间合理化布局的引导作用发挥不充分。北京的卫星城、新城未能取得疏解中心城资源与功能的实际效果，并非其规划理念不对，而是没有按照卫星城、新城的规律和条件来建设。卫星城、新城建设一般需要四个条件。第一，距离。过去卫星城与主城的距离大多在30—70公里范围内，以满足到中心城"1小时通勤"需求。对伦敦、巴黎、东京的25座卫星城与中心城的距离进行统计发现，其中有64%的卫星城与主城的距离在30—70公里范围内。考虑到现在的铁路技术水平，可将这一距离适度扩展为40—90公里。第二，通道。联接卫星城、新城和"中心城的主要公共交通方式必须方便快捷，以大容量、高效便捷的市郊铁路等轨道交通为宜。第三，规模。卫星城、新城规模不能太大，否则容易走上"摊大饼"老路，也不能太小，否则失去规模效应，应以中小城市为度，并注重与主城之间的协调配合。第四，建设顺序。理想状态是先建交通、市政基础设施，再建医院、学校等公共服务设施，最后开发房地产，以充分发挥公共交通、公共服务对于城市布局的引导作用。北京的卫星城、新城建设并没有遵循上述规律，城市发展的需求被迫形成"摊大饼"式布局，并沿着快速路向近郊区县辐射居住人口，但产业功能、公共服务功能又没有随着居住功能同步转移，其结果是新城职住比严重不均衡，大量新城居民要到中心城上班，带来"潮汐"式交通拥堵等问题。

二是缺乏规划执行的配套机制，规划中提出的许多内容并没有得到有效落实。比如2004年版北京城市总体规划提出在通州建设行政办公区，承接中心城的行政办公职能，但长期以来缺乏实质性推进举措。直到2015年《京津冀协同发展规划纲要》明确提出通州"行政副中心"的定位，其建设才得以实质性推进。再比如规划中提出建设两道绿化隔离带，发挥绿化隔离带对城市空间"摊大饼"式蔓延的遏制作用，但实际发展中，绿隔地区建设用地比重不断增长，第一、二道绿隔2013年的城乡建设用地比重均比规划年增长了10%，新城与新城之间、新城与中心城之间的绿色空间被蚕食；到2013年未实施规划的绿地占绿隔空间规划绿地总量的38%，已实施的绿色空间连通性不够，结构破碎[2]，未能发挥绿化隔离功能，未能阻止城市蔓延与摊大。

三是对城市交通规律的认识不充分，未能建立起以轨道交通为主导的城市公共交通体系，特别是市郊铁路缺乏，制约了"主城－新城（卫星城）"空间结构的形成。城市规模扩大、由"单中心"向"多中心"转变过程中，要保持运行效率，必须构建起与空间布局相匹配的交通结构。在等量空间资源条件下，轨道交通的运输能力远远超过小汽车、公共汽车。因而，国际上运行效率高的大都市，交通结构通常实现两个"主导"，即公共交通在城市交通结构中占"主导"，同时轨道交通在公共交通结构中也占"主导"。进一步分析国际大都市的轨道交通体系，其内部是分层次的，地铁、快线铁路、市郊铁路、城际铁路等都有其最佳效率的运营区间，不能相互替代（表1）。对比东京等国际大都市，北京的轨道交通体系存在较大差距：一方面，中心城的轨道交通密度不足。东京有61.9%的住宅到最近地铁站距离不足500米，仅0.53%的住宅距离地铁站超过1公里[3]，轨道交通出行占交通出行总量的90%以上。即使放大到东京都市圈，其每平方公里设有0.126个轨道站点，是北京目前轨道交通站点密度的4倍[4]。密度不足影响了北京轨道交通的承载力，2015年全市公共交通占交通出行总量的50%，轨道交通占公共交通的50%，这两个比重还有提升空间。另一方面，北京中心城与郊区、周边城市之间的市郊铁路严重缺乏。伦敦、纽约、东京、巴黎分别构建了运营里程达3650公里、3000公里、2031公里和1867公里的市郊铁路网，带动了周边几十个卫星城、新城与中心城联动发展。北京目前还没有一条真正意义上的市郊铁路，使得城市功能和各类资源难以向新城辐射。从北京中心城通往延庆的S2线在运行速度、发车数量方面不具优势，日输送旅客量仅两万人次。房山线、亦庄线、大兴线、八通线、顺义线、昌平线等都是以地铁方式运营，存在运力及时速上的不足，难以成为新城与中心城之间的主导交通方式。

表1 不同轨道交通方式的运营范围与特点

	运营范围	运行模式
地铁	<15公里，城市核心区	站距短，速度慢，主要满足都市密集区的交通需求

续表

	运营范围	运行模式
快线铁路	15—30 公里	站距长、速度快，主要满足近郊区的快速出行需求
市郊铁路	30—70 公里	大容量、高速化、低票价，主要满足卫星城、新城远距离的快速出行需求
城际铁路、干线铁路	>70 公里	主要满足城市间的交通需求

二、"单中心"空间布局给首都发展带来的突出问题

（一）城市运行效率受到影响

北京中心城人口、功能过度集聚，给城市运行带来巨大压力，最为突出的是交通拥堵问题。根据北京交通发展研究中心发布的《北京市交通运行分析报告（2015年）》，2015年全路网高峰时段平均交通指数5.7，交通拥堵较2014年（平均交通指数5.5）有所加剧，早晚高峰时段拥堵指数峰值达到8以上，为"严重拥堵"；日均拥堵时间（中度拥堵、严重拥堵）共计3小时，与2014年的1小时55分钟相比显著加长。此外，由于功能过于集中带来各类流动人口聚集，也给城市治安管理、环境维护等带来巨大压力。

（二）新城难以有效分担城市功能

近年来，通州、昌平、大兴等新城对中心城区居住功能的疏解起到了一定作用。但产业功能转移没有同步跟上，大部分新城吸纳的就业人口远远低于常住人口。2008－2014年，昌平新增常住人口是新增就业人口的10.5倍，通州新增常住人口是新增就业人口的8.1倍。大量新城居民需要到中心城上班，就形成了"钟摆式"的长距离通勤格局。北京市规划委组织开展的全市城乡规划民意调查显示，52%的居民认为工作地与居住地距离较远，上班需换乘三次及以上的比例较高。这是北京交通拥堵的重要原因。

北京新城对产业功能、就业人口吸引力不强，关键原因在于新城与中心城发展落差大。2013年新城地区人均GDP比中心城区少51400.4元，

城镇居民人均可支配收入比中心城区少8879.1元。新城在区位条件、基础设施、公共服务、商务环境、产业基础、生活便利性等方面与中心城差距显著，在土地供应、产业投资、企业税收、人才落户等方面又没有一些独特的吸引政策，导致新城对中心城经济功能的吸引力不强，对承接中心城人口疏解的作用也没有达到预期。

（三）城乡结合部问题

城乡结合部是随着城市中心区域的持续向外扩张，在城市建成区周边形成的一个城乡地域交叉、农民居民交叉、街乡行政管理交叉的过渡区域。目前北京的城乡结合部已从四环延伸至六环外，成为城市扩张和蔓延的主要地区，也是流动人口聚集较快、人口倒挂现象严重、各类问题较多的地区。

北京城乡结合部地区涉及全市61个街乡、571个行政村，2014年共有户籍人口137.4万、流动人口323.5万，人口倒挂比例为1比2.3，一些城中村的人口倒挂达到1比10以上[5]。比如北五环外的北四村本村人口仅6000人，外来人口达90000人，人口倒挂比例为1比15。由于人口快速集聚，基础设施不堪负荷，环境脏、乱、差问题突出，发生在城乡结合部的刑事案件总量、八类严重刑事案件、火警火灾、安全生产死亡人数都超过全市总量的80%，给城市治理带来巨大考验，影响到首都形象和国际一流和谐宜居之都建设。

（四）北京对周边区域的辐射带动不充分

纽约、伦敦、东京、巴黎等国际大都市都通过城市功能的优化布局与扩散外溢，辐射带动周边近百公里的新城、卫星城"族群"发展，共同构成世界级城市群。相比之下，北京的"单中心"格局难以突破，新城没有发挥出有序有效分散化布局城市功能的作用，北京作为京津冀区域核心城市的辐射带动效应也受到制约，形成两个"孤岛现象"：北京中心城与郊区县之间的"孤岛现象"，北京与周边区域的"孤岛现象"。

北京周边地区没能得到应有的发展。2014年，河北人均GDP仅为北京的40%，城镇单位在岗职工平均工资为北京的45%。北京周边还有25个国家和省级扶贫开发工作重点县，涉及贫困人口230多万，形成了集中连片特困地区"环首都贫困带"。较大的区域发展落差，恰恰成为周边城市人口向北京集聚的重要动力。2015年北京常住外来人口中，河北籍的达到202.4万人，所占比重达到24.6%[6]，比2010年提升2.5个百分点。

根据对霸州、曹妃甸等地科技型企业的调研，由于北京对高端人才的强大吸引力，企业新招人才在两年内已流失70%。北京未能形成周边区域"拱卫式"发展的格局，自身"城市病"问题难以解决，周边城市发展落差难以弥补，影响了区域整体竞争力，不利于建设以首都为核心的世界级城市群。

三、京津冀协同发展背景下北京空间格局优化调整的着力点

（一）强化规划统筹引领，发挥土地对空间优化的杠杆作用

加快推进"多规合一"。以城市总体规划修编为契机，加快推动城市总体规划与土地利用总体规划相统一，并与国民经济和社会发展规划相协调，实现多规划底图叠合、数据融合、政策整合，描绘城市规划建设管理的"法定蓝图"，改变城市发展"规划多、执行难"的局面。通过"多规合一"，还可以盘活以往由于城市多个规划"冲突"而导致无法通过审批、无法利用的存量地块，形成重要的土地资源供应来源。

注重规划的刚性和弹性平衡。规划刚性方面，应强化生态红线、城市开发边界的硬约束，推动全市城乡建设用地规模负增长，严格限制中心城土地供应，以存量土地挖潜和集约节约利用来推动城市更新；加快低效产业用地和乡镇建设用地减量化，新增建设用地重点向行政副中心、新城倾斜。规划弹性方面，应加强重要通道、重大设施和重大项目的空间预控，规划战略性空间储备用地，增强规划的适应性。

强化土地对城市空间优化的杠杆作用。北京拟将市域空间划分为生态红线区、集中建设区和限制建设区。"三区"应实施差异化的用地结构调控政策。对生态红线区，要强化生态底线管理，探索建立生态用地储备制度；对集中建设区，应严格落实建设边界，优化功能结构，集约高效发展；而在限制建设区，实现"减地增绿"，推动集体建设用地腾退集中。同时，加强用地调控的分类指导，加大对交通基础设施、公共服务设施、生态建设等用地指标的支持。探索多元化土地集约利用方式，采取集体建设用地流转、土地入股、土地置换等多种方式，促进集体建设用地规模化、集约化、减量化利用。

（二）坚持首都战略定位，通过疏解非首都功能优化城市功能布局

当前北京积极推动城市规划转型，"减量发展"成为主基调。按照

《全国土地利用总体规划纲要（2006~2020年）调整方案》，到2020年北京建设用地规模（37.2万公顷）要比2014年（42.83万公顷）压减5.63万公顷。减量发展的关键在于疏解北京非首都功能，严格控制增量，有序疏解存量，着力解决好"疏解哪些、谁来疏解、怎么疏解"的问题，给优化提升首都核心功能腾出资源，给有机更新城市结构和布局留出空间。

明确疏解对象。以是否符合首都功能定位为判定标准，不符合的要坚决"减"，持续推进城市"瘦身"。目前有四类非首都功能需要疏解：一是不符合首都城市定位的产业，主要包括高消耗、高污染、附加值较低的一般性制造业，以及附加值较高但北京不具优势的制造业等；二是区域性物流基地、区域性专业市场、数据中心、呼叫中心等部分第三产业；三是部分教育、医疗、培训机构等社会公共服务功能；四是部分行政性、事业性服务机构，尤其是二环内的行政辅助服务机构。

对不同的疏解对象采取不同的疏解方法。第一类、第二类疏解对象是市场化主体，这些主体以盈利为目的，以生存为前提，对疏解条件要求较高，比如要求承接地具备方便快捷的交通、优质的公共服务等。对于这两类疏解对象，政府一般发挥引导作用，通过搭建对接平台、出台鼓励政策等方式推动疏解，比如京冀联合创新生物医药异地监管机制与政策，推动了北京数十家生物医药企业原药生产环节向北京·沧州生物医药产业园的集中疏解。对于第三类、第四类疏解对象，政府的可作为空间比较大，可以更多发挥政府对资源配置的推动作用，如充分发挥承接地的特色资源优势，推动教育、医疗等公共服务资源进行定点疏解。

探索财税体制改革，增强中心城非首都功能疏解动力。在现行财税体制下，北京特别是中心城区一方面要疏解产业功能，一方面要保持经济与财政收入运行在合理区间，以保障城乡建设、公共服务、社保就业等城市运行各领域的财力支撑。与产业转移相比，替代产业培育需要一个更长的周期。在一般性制造业与区域性物流基地、专业市场基本迁出后，面对经济增速、地方财政收入、就业等指标下行的压力，区级政府对进一步推进产业疏解的动力有待提升。可探索的一个途径是进行财税体制改革，在东城、西城两区实行"首都财政"，即实行财政"收支两条线"管理，在市财政局设立东城、西城的独立财政账户，根据两区财政支出规模核定支出基数，并设定合理、稳定的增长机制，保证两区正常运行的财力需求，使东城、西城将工作重心真正转向"四个服务"和历史文化名城保护。如果这种试验有效,则将"首都财政"的试点范围扩大到城六区。这样可使北京中心城从既要发展经济,又要做好服务,而发展经济又难免造成人口资源集聚的"怪圈"中解脱出来,真正减少资源集聚、实现功能疏解,从而实现空间优化。

(三)加快建设城市副中心与特色新城,促进市域内空间优化

按照"百年规划"的要求打造北京城市副中心。城市副中心主要承载行政办公、文化旅游、高端商务等功能,以承接市级行政单位、事业单位等行政资源集中疏解为带动,促进其他功能聚集。城市副中心规划范围为155平方公里,已经达到大城市规模体量(城区常住人口达到100万就进入大城市行列,按照规划标准其建设用地为105－115平方公里),甚至超过巴黎核心城区(也叫小巴黎地区,105平方公里)面积,应按照可持续城市建设理念进行前瞻性谋划,严格控制城市边界,划定生态红线,严格控制城市无序扩张,走"精致高效"发展模式。要站在京津冀协同发展的高度谋划"副中心"空间格局,大力实施"通州向东"战略,加强通州与廊坊北三县(三河、大厂、香河)的统筹规划与融合发展,实现"规划一张图",提升副中心辐射带动作用。目前有30万人居住在燕郊、工作在北京,每天在两地之间往返,如果通州得到很好的发展,这些人员中有一部分可实现就近就业,将有效缓解北京中心城压力。

加快建设功能清晰、特色鲜明的新城。平原地区新城加强现代化城市管理,主要聚集科技创新、国际交往、教育医疗等高端资源,重点发展战略性新兴产业、高端制造业和生产性服务业,打造高精尖产业的重要集聚区和功能突出、产城融合、便利高效的新城。山区新城作为京津冀西北部生态涵养区的重要组成部分,重点发挥生态资源优势,因地制宜提升旅游休憩等服务功能,承接部分优质教育、医疗、文化等公共服务资源,建设环境优美、规模适度、宜居宜业的特色新城。

(四)在北京周边规划建设几个微中心,在区域尺度上完善都市圈空间结构

目前疏解非首都功能以分散化方式为主,但周边许多承接地的发展条件不甚完备,特别是承接地与北京之间的快速交通体系尚未建立起来,且公共服务落差过大,对功能疏解和人口疏解缺乏吸引力,不少被疏解主体处于观望状态。加快落实《京津冀协同发展规划纲要》提出的"微中心"战略,在北京周边40－90公里范围内集中打造若干特色"微中心",是有

效破解这一瓶颈约束、打造非首都功能集中承接地的重要抓手。

微中心一般通过承担某种特色功能，如科技、教育、医疗或产业等功能，与中心城形成功能互补、有机联系，且在特色领域形成一定的辐射带动力。在北京周边规划建设微中心，要充分考虑备选区域是否具备承接非首都功能疏解的环境，优先选择特色产业发展基础较好，有一定空间余量、发展潜力的区域。

同一阶段推动建设的微中心的数量不能多，而是聚焦有限几个，以实现资源集中，在短期内形成便捷高效的轨道交通和比较完备的公共服务配套，提升对产业、人口的吸引力。在微中心建设中，要围绕建设用地指标、跨区域产业转移利益共享、社会保障对接等方面率先开展改革创新试点，破除京津冀合作中的体制机制障碍。

（五）建立以轨道交通为主导的交通结构，以交通引导城市布局调整

加快轨道交通建设，争取在较短时间内补上北京轨道交通建设中地铁密度不足、市郊铁路缺乏两大"短板"，是提高城市运行效率、促进城市空间布局优化的长远之计。

一方面，落实《北京市轨道交通第二期建设规划（2015－2021）》，加快推进3号线、12号线、17号线、19号线一期等中心城骨干线路建设，提升中心城线网密度和疏导能力。

另一方面，在北京中心城与怀柔、密云、平谷等远郊新城以及微中心之间，规划建设大容量、大站式、高速化的市郊铁路，带动这些区域的要素集聚、设施建设和小城镇发展，在更大尺度上引导城市空间格局优化。市郊铁路要尽量减少停靠站，站与站之间建设绿色隔离带，以防城市"摊大饼"式蔓延。

参考文献

［1］宋志军，刘黎明．1979—2009年间北京多种发展功能的异速生长——以社会经济功能为主的分析［J］．经济地理，2016，36（1）：53－60．

［2］陈玢．存量时代北京边缘集团规划实施范式的转变［A］．新常态：传承与变革——2015中国城市规划年会论文集．2015．

［3］丛云峰．东京近九成市民出行仰仗轨交［N］．文汇报，2016－05－19．

[4] 黄珊珊.东京大都市区和北京轨道交通网络的拓扑结构对比及分析[D].北京：北京交通大学，2015.

[5] 方芳.北京居住证制度下半年实施积分落户办法也将尽快推出[N].北京日报，2016－01－22.

[6] 北京市统计局，国家统计局北京调查总队.常住外来人口增速下降　来源地相对集中——北京市2015年全国1‰人口抽样调查系列分析之二[DB/OL].北京统计信息网，2016－02－03.

第二部分　副中心和雄安新区建设

"新北京"与通州城市副中心建设*

陈 剑

2016年5月27日，习近平总书记主持召开中共中央政治局会议，研究部署规划建设北京城市副中心和进一步推动京津冀协同发展有关工作。由党的总书记出面，讨论一个特定城市的建设问题，是改革开放以来中央政治局会议的第一次。此次中央政治局的会议公告提供了丰富信息和诸多需要探讨的内容。笔者以为，通州城市副中心建设，或许意味着"新北京"呼之欲出，首都特区悄然问世。本文就此进行分析。

一、建设城市副中心已成为国家战略的重要组成部分

北京副中心建设上升到中央政治局层面，意味着这件事不仅具有区域性意义，更有全局性意义。

对建设北京城市副中心，中央高度重视。中央政治局会议公告提出："建设北京城市副中心，不仅是调整北京空间格局、治理大城市病、拓展发展新空间的需要，也是推动京津冀协同发展、探索人口经济密集地区优化开发模式的需要。"换句话说，北京市副中心建设已经不单是北京市自己的事情，而是国家战略的重要组成部分。中央十三五规划把京津冀协同发展纳入国家三大发展战略之一。把通州副中心建设纳入国家发展战略，意味着通州副中心建设对京津冀协同发展具有重要意义。

2015年4月30日，中央政治局审议通过的《京津冀协同发展规划纲要》提出，"聚集通州，按照交通便捷、功能完备、产城融合、职住平衡要求，紧密围绕市属行政事业单位及相关服务部门的疏解转移需求，加快推进市行政副中心建设"。一年之后的5月27日，中央政治局会议已将建设市行政副中心改为建设城市副中心。这一提法的调整实际是一个很大的

---

* 财新网，2016年06月12日。

跃升，更是对未来城市的定位。

"副中心"所承担的职能不仅负责北京市的行政、经济、文化等核心职能，而且还将构成京津冀协同发展的核心，其在各方面的辐射和带动作用都将强化。近期通州推行的一系列政策措施，即是为这种定位腾出空间。

行政副中心主要是把行政功能搬过来，城市副中心则是把几乎所有的城市功能都搬过来。中央政治局新的提法显示，不仅行政中心搬过来然后建点配套，而且非首都功能全面搬迁，让通州成为北京的第二个中心，并且成为京津冀协同发展的中心节点。随着时机成熟，北京城市副中心或许将会升格为新北京城市中心。

二、副中心的建设规划，实际是新北京城市中心的规划

通州副中心如何建设，关键是做好规划。2016年6月1日上午，在传达学习贯彻中央政治局会议关于规划建设北京城市副中心和进一步推动京津冀协同发展有关工作的学习会上，北京市委提出："规划建设北京城市副中心，是疏解非首都功能、推动京津冀协同发展的历史性工程。"市委书记郭金龙在学习发言时提出："规划建设北京城市副中心是千年大计、国家大事，也是北京实现更高水平、更可持续发展的历史契机、重大抓手。要深刻认识建设副中心是历史性的战略选择，以最先进的理念和国际一流的水准设计建设，真正建成标杆工程，成为城市建设的典范。"

把北京城市副中心建设看作是历史性工程，看作是千年大计、国家大事，这实际是对新北京城市中心建设的要求。也只有新北京城市中心建设才会有如此高标准要求。

通州副中心如何建设，中央政治局会议公告提出，"要遵循城市发展规律，牢固树立并贯彻落实创新、协调、绿色、开放、共享的发展理念，坚持世界眼光、国际标准、中国特色、高点定位，以创造历史、追求艺术的精神进行北京城市副中心的规划设计建设，构建蓝绿交织、清新明亮、水城共融、多组团集约紧凑发展的生态城市布局，着力打造国际一流和谐宜居之都示范区、新型城镇化示范区、京津冀区域协同发展示范区"。公告的上述内容，实际提出了副中心规划将突出"改革创新""统筹协调""绿色发展""文化传承"和"宜居社区"五大发展理念。

改革创新。以市政管线建设为例，城市副中心将由直埋向综合管廊建设转变，统筹利用地下空间资源，杜绝"马路拉链"，降低对城市日常交通和景观的干扰，综合管廊覆盖率将达到80%。

统筹协调。通州要加强与中心城的联系，还要加强与整个东部地区，如顺义、大兴等地区的联系，建设交通体系。此外，还有跟廊坊市"北三县"（三河、大厂、香河）的协调，将加强跨界地区统一管控，统一规划，实现"规划一张图"，共同疏解、划定城市开发边界和大尺度建设绿色空间。

与廊坊市"北三县"（三河、大厂、香河）统一规划，实现"规划一张图"，或许意味着"北三县"的行政区划调整最终要划归副中心，这样才能适应新北京城市中心建设要求，适应未来北京新城发展的整体需要。

绿色发展。把通州打造成绿色发展的示范区，在交通、能源、供排水、供热、污水、垃圾处理等方面采取一流的绿色标准。

文化传承。北京的历史文脉主要是两个轴线，一个是传统的南北中轴线，另一个则是长安街沿线。通州在长安街沿线的最东端，所以既要体现北京特点，又要有通州的地方文化特色，特别是"大运河"文化。北京市委在6月1日上午的学习会议上提出，要"以创造历史、追求艺术的精神高标准规划设计建设，充分体现历史文化底蕴"。

宜居社区。其含义是，北京城市副中心建成后，应当能够吸引人到通州工作、生活，只有宜居的环境才能够起到吸引的作用。

2016年5月24日召开的北京市委十一届十次全会提出，要做好副中心155平方公里范围的规划，坚持基础设施先行和生态环境建设优先，扎实推进市级行政机关搬迁，带动公共服务资源转移，注重创业就业与居住功能均衡，增强对中心城区疏解功能的吸引力。

副中心155平方公里可能容纳200万人口。作为副中心来说，这155平方公里或许是阶段性规划。考虑到未来人口和资源聚集，规划面积还可能增加。

如果仅仅是一个普通的副中心，这样的规划面积已经十分庞大。如果规划面积还可能增加，唯一的解释就是，副中心最终将升格为新北京城市中心。

三、副中心的使命之一，强化首都功能

副中心的建设，一个重要任务是强化首都四个中心的功能。2014年2月26日，习近平总书记在北京视察时将"科技创新中心"作为首都一项新的核心功能，这是一个十分重要的定位。结合党的十八届五中全会提出的引领型发展，这个定位就十分清晰了。

随着中国在国际舞台上的迅速崛起，中国正从全球经济的追随者向引领者转变。而引领型发展，需要中国在经济、政治和文化上都能引领国际潮流，以推动世界经济发展，用人类共同语言弘扬人类共同的价值观，并担负起与中国在国际舞台上所处地位相应的国际责任。这需要中国诸多城市作为节点，成为某一领域有影响力的城市，以推动中国在国际舞台上扮演好引领者角色。而四个中心的确立，特别是科技创新中心的确立，就是以习近平为总书记的党中央对首都的殷切期望。通过引领型发展承担起中国在国际舞台上引领者的作用。

规划建设北京城市副中心，一个重要使命是疏解非首都功能，进而充分发挥首都四个核心功能的作用。"副中心"职能的强化和非首都功能疏解相辅相成，只有"副中心"的定位准确，首都城市定位才会更加清晰。

对于"非首都功能"的疏解，北京市发改委曾提出过"几个一批"的概念，包括疏解"一批制造业""一批城区批发市场""一批教育功能""一批医疗卫生功能""一批行政事业单位"。其中的"一批教育功能"指疏解一些院校，"一批医疗卫生功能"则指中心城区不再新增综合性医院。

非首都功能疏解，除就业、学校、医疗等基本生活配套外，还应当有更为成熟的社区和更为优良的环境。这样才能引导人口的自发流动，而非强迫式集中。

就通州而言，建设城市副中心，通州最紧迫的任务，除了做好规划之外，就是加快调整退出不符合功能定位的产业。包括调整退出中低端产业、整治工业大院，不但"腾笼换鸟"，还要"拆笼腾地"，为副中心建设留足发展空间。

按照通州市政府计划安排，到2016年年底，通州将调整退出2000余家企业，新城155平方公里以及京哈高速以北、台湖地区的工业大院、加工企业和低端种养殖小区全部退出。为此，通州区目前已关停786家企业，

并实现331家污染企业停产，取缔无证无照经营1644户。到2017年底，通州将完成全部工业大院、全部"小散乱污"企业、全部低端种养殖小区的清退。同时，还将清理完成全区范围内危险化学品生产和存在安全隐患的经销、存储企业，以及生产加工类无照经营、异地经营、超范围经营、违法经营企业。进而为北京城市副中心建设创造条件。

按照中央政治局会议要求，城市副中心建设要发扬"工匠精神"，体现当今的世界先进技术。例如，广泛应用世界先进节能环保技术、标准、材料、工艺等。

四、北京与首都或许已经分开

5月27日的中央政治局公报中，只有"北京""非首都"两个表述，没有"首都"的表述。且在公报中，使用了"不仅是调整北京空间格局"这样的表述。

研读5月27日的中央政治局公报，"北京"与"首都"或许已经分离。一个"新北京"正在酝酿之中，未来以通州区潞城镇为核心方圆几十公里之内，经过与周边河北省各城市地区的融合、发展，那里将成为未来发展的"新北京"。

与此同时，首都特区或许也将悄然问世。原有的老北京中心城区，在一个特定区域内由中央政府特殊管辖，这一概念与个别国家的设置有类似之处，如华盛顿和堪培拉，即是在一个特定区域内设置的，由中央政府特殊管辖的区域，或许将成为现实。届时，北京东西城合并，这已写进中央制定的《京津冀协同发展规划纲要》。以合并的东西城为核心，在目前北京城六区基础上打造首都特别行政区。届时，首都是首都，北京不再是首都，而只是中央政府的一个直辖市。

从功能划分上看，首都的四大核心功能将主要集中在北京原有的中心区。"四个中心"建设不是一句空话，每个中心都会有相应的落地规划。比如东坝的第四使馆区，比如科技创新中心所指向的房山科技园区、怀柔科技园区等等。这些在十三五规划纲要中都有所落实，区域规划已经很明确了。

雄安新区规划建设的"负面清单"

连玉明[*]

设立雄安新区是以习近平总书记为核心的党中央做出的一项重大的历史性战略选择,是习近平总书记亲自谋划、亲自部署、亲自推动的重大国家战略,是继深圳经济特区和上海浦东新区之后又一具有全国意义的新区,是疏解北京非首都功能,推动京津冀协同发展的历史性工程,是千年大计、国家大事。

习近平总书记在党的十九大报告中指出:"以疏解北京非首都功能为'牛鼻子'推动京津冀协同发展,高起点规划、高标准建设雄安新区。"

通过学习党的十九大精神,特别是习近平总书记的重要讲话,我们把雄安新区在建设发展过程中的一些重大问题,以"负面清单"的形式呈现出来。概括起来就是城市定位,不误历史机遇。这是中国共产党人留给子孙后代的历史遗产;城市规划,不留历史遗憾。系好雄安新区规划建设的第一颗扣子;城市建设,不负历史检验。一张蓝图干到底,一茬接着一茬干;城市发展,不失历史耐心。功成不必在我,功夫必须在我。

一、不留历史遗憾

2014年2月和2017年2月,习近平总书记在考察北京和河北,以及在谋划设立雄安新区的数次重要会议上反复强调:

"考察一个城市首先看规划,规划科学是最大的效益,规划失误是最大的浪费,规划折腾是最大的忌讳。"

"城市规划建设的好不好,最终要用人民群众满意度来衡量。"

"把每一寸土地都规划得清清楚楚再开工建设。"

"精心推进,不留历史遗憾。"

---

[*] 作者系北京国际城市发展研究院院长、京津冀协同发展研究基地首席专家,研究员。

"要坚持用最先进理念和国际一流水准规划设计建设,经得起历史检验。"

这五段话,从城市规划角度讲,都非常具有针对性。这不仅为中国城市规划指明了方向,也为雄安新区规划建设提供了指导。雄安新区应当规划建设成一个什么样的城市?按照党中央、国务院的要求,就是建设标杆工程,打造城市典范。

判断一个城市规划是不是一个好的规划,最关键看两个重要标志:一是,看这个规划对城市发展趋势是不是做出前瞻性研判;二是,看这个规划对城市发展规律是不是做出准确性把握。看规划,核心是看未来,看长远,看可持续发展。最好的规划,是给未来各种各样的可能性预留足够的空间,让它富有弹性。

看雄安新区,不是看有没有规划,也不是看重视不重视规划,而是要看这个规划,是不是一个能经得起历史检验的规划,是不是一个不留历史遗憾的规划,是不是一个人民群众满意的规划。这是衡量雄安规划最重要的标准。

二、不符合条件的坚决不要

习近平总书记强调,雄安新区不同于一般意义上的新区,其定位首先是疏解北京非首都功能集中承载地,重点承接北京疏解出的行政事业单位、总部企业、金融机构、高等院校和科研院所等,不符合条件的坚决不要。从功能上讲,集中承载高水平功能就是习近平总书记强调的集中承载行政事业单位、总部企业、金融机构、高等院校、科研院所等。这些机构不是北京市属层面的,而是中央和国家层面的。《北京城市总体规划》明确"全力支持央属高校、医院向河北雄安新区疏解"。

可以看出,无论疏解还是承接,都是高水平功能。这就要求雄安新区"高起点规划、高标准建设"。这个高起点、高标准首先必须满足集中承载的高水平功能。用邬贺铨院士的话说,就是建成高端高新产业集群地、创新要素资源集聚地、扩大开放新高地和对外合作新平台,激发经济社会发展的新动能,打造京津冀创新驱动发展的新引擎,支撑京津冀成为中国经济发展的新增长极。

三、不能搞成工业集聚区，更不是传统工业和房地产主导的集聚区

习近平总书记指出，雄安新区千万不能搞成工业集聚区，更不是传统工业和房地产主导的集聚区。这段话讲了两层意思。第一，不是传统工业区；第二，不是高档住宅区。既不是传统工业区，又不是高档住宅区，那么雄安新区是一个什么样的区呢？

习近平总书记强调，要在创新上下功夫，成为改革先行区。要坚持实施创新驱动发展战略，把创新驱动作为雄安新区发展的基点。加快制度创新、科技创新，完善创新创业环境，积极吸纳和集聚京津及全国创新要素资源，通过集聚科研院所和发展高端高新产业，打造一批高水平的创新创业载体，吸引高新技术集聚，建设集技术研发和转移交易、成果孵化转化、产城融合的创新引领区和综合改革实验区，打造京津冀体制机制高地和协同创新重要平台。这一段话，明确雄安新区的定位就是创新驱动发展引领区。正如英国《金融时报》指出的那样，"如果只注意到非首都功能疏解的集中承载地，而忽视这里是新发展理念的创新发展示范区，就看不到雄安新区设计初衷的根本所在"。

以高端高新产业为主导打造具有全球影响力的科技创新中心引领区，是雄安新区的历史使命。

一是把握科技进步大方向。瞄准世界科技前沿领域和顶尖水平，力争在前沿性基础科技领域实现重大创新，在引领性原创成果领域取得重大突破。抓住军民融合发展重大机遇率先布局，加快推动导航技术、电子信息、民用航空、网格安全、军事智能化基地、大防务大安全等项目落地。

二是把握产业革命大趋势。围绕产业链部署创新链，把科技创新真正落到产业发展上。优先在新一代信息技术、生物健康、数字金融、高端服务等方面取得成效。

三是把握集聚人才大举措。加强科研院所和高等院校创新条件建设，探索建立全球人才特区，引进一大批具有国际水平的战略科技人才、科技领军人才、青年科技人才和高水平创新团队。率先引进和承接央属高等院校和科研院所。

四、不能建成高楼林立的城市

习近平总书记强调：雄安新区的建设要充分体现生态文明建设的要求，成为生态标杆。坚持生态优先，绿色发展，不能建成高楼林立的城市。要疏密有度，绿色低碳，返璞归真，自然生态要更好。要坚持绿水青山就是金山银山，合理确定新区建设规模，完善生态功能。要突出"科技、生态、宜居、智能"的发展方向，创造优良人居环境，构建蓝绿交织、清新明亮、水城共融、多组团集约紧凑发展的生态城市。实现生态空间山清水秀，生活空间宜居适度，生产空间节约高效，促进人与自然和谐共处，建设天蓝地绿，山清水秀的美丽家园。

张高丽反复强调，严格划定开发边界和生态红线，实现两线合一，着力建设绿色、森林、智慧、水城于一体的新区。也就是说，这个新区是一个绿色新城，是一个森林新城，是一个智慧新城，是一个水城交融一体的新城。他又特别强调，要划定管控边界和开发红线，实现土地集约利用，避免城市规模过度扩张，坚决防止形成新的"摊大饼"。

赵克志强调，严格区域环境保护，划定城市生态红线、永久基本农田和城市开发边界，加强耕地保护，加大造林和湿地恢复力度。不搞高楼大厦、水泥森林、玻璃幕墙，要体现中华传统经典的建筑元素，以工匠精神打造城市特色风貌。

上述指示精神，核心就是期待雄安为探索中国新型城市发展模式，以及解决"大城市病"提供一个样板。在这里，我强调一下对蓝绿交织、清新明亮、水城共融、多组团集约紧凑发展的认识。

蓝绿交织，是构建城市水绿空间格局，以水为核营造城市水脉系统，以绿为底营造城市绿化系统，实现水绿一体。充分体现自然风貌，确保蓝绿空间占比70%以上。

清新明亮，是打造城市开敞空间系统，坚持疏密有度，形成良好的隔离避灾、通风导流、城市意象，以及限制城市无限蔓延等多重功能，做到返璞归真，留白增绿，不建高楼大厦，不建水泥森林，不搞玻璃幕墙，提升城市的通透性和微循环能力。

水城共融，是修复环水生态体系，遵循水的自然规律，统筹水体生态、历史文化、绿带景观、产业提升、亲水空间，实现"水清、岸绿、景美、蕴深"。按照水的承载能力，以水定城、量水发展，促进水与城协调发展。

多组团集约紧凑发展，必须避免破坏自然生态肌理，避免单中心"摊大饼"式发展模式，避免人为造城运动。处理好淀与城、新城与老城、地上与地下、特色小镇与富美乡村、新区与周边关系。遵循白洋淀与雄县、容城、安新的自然生态格局，依托水网、绿网、路网建设网络化、连贯性生态廊道，打造空间复合、功能混合与产业融合的城市组团，形成多中心、多层次、立体化城市空间格局。

五、不要掉以轻心，更不能走弯路

河北省委书记赵克志5月9号在《人民日报》上发表了一篇文章。他在文章中讲了这样一段话，坚决贯彻"要防患于未然，不要掉以轻心，更不能走弯路"的重要指示，精心、细心、用心做好工作，以严格依法管控保障和实现稳中求进。

我们根据张高丽和赵克志几次讲话的精神，总结了"十个严"，把这"十个严"作为雄安规划建设的"负面清单"。

一是严格土地和房地产管控，不搞土地批租，不搞土地财政，严禁大规模搞房地产开发。张高丽副总理在调研雄安新区时指出，坚决管住土地，管住房地产，管住周边区域，保护历史文化遗产，保护生态环境，保持社会大局稳定。

二是严禁违规建设，铁腕治理违章占地用地。研究建立土地收储制度，强化政府统一管理，依法依规分类处置土地开发的遗留问题。

三是严控周边规划。

四是严控入区产业。

五是严控周边人口。

六是严控周边房价。

七是严加防范炒地炒房投机行为。采取最严格的措施，同步加强对新区以及新区周边、京冀交界地区的全面管控，防止和打击炒地炒房炒房租等投机行为，严防不法商人借新区炒作牟利。

八是严厉打击房地产违法销售、土地违法、违规建房、抢栽抢种等行为。

九是严肃查处房地产黑中介、炒房团、投机开发商活动。整顿房地产开发市场和中介机构，切实管住新区及周边地区房价地价。

十是严肃各项纪律，严肃查处违反纪律的行为，搞好舆论引导，做好政策解释，避免误读误解，防止过度炒作，打击恶意炒作。

习近平总书记强调，规划建设雄安新区，要在党中央领导下，坚持稳中求进的工作总基调，牢固树立和贯彻落实新发展理念，适应把握引领经济发展新常态，以推进供给侧结构性改革为主线，坚持世界眼光、国际标准、中国特色、高点定位，坚持生态优先、绿色发展，坚持以人民为中心、注重保障和改善民生，坚持保护弘扬中华优秀传统文化、延续历史文脉，建设绿色生态宜居新城区、创新驱动发展引领区、协调发展示范区、开放发展先行区，努力打造贯彻落实新发展理念的创新发展示范区。

在习近平总书记的重要讲话和党中央关于雄安新区建设发展的公开报道中，我们看到了以下一些涉及改革的热词：

"推进体制机制改革""强化体制改革创新""加快机制体制改革创新""发挥市场在资源配置中的决定性作用和更好发挥政府作用，激发市场活力"。

"成为改革先行区""建设综合改革实验区"。

"加快政府职能转变，积极探索管理模式创新，形成以国际投资贸易通行规则相衔接的制度创新体系。"

"通过推进简政放权，管放结合，优化服务，深化行政体制改革，构建促进创新的体制机制，为全国其他地区做出表率和示范。"

"赋予新区充分的管理权限，提高服务效率。"

"一些改革事项可以在新区先行先试，取得成效后再逐步推广。"

"以改革开道，建立体制机制新高地。"

"以深化改革破题开路，以创新驱动引领发展，以优公共服务聚集要素，依靠改革创新走出一条新路。"

"争当改革先锋，在深水区蹚出一条可复制、可推广的新路子。"

以上这些话，都是习近平总书记、党中央关于雄安新区改革的重要精神，可以看出雄安新区改革是很重要的一件事。"雄安新区之新，关键在改革，要义是创新。推进新区规划建设，最大的动力在改革创新，最大的潜力在改革创新，最大的挑战也在改革创新。"《联合早报》称之为"重启改革时代，寻找国家转型之路"。

• 解码京津冀 ▶▶▶▶▶

雄安新区体制机制改革创新的设想*

刘万玲**

雄安新区是以习近平同志为核心的党中央深入推进京津冀协同发展做出的一项重大决策部署,对于集中疏解北京非首都功能,探索人口经济密集地区优化开发新模式,调整优化京津冀城市布局和空间结构,培育创新驱动发展新引擎,具有重大现实意义和深远的历史意义。规划建设雄安新区既是一项历史性工程,又是一项巨大的系统工程,完成这一宏大艰巨任务,必须把深化改革作为新区发展的制度保障。要以新发展理念为引领,大胆解放思想,勇于实践探索,围绕雄安新区的"四区"发展定位和未来发展七项重点任务,积极从广度和深度上推进市场化改革,发挥市场在资源配置中的决定性作用和更好发挥政府作用,加快体制机制、制度政策集成创新,高标准构建新区政策体系,建立体制机制新高地,充分激发市场活力,全面提高资源配置效率,促进和保障雄安新区现代化新城建设。

一、探索建立新型的新区行政管理体制

按照国家有关行政管理体制改革的要求,对标国际先进理念和模式,借鉴深圳经济特区、上海浦东新区的做法和经验,结合雄安新区实际情况,探索新区管理新模式,构建精简、高效、统一、精干的行政管理机构,提高服务效率。科学设置政府结构,整合行政资源,减少管理层次,积极推进"放管服"改革,赋予新区更大的自主发展权、自主改革权、自主创新权,探索构建更加开放、更加灵活的经济建设和社会管理运行机制。按照"大部门、宽职能、综合性"的原则,设置主要经济和管理部门。完善决策、执行、监督制度,形成决策、执行、监督相分离的权力运行机制。大力推进"政府上网"工程,创新服务机制,提高工作效能,为

---

* 凤凰网,2017年5有1日。
** 作者为中国经济体制改革研究会副会长、正高级经济师,凤凰财经研究院特约经济学家。

基层和市场主体提供优质、高效的服务。

二、探索建立新区可持续的投融资体制

适应新区建设的巨大资金需求，探索多元化融资渠道，建立长期稳定的资金投入机制。完善政府投资体制，规范政府投资管理，进一步发挥政府投资的引导和带动作用。在积极争取国家政策性金融机构资金的同时，积极吸引社会资本参与新区建设。鼓励和引导商业性金融机构按照市场化原则，为新区的公共建设、城市发展和居民生活提供全方位、多层次和一体化的信贷支持和金融服务。建立多元的资金保障机制，推动发行城镇投资建设债券、市政建设公债和股票，充实城镇化建设资金。积极推进ppp模式和政府基金＋金融资本＋民间资本模式，综合运用财政贴息、收入担保、土地优惠等措施，吸引和鼓励民间资本直接或间接参与到城镇基础设施建设中来。完善促进自主创新的投融资体制。推动科技金融紧密结合，设立科技股权投资基金，加大对创业投资、科技担保、科技债券支持，撬动更多的社会资本向企业技术创新聚集。充分发挥财税金融服务新区建设的重要功能，形成有利于新区发展的财税制度，形成与新区经济社会发展相适应的金融体系，增强对新区经济的金融服务功能。大力发展金融机构和新兴金融业态。大力推进金融改革创新，完善多层次资本市场，增加金融市场的有效供给，形成金融更好服务新区建设的体制机制。

三、探索建立绿色生态环境保护制度

以建成"绿色生态宜居区"为目标，坚持生态优先、绿色发展，加快生态保护的体制、机制和制度创新。建立完善生态环境管理体制机制，严守生态环境红线，实施生态空间管控。完善生态功能，针对雄安新区目前存在的水安全、大气污染、湿地功能退化等环境问题，开展生态环境调查评估，制定雄安新区绿色低碳发展规划。制定生态保护和水环境保护的专项规划。高标准高质量组织编制白洋淀生态环境治理与保护规划。围绕改善水体水质、修复淀区生态、提升承载能力，建立白洋淀补水的长效机制，做好白洋淀流域综合整治，提高流域环保排放标准。建立白洋淀水质监测机制，建立白洋淀及周边地区水污染的协同联防联控机制。建立有利

于资源节约和环境保护的体制机制,实现能源清洁化、建设低碳化、资源节约化。完善资源性产品价格形成机制。用制度保护生态环境,创造优良人居环境,打造绿色发展雄安新区。

四、探索建立促进科技创新的体制机制

以建成"创新驱动引领区"为目标,坚持实施创新驱动发展战略,把创新驱动作为新区发展的根本动力,积极引导京津及全国创新要素资源向新区集聚。借力首都优质高等教育资源、科技创新资源,强化创新源头供给,打造创新驱动发展新引擎。建立健全鼓励原始创新、集成创新、引进消化吸收再创新的体制机制。建立技术创新激励机制,制定鼓励技术创新的具体办法。健全技术创新市场导向机制,建立主要由市场决定技术创新项目和经费分配、评价成果的机制,面向企业征集技术需求,引导大专院校和科研单位围绕企业技术需求开展协同创新。建立健全第三方科技评价机制。强化企业技术创新主体地位。落实企业创新的优惠政策,鼓励企业建立研发机构,全面提升企业创新能力。建立产学研协同创新机制。加强与省外特别是京津研发机构的合作,支持在新区设立科技创新中心。健全科技成果转化机制。加强知识产权运用和保护,构建知识产权创造、应用、保护体系,推动应用技术开发及成果的全面市场化、资本化。制定特殊人才政策,建立完善市场化激励机制,集聚高端创新创业人才。创新吸引国际人才特别是科技创新人才的政策,建立健全按技术要素和贡献大小参与分配的激励机制,推行骨干技术人员年薪制。深化与国际一流大学、科研机构合作,建立与国际接轨的高层次外籍人才招聘、薪酬、考核、居留管理和社会保障等制度,提供国际化的优质科研和生活环境。

五、探索建立协调发展的体制机制

以建成"协调发展示范区"为目标,建立区域城乡等协调发展新机制。在雄安新区与北京的协同上,紧紧围绕集中疏解北京非首都功能的核心任务,创新有利于疏解北京非首都功能的体制机制,创新合作模式与利益分享机制,在有力有序有效疏解北京非首都功能的进程中实现区域良性互动。在雄安新区与周边地区的协同上,要创新要素合理流动和优化区域

空间布局的体制机制，发挥雄安新区对冀中南乃至整个河北的辐射带动作用，促进城乡、区域、经济社会、资源环境协调发展，促进京津冀区域乃至环渤海区域的协同协调共同发展。在雄安新区内部的协同上，打破城乡分割二元结构，构建城乡互动、区域协调、共同繁荣的新型城乡关系，构建节约集约用地、城乡一体的新型城市。建设城乡统一的建设用地市场。建立新型城市社区管理和服务体制。建立城乡一体的就业、社保、医疗保障体系，形成和谐社会共建共享机制。

六、加快构建开放型经济新体制

以建成"开放发展先行区"为目标，全面提升对内对外双向开放水平。积极探索管理模式创新，形成与国际投资贸易通行规则相衔接的制度创新体系，建立与国际接轨、国内领先的城市管理规则和体系，培育区域开放合作竞争新优势，打造扩大开放新高地和对外合作新平台，构建国际要素聚集区。创新对外合作交流的体制机制。积极探索建立与京津深度合作机制，着力构建有利于承接京津产业转移和功能疏解的政策体系。推进金融、教育、文化、医疗等服务业有序开放，放开育幼养老、建筑设计、会计审计、商贸物流、电子商务等服务业领域外资准入限制。建立对接京津科研开发机构的科技成果转化基地，形成京津雄安新区研发成果产业化联盟与合作机制。

七、探索建立高端高新产业发展引导机制

围绕发展高端高新产业，创新引导机制和政策，积极吸纳和集聚创新要素资源，培育新动能。打造一批高水平的创新创业载体，吸引高新技术企业集聚。有针对性地培育和发展科技创新企业，发展高端高新产业，如"大智移云"新一代信息技术，以及航空航天、机器人、生物工程等现代新产业。创新科技成果产业化支持机制，完善科技型中小企业扶持机制，壮大新兴产业规模。鼓励社会力量建设新兴产业孵化器、加速器和科技中介机构。建立新兴产业发展专家咨询机制，为政府科学决策提供咨询服务。鼓励支持军民融合产业，促进国防科技工业与地方经济资源共享融合发展。制定促进现代服务业发展的优惠政策，引入高端服务业，提高科技

在现代服务业增加值中的贡献度。构建创新打造生产性服务业、新兴服务业、文化与科技融合、科技服务业政策体系，促进现代服务业的发展。

八、探索建立促进智慧城市建设的新机制

围绕建成智慧城市，学习借鉴国内外智慧城市建设的经验，努力进行一下探索：创新信息化管理体系。搞好区域信息化发展顶层设计，探索建立政府、社会和企业信息化管理体制，推行首席信息官制度，建立职责清晰、协调有力、运转高效的信息化推进机制。完善公共信息服务平台建设机制。加快基础平台建设，加快建设高速、移动、安全、泛在的新一代信息基础设施，构建全区集中统一的信息化应用支撑平台，满足全区信息化基础设施共性需求，推动应用集群化、综合化、服务化发展。建立信息共享推进机制。建设政府统一数据开放平台，优先推动交通、地理、医疗、旅游、农业、统计、气象、教育、科技等领域公共数据资源合理开放。建立健全公共信息资源管理制度，加强公共信息资源目录体系建设。制定公共信息资源开放共享管理办法，鼓励企业和社会组织参与信息资源开发利用。建立完善公共信息资源市场化利用机制，培育发展信息技术转让和知识产权交易市场。建设京津冀信息畅通工程，形成信息资源共享合作长效机制。构建智慧城市管理体系。建立新区公共基础数据库和数字化城市管理平台，推进智慧交通、智慧旅游、智慧环保、智慧能源、智能建筑、智慧管网等建设，推进城市管理数字化、精细化、智慧化，提升城市运行智能化水平。利用信息化手段提升城乡社区公共服务能力，构建以社区为基础的城乡基层社会管理和公共服务网络。完善信息安全保障机制。推行信息安全等级保护制度，加强信息安全风险评估，建设网络信用体系。健全安全管理机构，完善信息安全应急处置和安全通报制度。

对集聚创新要素建设雄安新区的思考*

张建国**

雄安新区落地河北，振奋全国，牵动世界。

按照中央的部署定位，雄安新区将打造一座以新发展理念引领的绿色智慧、生态宜居、交通便捷、产业发达、开放共享的现代化城市。以创新驱动为发展基点，集绿色、森林、智慧、水城于一体，雄安新区将集聚国内外创新要素和资源，打造具有世界影响力、国内领先的生态科技新城，勇立新科技革命和产业变革潮头。雄安新区践行以人为本、突出中国元素、传承人类文明的理念，将成为二十一世纪向世界展示中国定力、中国智慧、中国奇迹的靓丽迷人的一张时代名片。习近平总书记指出，规划建设雄安新区要突出七个方面的重点任务。任务之一就是发展高端高新产业，积极吸纳和集聚创新要素资源，培育新动能。对此，我们需要从三个方面去深刻理解。

一、认识雄安新区　需要大国思维

当雄安新区降落在河北保定的时候，我们切切不可以简单地以其附着的地面认定她的属性价值。作为全球范围内的第二大经济体，进入经济向中高端迈进的发展新常态，我们需要自觉地运用大国战略思维去把握雄安新区的内涵、意义和功能，我们需要从实现世界科技创新强国的目标去感悟雄安新区的使命和志向，我们需要从实现中华民族伟大复兴的中国梦的视角去考量雄安新区的撬杠作用和影响，我们需要以世界眼光、国际思维、创新理念谋划雄安的明天、后天以及未来。

当今世界，新一轮技术革命和产业变革交汇，孕育着改变现有经济秩序和竞争格局的重大机遇。我国正在从科技的"跟跑者"向"并行者"

---

* 该文发表于《金融理论探索》2017年第4期。
** 作者曾担任中共河北省委政策研究室原副主任。

"领跑者"转变。2050年,中国将建成世界科技创新强国。《国家创新驱动发展战略纲要》明确提出了"三步走"目标:到2020年进入创新型国家行列,若干重点产业进入全球价值链中高端,成长起一批具有国际竞争力的创新型企业和产业集群;2030年跻身创新型国家前列,主要产业进入全球价值链中高端,总体上扭转科技创新以跟踪为主的局面;到2050年建成世界科技创新强国,成为世界主要科学中心和创新高地,为我国建成富强民主文明和谐美丽的社会主义现代化强国、实现中华民族伟大复兴的中国梦提供强大支撑。

从2016年5月31日习近平总书记发表"为建设世界科技强国而奋斗"的讲话,到北京、上海建设具有国际影响力的科技创新中心,推进全球科技创新中心建设,将京津冀、长三角、珠三角三大创新型城市群建设成为世界级创新中心,率先实现创新驱动转型的国家目标定位,建设世界科技强国,是以习近平总书记为核心的党中央凝聚13亿中国人民意志向世界展示的使命担当。

透析中央对雄安新区的一个重要定位,就是"要坚持实施创新驱动发展战略,把创新驱动作为雄安新区发展的基点,加快制度创新、科技创新,完善创新创业环境,积极吸纳和集聚京津及全国创新要素资源,通过集聚科研院所和发展高端高新产业,打造一批高水平的创新创业载体,吸引高新技术企业集聚,建设集技术研发和转移交易、成果孵化转化、产城融合的创新引领区和综合改革试验区,打造京津冀体制机制高地和协同创新重要平台。"雄安新区发展的主动力是创新驱动。所谓创新要素,是指和创新相关的相关资源和能力的组合,通俗地讲,就是支持创新的人、财、物,以及将人、财、物组合的机制。主要有四个:创新者、机会、环境和资源。创新要素的集聚,本质上是人才的集聚。主要是创业者、投资家和企业家的集聚,还有大量的研发人才即科学家和工程师的集聚。雄安新区应聚集一批站在国际前沿、具有国际视野的战略科学家、科技领军人才、企业家和企业研发总部。所谓高端高新产业:一是产业形态的"高端化",是指通过技术革新,推动传统产业升级,使产业处于价值链高端,具有高附加值的特征。二是产业结构的"高新化",是指城市不断催生出新产业、新业态、新模式,推动产业结构不断优化升级,从低附加值产业向高附加值产业方向演进,始终以技术(知识)密集型高新技术产业为主导。

雄安新区发展高端高新产业的这一重要使命，与北京打造具有全球影响力的科技创新中心，占领国际竞争制高点的目标同向；与打造京津冀世界级城市群，创造国际竞争的新优势高度契合。

二、发展雄安产业，重在牵引协同

雄安新区是疏解北京非首都功能的重要承载地，是发展高端高新产业的宝地，同时也是河北实现绿色发展、跨越发展的领头雁，是深入推进京津冀协同发展的旗舰，肩负着合力打造北京科技创新中心和加快推动河北转型升级的历史使命。

毫无疑问，雄安新区要发展的产业将是引领国内外科技发展潮流的产业：比如云计算、物联网、大数据、高性能计算、移动智能终端等新一代信息网络技术；推动制造业向价值链高端攀升的智能绿色制造技术；确保粮食安全、食品安全的生态绿色高效安全的现代农业技术；推动能源生产和消费革命的安全清洁高效的现代能源技术；资源高效利用和生态环保技术；海洋和空间先进适用技术；智慧城市和数字社会技术；应对重大疾病和人口老龄化挑战的先进有效、安全便捷的健康技术；发展支撑商业模式创新的现代服务技术；引领产业变革的颠覆性技术，等等。

而就京津冀发展的现实需求及未来走向看，支撑智慧城市建设的产业，包括环保和交通传感器、大数据分析设备与软件、新型光复材料、地热设备等；以及汽车电子与车联网、人工智能芯片与软件、网络与信息安全产品、智能制造软件、生产性服务业、生物制造与基因工程等高端高新产业等，都将是聚焦主打的目标。但是，雄安新区还承担加快推进京津冀协同发展的神圣使命，雄安新区高端高新产业的发展，还应对河北有特色、有现实基础、有集群优势的产业能起到强有力的引领提升作用。比如容城的服装、白沟的箱包、安新的鞋，融入高端创新要素，即可进行大数据的个性化服装生产、借助于物联网的智能化箱包和具有健康监测功能的鞋等类生产。再比如被列入 32 个国家级创新型产业集群试点的保定新能源与智能电网装备创新型产业集群、石家庄药用辅料创新型产业集群、邯郸现代装备制造创新型产业集群和石家庄卫星导航与位置服务创新型产业集群、石家庄光电子创新型产业集群、张家口西山先进矿山装备创新型产业集群、唐山机器人创新型产业集群、邢台电动汽车创新型产业集群、邯郸现代循环煤化工创新型产业集群等河北省创新型产业集群试点，以及河北先进装备制造、新一代信息产业、生物医药、新能源、新材料、节能环保、新能源汽车等具有比较优势的发展领域，都有潜在的国际竞争力。更重要的是，只有同时发展对河北经济转型升级具有牵动引领的高端高新产业，才能在雄安新区加快崛起的过程中真正实现京津冀协同发展的目标。

三、建设雄安新区，核心是人才，关键靠制度

设立雄安新区之前，河北省在11个国家自贸试验区、18个国家级新区、14个国家自主创新示范区榜上无名，科技创新方面也鲜有国内首创之举。高端创新人才严重短缺（每万名从业人员中具有研究生及以上学历的人才，北京是河北的9倍；高层次创新人才严重短缺、聚集效应不够且面临流失困境）、科技服务业发展缓慢，技术创新市场体系发育迟缓，主动融入和应用全球科技创新能力偏弱。科技服务业发展缓慢，技术创新的市场体系发育迟缓，科技对外开放度低（5月9日，刚发出全省首张卡证《外国人工作许可证》），主动融入和应用全球科技创新的能力偏弱。制度供给、人才供给、服务供给"先天乏力"，是雄安新区面临的突出问题。

当今之世，一个国家一个地区的发展，在很大程度上取决于能否聚集更多更出色高端人才。国内外经验表明，发展高端高新产业，既需要具有企业家精神的一流科学家和具有科学家素养的一流企业家，也需要一流的创新资本投资者以及创新管理人才，等等。雄安新区的落地，意味着河北得到了一张面向国内外最靓丽最有诱惑力的招才引智的名片，意味着在京津冀乃至更大区域范围内，高端创新要素流向将会发生历史性的改观，而要加速实现这一改观，制度导向至关重要。

纵观全球，近代世界科技中心的形成，彰显着制度和人才的力量。1709年，英国公布《安妮法令》，这是世界第一部版权法，为源源不断的创新打通了道路，也由此开启了"日不落帝国"的先声；法国专业工程师制度，德国的企业内部实验室制度，美国的风险投资、大学技术转移及移民制度等，制度的火炬点燃了熊熊的创新烈焰。硅谷为什么每年都有超过1万家以上的新企业诞生？其背后集聚着美国近一半的风险投资公司和每年近70亿美元（约占全美25%）规模的风险资本。同时，包括有限合伙

制、可转换优先股、员工股票期权、众筹融资以及面向高科技中小企业的场外交易市场（如早期的纳斯达克交易所）等制度更是保证了科技与资本的良性互动。借鉴国内外先进经验，建设雄安新区，必须强化人才供给，从制度创新求突破：

一是建立完善符合高科技发展规律向全球开放、务实、灵活的科技人才聚集机制。充分吸纳发达国家的相关经验，遵循国际通行法则，探索具有国际竞争力的新型人才制度和体制。对国家自贸试验区、国家级新区、国家自主创新示范区的做法一一梳理、规范、整合，对科技创新发达国家和地区的做法深入研究分析提炼，把近年实践中出现的各种重点、难点问题通过制度和体制创新加以解决并规范化。赋予创新者对其成果享有排他权的制度设计。完善竞争优势信息保护制度。运用制度、体制和法治的方式革新人才工作，探索和创造人才制度、人才体制、人才机制方面可复制、可推广的新经验。整合京津冀三地出台的人才引进政策，参照美国硅谷等地出台的人才发展措施，制定雄安新区人才培养和引进的整体方案，设立雄安新区国际人才招募基金，提升雄安新区对人才的吸引力。以规则和体制开放培育全球创新要素的资源配置能力，集聚全球创新能量。

二是建设面向全球的一流人才数据库。绘制全球高层次人才地图，准确掌握各领域海内外领军人才分布情况。建立健全一流人才信息预测调整机制。加强对一流人才信息的动态管理，做好重点行业和关键领域的人才需求预测。共建京津冀人才信息共享体系。改变人才信息建设各自为政、互不相通的现状。在全球范围内集聚资本、人才、技术等各类要素，汇聚国内外各领域最新前沿技术、产业最新发展、高端创新人才等各方面的信息。比肩全球一流、广纳全球英才。

三是建立民间社会聚才引智激励机制。建设雄安新区，不能简单局限于党委、政府的力量，必须发挥市场在人才资源配置中的决定性作用。充分发挥对社会资源的组织和调动优势，积极鼓励、引导和扶持全社会更多优质的创新资源，为雄安创新提供人才支撑。坚持合作共赢，强化市场中介引才。坚持需求导向，强化企业主体引才。鼓励朋友圈荐才，强化人才互荐引才。

四是建立创新治理的社会参与机制，发挥各类行业协会、基金会、科技社团等在推动创新驱动发展中的作用。建立适应产业发展规律、市场规律、科技创新规律的科技管理机制，加快发展商会等科技社团、科技中介组织、科技金融等社会组织，鼓励支持社会组织参与规划编制、决策咨询、科技评估、科技服务等活动，整合全社会力量，搭建"双创"示范生态圈，为创业者解决资源、人才、资金、成长、服务、技术等核心需求，从线上延伸到线下，打造全要素创新创业生态体系，全面支持雄安新区发展。

五是建立科技成果转化和高端人才集聚的法治保障，特别是加大公民合法财产权的依法保护和知识产权依法保护力度。知识产权制度是创新驱动的原动力。发展高科技含量，高附加值的高端高新产业，知识产权的创造、运营、保护、管理是核心要素。必须把知识产权保护放在支持创新、鼓励创新的首要位置，营造崇尚知识产权、尊重知识产权、保护知识产权的良好环境，让高层次创新人才聚精会神专心致志地搞创新。搭建能够及时有效获取权威的国际化经营相关资料的国际化信息平台，建立知识产权风险补偿机制，完善知识产权价值评估体系，为入区企业提供科技咨询、科学评估、知识产权保护、国际专利申请、国际技术转移、国际标准检验认证以及境外的法律、财务、税收咨询等全链条的专业化服务。通过自行实施、转让、许可、联盟等方式，提升知识产权运营水平，推进知识产权产业化，催生一批善于运用知识产权赢得市场竞争的知识产权密集型企业。营造一个"政策保障有准度、资金保障有深度、服务保障有温度"的宜业宜居最优人才生态环境。

建设雄安，发展高端高新产业，需要集聚具有企业家精神的一流科学家和具有科学家素养的一流企业家，也需要一流的创新资本投资者以及创新管理人才，还需要有符合科技创新规律的高端人才引进尤其是团队引进的模式，富有创新精神和创新能力的高层次创新创业人才是一个有着超出常人气质和追求的特殊群体，最看重的是事业平台和产业环境，同时需要对其从事的事业及独特个性予以充分的理解、尊重和支持。只有以满足高层次创新人才的创业需求为中心，按照习近平总书记的要求，打造"一种按法治规则办事的社会氛围，一种大气开放的创业环境，一种多元和合的价值取向，一种大开大合的都市文化"。坚持市场运作、优势互补、制度推进，与国际接轨全方位服务跟进，包括保护知识产权，专业创业培训、金融服务、法律服务、产品营销服务，等等。为各类高端人才提供更好更优更开放更人性化的精准服务，使创新主体的需求得到最大满足，创新活动的交易成本降到最低，创新劳动的成果实现最有效转移，创新内生的能量得到最大释放,创新投入的智力价值得到最充分的体现,让雄安新区面向世界不断奏响自主创新的乐章。建设一个让中国让世界都为之惊叹的雄安!

雄安新区建设应关注十大平衡[*]

陈 剑

雄安新区建设,是千年大计,国家大事。因而,既要经得起历史检验,同时要实现新区建设目标,笔者认为最重要的是要把握好以下十个方面平衡。若如此,雄安新区建设,无疑具有光辉前景。

一、市场与政府作用的平衡

党的十八届三中全会提出,要发挥市场在资源配置中的决定性作用,同时更好发挥政府的作用,问题是"如何平衡"。从目前获得的信息可以看出,有80多家央企参与雄安新区建设。央企要在新区建设中发挥重要作用,或许要把雄安新区建成国有经济行政特区。若如此,这是一个鲜明特色。可以相信,中央政府通过央企力量,在短短几年时间,把雄安新区建成一个初具规模的新城,应毫无问题。问题是,建成以后怎么办?这个城市的发展是否具有可持续性?是否充满活力、有效率、有创新?这是政府难以回答的。雄安新区建设要突出七个方面的重点任务,特别是其中的第六条,推进体制机制改革,发挥市场在资源配置中的决定性作用和更好发挥政府作用,激发市场活力。这一条十分关键,雄安新区建设需要市场看不见的手发挥作用,需要能够让市场在资源配置中起决定性作用的市场经济基础存在。而市场经济基础,重要的是三个方面:经济自由度、产权保护和企业家精神。如果经济自由度较低,人们没有过多的选择,束缚较多,市场活力就难以释放;没有产权保护,个人财产得不到法律保障,经济可持续性无疑会受到很大影响;缺少企业家精神,也就缺乏创新和市场活力,整个社会也就失去活力。特别是雄安位于具有强大行政约束力的首都附近,位于几次国家级大型产业城区改革并不太成功的京津冀地区,位

---

[*] 此文原载《中国经济报告》2017年第7期。

于市场经济基础并不扎实、特别是民营经济不发达，民营企业影响力有限的河北省，这些无疑都会影响市场作用的发挥。因而，如何培育市场经济基础，让市场在雄安新区未来发展中起决定性作用，并发挥好政府的作用，使市场与政府作用保持平衡，十分关键，十分重要。

二、开放与形成开放体制机制的平衡

雄安新区建设，必须适应经济发展新常态，主动顺应经济全球化潮流，坚持对外开放，在更大范围、更宽领域、更深层次上提高开放型经济水平。开放是什么意思？就是借鉴人类文明一切有用的成果为我所用，拥抱世界，实现互利共赢。

党的十八届五中全会提出引领型发展，这是一个开放且拥抱世界的理念。这既与中国在国际舞台上的迅速崛起密切相关，也使中国进一步熟悉世界并有利于中国在国际舞台上发挥更大作用。中国要在国际舞台上扮演引领性作用，必须进一步开放。而进一步开放，既要求世界向中国开放，同时更需要中国向世界开放，需要中国对外更透明，法治更完善，政府更清廉，这样中国在拥抱世界的同时，也让世界对中国有一个更清晰的了解。这样一个开放节奏，需要一系列体制机制的变革才能够达到。而雄安新区，应当从新区建设开始，就把整体开放作为新区建设的基本要求，进而把握好开放节奏。而不是建区之初，就自己给自己设立过多的限制和束缚。道理很简单，如果有过多的限制和束缚，那还是中国向世界开放吗？能够形成与国际投资贸易通行规则相衔接的制度创新体系吗？能够培育区域开放合作竞争新优势吗？能够打造扩大开放新高地和对外合作新平台吗？结论自然是否定的。开放自然有节奏问题，保持开放节奏的平衡，这是雄安拥抱世界、提高其开放型经济水平的必然要求。

三、非核心功能疏解力度的辩证平衡

城市要有核心功能，也一定会有非核心功能。非核心功能多了，就需要疏解，以免影响核心功能的实现。但是疏解要有度，不能把非核心功能都疏解了，那样核心功能也难以充分实现，这里面充满着辩证的问题。实际上，并不是所有的核心都需要保留，不能疏解。

首都的一些核心功能也是可以疏解的。核心功能疏解是有条件的，需要分析不同功能的作用。但非核心功能疏解也一定有一个度的问题，过多疏解可能会出现问题。京津冀协同发展规划方案实施三年来，在非核心功能疏解方面取得了很大成就，但是零散的疏解力度不够，需要集中疏解，打造雄安就是要为集中疏解提供方便。但疏解到什么地步？如果把北京大量的医院、教育等公共服务资源都疏解到雄安，是不是也会影响北京的一些核心功能的实现？所以非核心功能疏解力度有一个辩证的平衡。

四、人口与自然环境的平衡

雄安发展目标应建设国际高端的现代化城市，需要大量人口的迁入，这会带来人口与自然环境的平衡问题。雄安新区地处京津冀大气环境和水环境敏感地区，紧邻"华北之肾"白洋淀。按照笔者理解，如果新区最终规划达到 2000 平方公里，这个地方的人口至少要超过 500 万。也就是说，在雄安现有 110 万人口基础上，再增加 400 万，这样的人口预测有很大实现可能。以深圳为例，深圳 37 年的发展，人口从当初的 34 万发展到今天超过 1500 万，增长超过 40 倍，其区域面积不足 2000 平方公里。而雄安，只不过在原有人口基础上增长 4 倍。如果雄安人口规模届时达到 500 万，每年水资源消耗至少 5 亿立方。河北是严重缺水的地区，白洋淀 366 平方公里，目前水质有问题，而且白洋淀水的供应量很难保证 500 万人口的用水需要。如果人口达到这样的规模，水的需求就存在很大缺口。因而，人口与自然环境如何平衡？这是未来发展面临的一个很重要的课题。

五、解放思想与创新要素汇集的平衡

雄安新区千万不能搞成工业集聚区，更不是传统工业和房地产主导的集聚区，要在创新上下功夫，把创新驱动作为雄安新区发展的基点。而要达此目的，需要进一步解放思想、汇集创新要素才有可能。问题是，创新要素如何汇集？创新文化（13.550，-0.14，-1.02%）如何支撑？没有创新文化的支撑，创新谈何容易？中国是世界第二经济大国，但为全球的思想创新、科技创新，目前所做出的贡献似乎与全球第二经济大国并不相配。

创新需要一系列体制机制的变革作为支撑，创新也需要创新文化作为支撑。中国几千年的传统文化，创新文化是稀缺的资源，中国的传统文化都是枪打出头鸟，创新文化则鼓励异想天开，鼓励痴人说梦，这恰恰是创新思想最有力的支撑。没有创新文化作为支撑，创新谈何创意？

雄安要成为创新驱动引领区，吸引高新技术企业集聚，建设产城融合的创新引领区，必须进一步解放思想，推进有利于创新要素汇集的体制和机制改革，才能完成上述任务。但解放思想谈何容易，需要大的环境提供支撑。因而，如何实现解放思想与创新要素汇集平衡十分关键。

六、规划变动与规划权威性的平衡

城市建设需要有规划，规划变动大，朝令夕改，变动频繁，很难保证规划得到较好实现。雄安新区规划方案，正在全球招标，30平方公里起步。需要借鉴国际经验，高标准编制新区总体规划等相关规划。同时需保持历史耐心，有"功成不必在我"的精神境界，在尊重城市开发建设规律的同时，合理把握开发节奏。

规划需要有前瞻性，需要有系统性。规划编制成功之后，规划的权威性、法定性非常重要。不是说规划不可以变动，但是一定要有法理依据。中国的规划年年在变，很多城市规划最后变动得面目全非，影响了规划的权威性，带来的问题是多方面的。因而，如何保证雄安新区规划方案得到很好的落实，即使有变动，也一定是在法理依据条件下，更有利于雄安整体发展的基础上的变动。而不是无视规划的权威性，无依据的朝令夕改。

七、遏制房价与保持市场活力的平衡

设立雄安新区的消息对外公布后，来自全国的炒房大军蜂拥而至，要到雄安淘金，这实际是推动雄安发展的动力。无论是浦东新区建设、深圳新区的开发，还是海南建省，都吸引了成千上万人前去淘金，这也是这些地区迅速发展的动力和原因。

为抑制房价，在雄安新区建设初期做一些限定，是可以理解的。但必须认识到，这种限定，实际不利于市场要素的活力释放。没有活力的市场，如何推进整体的发展？这里面就有一个市场活力和遏制房价的平衡。

你可以短期限定，但长期推行，可能是一个问题。市场活力不能有效释放，市场的巨大能力不能显现，无疑不利于长远发展。遏制房价暴涨是必要的，但是一定要有适度的放开，放开到什么地步？让市场参与者既有积极性，同时保持稳定健康的发展，这是一个非常高超的艺术。遏制房价与保持市场活力平衡，值得关注。

八、新区建设与周边发展的平衡

雄安新区要打造协调发展示范区，并对冀中南乃至整个河北的辐射带动作用，促进城乡区域、经济社会、资源环境协调发展，新区建设必须与周边发展取得平衡。

雄安新区的设立，应当有利于周边整体发展。例如，雄安新区建设，应有利于石家庄的进一步发展，有利于天津滨海新区的发展，有利于北京中关村（7.000，—0.18，—2.51％）的发展，有利于京津冀整体发展。

对河北来说，雄安新区和以2022年北京冬奥会为契机推进建设的张北地区，一南一北，成为河北发展的两翼。在雄安发展基础上，把张北地区打造成为冀北发展新高地，进而通过发展两翼带动河北整体发展。但张家口2022年冬奥会，毕竟是一定时段的产物。2022年冬奥会后，张北地区的发展无疑会因冬奥会结束而受到影响。因而，如何协调雄安发展与京津冀整体发展的关联，也是一个重要课题。

九、世界级城市群建设与区划设置的平衡

雄安新区的设立，为京津冀世界城市群建设创造了条件。北京、天津和雄安，将形成京津冀世界城市群的三足鼎立。随着雄安新区在2030年初具轮廓。整个京津冀世界城市群建设也将在这一时段初步形成。

随着世界城市群的形成，这一区域的区划设置也需要进行调整，以适应世界城市群的发展。届时，作为北京副中心的通州，将成为新北京的中心，并成为世界城市群的重要组成部分。世界城市群的三足鼎立是由新北京（通州）、雄安和天津共同构成的。区划设置的调整，一切都应从利于整体发展的角度而定。

十、新区开发与文化传承的平衡

雄安新区乃古代雄州、安州之地，历史悠久，人杰地灵，有很多文化遗产和非物质文化遗产。在新区开发建设的同时，如何保护和弘扬雄安地区优秀传统文化、延续雄安历史文脉，进而使这一地区的文化遗产，特别是非物质文化遗产得以很好保留，是新区规划设计之时就应考虑的问题。

在文化传承方面，雄安地区历史文献的保存和整理，雄安地区语言（方言）资源的保护等，都是雄安的底蕴所在，应当得到很好的保护和传承。在非物质文化遗产保护方面，有起源于宋元时代，兴盛于明清时期的雄县古乐。其古乐曲目均是历经百年才得以保留的古曲，较完整地保留了传统民族音乐的原有风貌，是研究民族古典音乐的宝贵资料。此外，还有雄县鹰爪翻子拳、安新县圈头村音乐会、安新芦苇画、白洋淀及周边地区的苇编、面塑、造船、高跷等多项国家级及省级、市级非物质文化遗产。

在新区开发建设中，传承和保留古老雄安的历史文化，是魅力雄安、文化雄安的底蕴和魅力所在。并且，随着时间推移，其价值愈显珍贵。

建设雄安新区，关键词"放开"和"开放"

陈 剑

2017年4月1日，中共中央、国务院决定设立河北雄安新区的决定对外公布。这是以习近平同志为核心的党中央作出的一项重大的历史性战略选择，是继深圳经济特区和上海浦东新区之后又一具有全国意义的新区。按照决定的表述，这是千年大计、国家大事。

如何推进雄安新区建设，以及实现发展的可持续性，本文就此问题进行分析探讨。

一、习近平总书记提出的七项任务

2014年2月25日至26日，习近平总书记在北京市考察工作时，第一次提出了"四个中心"的首都城市战略定位，并就京津冀协同发展作出了明确指示。2017年2月23日至24日，习总书记再次视察北京，就北京城市规划建设和冬奥会筹办工作作出指示。

（一）三年工作回顾

随着京津冀协同发展上升为三大国家战略之一，三年来，三地一体化进程快速推进，三地融合程度迅速提升。走向一体化的京津冀区域重构无疑也是一个充满想象的话题。关键是以通州副中心为主要内容的"新北京"雏形形成，并在此基础上对京津冀区域重构有所构想和规划。

三年来，京津冀地区在功能定位、产业转移对接、交通一体化、生态环境联防联治等方面均取得了突破，而这三个方面也是优先发展的三大内容。京津冀产业分工越来越明确；北京在退出一般性制造业的同时，对津冀两地特别是对河北的投资增幅显著；区域内的多条高速"断头路"打通，京津冀城际铁路网规划出台……。可以说，京津冀协同发展正在向纵深发展。这其中，疏解非首都功能是京津冀协同发展的核心内容。三年来，出台了诸多疏解非首都功能政策。比如，北京市出台疏解非首都功能产业税收支持政策和转移支付引导政策,对非居民用气、用热、用水、用电实行分区域价格政策,严格落实新增产业的禁止和限制目录,自2014年实施以来,不予办理的相关业务就达到了1.64万件。同时,稳步推进一批条件成熟的区域性批发市场、一般性制造业企业、学校、医院等有序向外疏解转移。

功能疏解最重要的,成效集中在人口调控上。2000年到2010年这十年间,北京人口增长迅猛,十年间增加了600万人,年平均增加60万人。但这三年,人口迅猛增长的态势得到扼制。2016年末,北京市常住人口为2172.9万人,与2015年相比只增加了2.4万人,增量同比减少了16.5万人,增速同比回落0.8个百分点。特别是城六区的常住人口实现了由升到降的拐点,2016年比2015年下降了3%。这是一个具有重要意义的历史节点。

在看到成就的同时,也应当看到,挑战仍然巨大。京津冀这三年的协同发展经有了很大的推进,但是与国家的要求还存在着较大的差距。京津冀整体功能发挥还有待提升,非核心功能疏解还属于零打碎敲阶段,京津冀在中国经济版图中的地位呈现下滑,等等。

(二)七项任务

正因为此,设立雄安新区就成为中央实施的重大发展战略。2017年2月23日,习近平总书记到此考察,提出了发展雄安新区的七大重点任务:

一是建设绿色智慧新城。按照绿色循环低碳理念,使用先进的环保节能材料和技术工艺标准进行城市建设;从市民需要出发,做到疏密有度、绿色低碳。进而有效吸引北京人口和非首都功能疏解转移。

二是打造优美生态环境、充分体现生态文明理念,构建蓝绿交织、清新明亮、水城共融的生态城市。

三是发展高端高新产业。严格限制承接和布局一般性制造业、中低端第三产业,积极吸纳和集聚创新要素,通过打造创新创业集群,推动符合雄安新区定位的北京非首都功能有序转移,发展高端服务业。

四是提供优质公共服务。大量优秀人才聚集新区,需要提供优质的公共服务。这需要引入优质教育、医疗卫生、文化娱乐、体育健身等资源,提升公共服务水平。重点承接北京人口转移,合理控制新区人口规模和结构。

五是构建快捷高效交通网。加快建立连接新区与京津及周边其他城市、北京新机场之间的轨道交通网络，打造快速便捷的通勤圈。

六是推进体制机制改革。发挥市场在资源配置中的决定性作用和更好发挥政府作用，推进简政放权、放管结合、优化服务。实施负面清单管理，凡是市场机制能调节的经济活动一律取消行政审批，进而激发市场活力。

七是扩大全方位对外开放。加强与京津、境内其他区域及港澳台地区的合作交流，打造扩大开放新高地和对外合作新平台。

前五项任务描绘出雄安新区未来建设的方向，后两项则是建设雄安新区的两项重要且基本途径。因为中国改革开放近40年，关键词就两个字，一是放开，二是开放。放开就是进一步推进经济体制改革，释放市场活力，而开放则是进一步拥抱世界，借鉴人类文明一切有益的成果。习近平总书记提出的后两项任务，能否得到很好落实，则是雄安新区能否取得成功的关键。

二、设立雄安新区的意义

那么，设立雄安新区有怎样的意义呢？笔者以为，其意义主要有以下五个方面：

（一）有利于非首都核心功能疏解

三年来，疏解北京非首都功能工作虽有进展，但进度较慢。设立雄安新区，核心的任务就是有利于有序疏解北京的非首都核心功能。这意味着北京非首都功能疏解工作将由零散疏解转向集中疏解。通过重点打造北京首都功能疏解集中承载地，有效缓解北京大城市病，与北京城市副中心形成北京新的两翼。

（二）有利于整体功能的发挥

2015年4月30日中央政治局审议通过了《京津冀协同发展规划纲要》（以下简称《规划纲要》）明确了京津冀整体功能定位。京津冀的整体功能定位是，建设以首都为核心的世界级城市群、区域整体协同发展改革引领区、全国创新驱动经济增长新引擎、生态修复环境改善示范区。雄安新区的设立，有利于世界级城市群的形成，有利于形成一个创新高地，有利于生态环境的修复，完全符合《规划纲要》的要求，其发展定位与上述功能高度契合，有利于京津冀地区整体功能定位作用的发挥。

（三）有利于培育新的区域增长极

从三年的经济增长看，京津冀在全国的经济版图位次不仅没有提升，反而在下降。2014年，京津冀三地的GDP总量达到了6.6万亿元，占全国的10.4%。2015年，京津冀三地的生产总值合计为6.9万亿，比重下降到全国的10.2%，下降了两个千分点。2016年，三地加在一起占全国经济总量的10.02%，较之2015年又下降了近两个千分点。

京津冀地区在全国经济版图上呈现下降的趋势，这与河北经济持续下滑密切相关。河北由于去产能、调结构任务重，在全国的位次持续下滑，连续两年先后被四川、湖北超过。2016年，河北的经济增长速度为6.8%，虽然高于全国6.7%的经济增速，但在全国31个省市区中列倒数第五位，2015年也是倒数第五位。由于经济增长的持续下滑，河北在全国的位次也持续下滑，目前已经下降到第八位。按照目前的增长态势，如果不出意外，河北很有可能在2017年被湖南超过，降至全国第九位。

而雄安新区的设立，通过打造新的经济增长极，将有利于提升京津冀在中国经济版图中的地位。

（四）有利于推进创新发展和引领型发展

引领型发展是党的十八届五中全会提出来的重要发展战略。在当前的国际舞台上，科技引领占有重要地位。习近平总书记在2014年对北京提出新的城市定位，明确北京要成为全国科技创新中心，就是要让北京成为全球舞台上中国科技引领的重要节点，这实际上是对北京的发展提出了更高要求。北京虽然有着其他城市难以比拟的科技优势、教育优势和人才优势，但从目前的情况看，还不能完全起到支撑作用。作为中国的科技创新中心，北京现有的表现与这一定位还是有一定差距的。雄安新区的建设可以借助北京巨大的科技创新潜力，发挥市场优势和创新体制优势，形成具有创新优势的新型特区，成为一个新的创新节点，推动创新发展和引领型发展。

雄安新区建设，拟打造成为中国的创新高地，中国的"硅谷"。这是一个大战略，会把中国的改革开放推向新的阶段。如果说，深圳特区的国家使命是让世界进入中国、让中国融入世界，充当了窗口和桥梁的作用。那么浦东新区最重要的作用就是发展金融和国际化，而雄安新区承载的使命就是创新，并使之成为创新型现代化国家的心脏区域。北京作为中国的科技创新中心，研发水平高。2015年，北京科技进步贡献率已超过60%，科技研发投入占地区生产总值比例为6.01%，居全国第一。但北京的问题是，北京虽然有中国最好的大学、科研院所、科研人才，但是太拥挤，缺少转化空间。有了雄安新区之后，就把北京的整体功能激活了，盘活了，也把整个京津冀一盘棋激活了，这个起步区的100平方公里可以把北京科技、文化、人才和国际化的优势聚集起来，在京津冀形成创新中心、高端制造中心、现代服务中心，把雄安新区能打造成为中国的"硅谷"，打造成中国创新高地。

（五）有利于加快构建京津冀世界级城市群

全球目前有6个世界级城市群，包括美国纽约、芝加哥、法国巴黎、英国伦敦、日本东京和中国上海为中心的世界六大城市群。设立雄安新区，有利于推进以首都为核心的世界级城市群建设。从地缘上看，雄安新区将与北京城市副中心形成"一体两翼"的北京空间优化新格局，以利于世界级城市群的形成。

2016年5月27日，中央政治局开会讨论北京城市副中心。副中心建设不仅是调整北京空间格局、治理大城市病、拓展发展新空间的需要，也是推动京津冀协同发展、探索人口经济密集地区优化开发模式的需要。北京城市副中心落子通州，位于北京的东部，与国贸和燕郊比邻，其地缘意义在于借助市政府迁至通州，带动北三县乃至整个东向和北向的河北腹地发展。通州"城市副中心"建设，或许就是"新北京"建设。北京出现新、旧两城双核心格局已初显轮廓。过去古老的北京集中在东西两城，涵盖城六区。而新北京，中心就在通州，通州成为新北京的同义词。

雄安新区落子雄县、容城、安新，距离天津、北京均在120公里左右，旨在通过非首都核心功能的集中疏解，带动河北南部地区，乃至华北腹地的发展，重构整个华北地区的城市格局。

雄安新区的建设，既是"新北京"与天津和雄安日益同城化发展的过程，也是世界级城市群形成过程。从雄安新区对外公布之日起，即2017年4月1日，大体用三年时间，即2020年，基本建成新区对外骨干交通路网，起步区基础设施和产业布局框架基本形成，白洋淀环境综合治理和生态修复取得明显进展，新区雏形初步显现。再用十年时间，即到2030年，建成绿色低碳、信息智能、宜居宜业，具有较强竞争力和影响力，人与自然和谐共处的现代化城市。

此外，将于2019年建成的第二国际机场，将进一步推进世界级城市群的形成。第二国际机场将是连接新北京、天津与雄安的重要纽带。新机场主体位于北京市大兴区，也与天津武清区、河北廊坊市相邻。它除了给现有首都机场起到分流作用外，北京新机场还肩负着国际交往功能、贸易流通功能，推动京津冀三地融合发展的任务。新建的第二国际机场，其临空经济能量，从发展态势分析，将会超越顺义临空经济区。因为这里汇聚了北京、天津、河北三地的市场能量，以此为枢纽，助推京津冀地区世界级城市群的发展。

随着世界城市群的形成，京津冀协同发展从京津的"双城"战略向京津雄"三角"战略转变。由此，京津冀三地的定位也会有所调整。

三、发展模式创新

改革开放以来，中国近40年发展，中国各级政府的作用功不可没。一个不容否定的历史事实是，中国90%以上的城市都是用行政能力规划出来的，几乎每个省的第一大城市，都是省会城市，就连深圳，也是政策先行才有了以后的市场力量的聚集和发展。

设立雄安新区，动力来自国家意志，第一推动力来自中央政府。雄安新区所要承接的，可能不仅仅是从北京搬迁出去的一家企业、一个产业，而是整个与雄安定位相关联的产业。

设立雄安新区，其宏观背景是，中国在国际舞台上正在强势崛起。而做大做强的国有企业，特别是央企，这是与国家意志绑定在一起的国有经济，正好可以以雄安作为试点，将这个新区打造成为中国强大的"国有经济行政特区"。创造出一种新的，不同于深圳和上海浦东的发展模式，更不同于美国等发达国家的发展模式。能否成功，或许存有疑问。但不妨一试，或许有很大成功概率。

当下中国，中央政府的行政能量，集中资源办大事的能力超强。要在三五年之中迅速地建设一座漂亮的新城并非难事，再依靠行政指令让央企、大学、科研机构等企事业单位搬迁入驻也非难事。这样一种未来"国有经济特区"，作为中国崛起的重要组成部分，将与中国政治密切相关，更与中国在国际舞台上强势崛起密切相关。未来大部分国家级项目，以及需要输出的国际项目，都可能从雄安新区开始"分发"，中央一声令下，雄安新区就可以释放出巨大的行政能量，而这种行政能量又是通过经济手段呈现出来的。包括发挥出巨大的市场动员能力,以完成中国在国际上的使命。例如在南海造岛,在一带一路沿线推广中国的基础设施,等等。

发展模式的创新,也体现在生态绿色、改革创新、产城融合等。按照习近平总书记的指示,未来雄安新区建设将以良好的生态本底,通过各个领域的改革创新,高端产业拉动,城市配套完善、公共服务齐全的新区。这是一个国家队出现的、产业、城市、生态多元融合的新区,而非常规意义上的城市新区。

发展模式创新,也体现在城市规划建设方式的创新。雄安新区的规划、建设、管理等各个层面,注重多规合一,探索中国特大城市空间优化、功能疏解的全新模式。

发展模式创新也体现在土地利用与房地产业的创新方面。雄安新区建设,由于短期集中了大量的高端人才,未来发展可能试行以公租房、廉租房为主的建设模式,从而跳出通过大力发展房地产业抬高发展成本,挤压产业空间的怪圈。

四、新区建设面临的若干挑战

雄安新区建设,起点高,国人关注程度高。实现预期目标,或许没有疑问。但一些挑战不容忽视。

(一)如何发挥市场的决定性作用

虽然中国各级政府有巨大的行政组织力量,但政府自然不是万能的,不然,也就没有必要搞市场经济,中国也就没有必要从计划经济向市场经济转型。准确认识这一道理,在当下十分重要。

京津冀区域三年的协同发展,人们看到的是投资和资源的流动,更多是以投资、技术、项目、企业、单位等"硬件"形式在政府引导下转移,而各种要素按照市场原则的自由流动,似乎作用有限。这引发的问题,如何让市场在资源配置中起的决定性作用得以切实体现?

雄安新区的难点并非建设,而是后续的产业培育以及运营。可能正是在这方面,市场在资源配置中起着决定性作用的经济规律将顽强发挥作用。习近平总书记提出的雄安新区建设七大任务中的第六和第七条,放开和开放的重大意义正在于此。

如何才能够发挥市场的决定性作用,特别是民营资本在雄安新区的建设中发挥作用，进而激发市场活力，这是一个重大且基本的问题。这几年民营资本活力有所下降，民营资本的投资也大幅度下降。建设雄安新区，动用的是国家队，如果确实打造的是"国有经济行政特区"，如果不能为民营资本发挥作用提供必要的空间和舞台，雄安新区发展的持续性就存有疑问。因而，如何发挥市场活力，这是雄安新区能否实现持续发展的关键。

就京津冀自身发展而言，较之于深圳和上海浦东，京津冀地区市场分割指数，长时期一直高于长三角地区和珠三角地区，原因除了京津冀地区的国有企业尤其是央企比重较大，还包括区域产业分工协作和整合缺乏动力。与之相比，民营经济的经营灵活性在京津冀产业布局中没有发挥出来。此外，京津冀这一地区计划经济色彩浓厚，市场意识不强，都会在一定程度上影响市场作用的发挥。

笔者以为，要发挥市场在资源配置中的决定性作用和更好发挥政府作用，需要创造市场发挥作用的舞台和空间。通过推进简政放权、放管结合、优化服务，实施负面清单管理，凡是市场机制能调节的经济活动一律取消行政审批，从而激发市场活力。对吸引海内外优秀人才，应当制定特殊人才政策，建立完善市场化激励机制，通过培育创新文化和创新氛围，才能够吸引和集聚高端创新创业人才。

（二）人口规模如何控制？

控制人口规模，实际是人口数量如何与当地自然环境取得平衡。目前雄安三县人口总量只有110万左右。按照目前规划，雄安人口规模总量拟控制在250万，甚至更多。也就是说，新区人口规模将在现有基础上增加1.5倍。问题是，政府规划的人口控制目标有多大胜算？即使是增加1.5倍，对雄安新区来说也是严峻的挑战。雄安新区缺水，白洋淀虽说是华北的肾，但总体说来水资源仍然匮乏，白洋淀湿地资源和水生态也很脆弱。何况华北地区整体缺水，人口承载力受限。未来发展规划先从100平方公里起步，200平方公里为中期，远景是2000平方公里。雄安新区成创新高地后，免不了会有资源集中现象，这会形成对人口的虹吸。这既需要将"资源节约、环境友好"作为规划落实的根本，也要规划长效执行的定力。很难设想最终人口发展状况会与规划吻合，人口与资源环境的平衡也应当是动态平衡，但偏离幅度不能太大，不然就难以可持续。

（三）创新要素如何汇集？

按照党中央国务院要求，雄安新区要成为继改革开放之初以深圳特区为代表的珠三角开放和上世纪90年代初以浦东新区为代表的长三角发展之后，在新的历史节点上成为具有重要经济增长极示范意义、成为我国北方地区乃至全国意义上培育创新驱动发展新引擎的全新城市标本。其未来的发展，不仅具有全国意义，亦有望在世界城市化发展上留下可圈可点的借鉴意义。习近平总书记提出，要坚持世界眼光、国际标准、中国特色、高点定位，将其建设成绿色生态宜居新城区、创新驱动发展引领区、协调发展示范区、开放发展先行区，集中起来说，就是要打造成为贯彻落实新发展理念的创新发展示范区。

问题是，如何才能形成创新高地。中国改革开放近40年的发展，主要做法就是复制模仿，拿来主义，利用后发优势实现赶超。但这一发展模式现在以难以为继。十八届五中全会提出创新发展、引领型发展，意义深远。但如果没有思想解放，没有创新文化的培育和支撑，要创新谈何容易。也就是说，不是想要创新就一定能够创新。要汇集创新要素，打造创新高地，需要土壤和条件，需要创新文化作为支撑，特别是如何形成能够吸引世界一流人才的土壤和环境，同样是一个具有巨大挑战的问题。

（四）能否扼制房地产价格暴涨

雄安新区建设的七大任务中，有四项与城市规划建设密切相关。由于开发成本低，基本上是在一张白纸上绘制蓝图，这也意味着从雄安新区的规划、建设、管理等各个层面，就要注重多规合一，规避"大城市病"，探索中国特大城市空间优化、功能疏解的全新模式。

在一个起步100平方公里，进而200平方公里，最终2000平方公里的土地面积上建设新城，无疑会带来房地产的发展。问题是，如何扼制房地产价格暴涨，避免影响新区的健康发展。目前，雄安三县及周边各地政府，在短时期内出台了各种限制房地产政策，严禁大规模开发房地产，严禁违规建设，严控周边规划，严控入区产业，严控周边人口，严控周边房价，严加防范炒地炒房投机行为。诸多严禁，能否得到有效实施尚且存疑，在一定程度上也不利于市场活力释放。如何在诸多严禁中，又保持市场活力，需要把握两者平衡。

（五）如何通过新区建设，推进河北发展

雄安新区的设立，应当有助于提升京津冀三地在中国经济版图中的地

位，推进河北全省发展。

2016年，京津冀三次产业结构分别为，河北，11.0∶47.3∶41.7；天津，1.2∶44.8∶54.；北京，0.5∶19.2∶80.3；全国，8.6∶39.8∶51.6。

如果以第三产业增加值占比50％作为判定是否进入工业化中期的标志，那河北则仍处于向工业化中期迈进阶段。天津和全国数字接近，都已经进入了工业化中期。但天津第一产业增加值比重远低于全国，由于天津制造业发展有雄厚基础，因而天津实际上已经进入了工业化后期。而北京第三产业比重80.3％比全国的51.6％高出28.7％，说明北京的产业结构的优化程度远远走在全国前列，已经进入了后工业化时代，即信息化社会。

京津冀三地，从经济发展阶段上分析，实际是处于不同的发展阶段。三地产业结构存在明显梯度差异。特别是河北，由于产业结构粗放，面临两期叠加，即产业结构调整的阵痛期和环境治理攻坚期，其增长速度放缓，进而导致京津冀在全国经济版图中的位置下降。

河北钢铁产量已连续十多年高居全国榜首，占全国四分之一以上，有"世界钢铁第一大省"之称。但产品附加值低，存在过度依赖资源能源消耗、发展方式相对粗放等问题。近年来，全省钢铁产量超过了3亿吨。由于钢铁产量过多，市场又缺乏需求，近年来河北一直在压缩全省钢铁的生产。"十三五"期间，国家对河北的要求进一步升级。供给侧结构性改革，一项重要内容是去产能，而河北作为去产能的大省，面临的任务十分艰巨。此外，京津冀地区目前属于中国雾霾最为严重的地区之一。《规划纲要》指出，京津冀地区已属于人与自然环境最为紧张的地区，这与河北产业结构高度关联。但环境修复需要支出高昂的经济成本、技术成本和资金成本。特别是对钢铁和煤炭等重化工业为主导的传统产业进行调整，势必会影响河北经济增速。

雄安新区建设，应当能够对推进河北产业结构调整提供支持。

调整河北产业结构，主要有以下三种方式，一是在降低传统产业增长速度的同时，加大对传统产业的提升改造；二是大力发展新兴产业，特别是大力发展新一代信息技术、生物医药、新能源和新材料、节能环保、新能源汽车、高端装备制造等战略性新兴产业，并把文化创意产业的发展作为重要的新增长极；三是积极发展现代服务业，并在优化服务业内部结构上做文章，拓展新型服务领域，并把其中的健康、旅游产业打造成新的经济增长点和支柱产业。

雄安新区建设，以大力发展新兴产业为主要内容，对传统产业的更新改造也能够提供支持。应当十分有利于推进河北产业结构调整步伐。如果能够主动作为，效果应当会有更大幅度提升。

（六）如何平衡北京乃至周边的发展

雄安新区，作为北京非核心功能主要承接地，大量的优质资源将向雄安转移。这包括承接首都新兴产业，引领雄安创新崛起；承接相应的科研教育功能、部分央企的职能性机构、部分行政办公职能；承接高端服务业、高新产业的进驻，进而吸引高端人才；承接部分国家行政企事业单位，并提供配套优质的教育、医疗文化等公共服务，等等。特别是承接央企总部、优质的科研院所等。这无疑会影响迁出地北京的持续增长。如何平衡，是否会带来整体效应的扩大，这也需要进行量化分析，以给出令人信服的答案。

此外，雄安新区的建设，由于极高的关注度，是否会产生虹吸效应，影响天津的滨海新区、石家庄等城市的发展，也需要给予持续关注。

有序推进雄安新区产业创新*

刘万玲**

根据中央对雄安新区的发展定位和未来发展重点，今后雄安新区要建成创新驱动发展引领区，重点发展高端高新产业。从现实来看，雄安新区的既有产业多是传统产业，高端高新产业基本上是一张白纸。

推进雄安新区产业创新重点应抓好以下两个方面：

有序发展高端高新产业。发展高端高新产业需要人才支撑，人才的集聚不仅需要制定特殊人才政策，也要有良好的基础和环境。因此，要在发展交通基础设施、部分公共服务产业的基础上发展高端高新产业。发展高端高新产业主要有三个途径：

首先是承接。以承接好北京非首都功能疏解为抓手，承接北京转移的高端高新产业。特别要借力首都优质高等教育资源、科技创新资源，强化创新源头供给，打造创新驱动发展新引擎。

第二是引进。打造一批高水平的创新创业载体，积极吸纳和集聚国内外创新要素资源，吸引高新技术企业集聚。引进发展低消耗、高产能、绿色环保的创新技术产业。

第三是培育。有针对性地培育和发展科技创新企业，发展高端高新产业，如"大智移云"新一代信息技术，以及航空航天、机器人、生物工程等现代新产业。鼓励原始创新、集成创新、引进消化吸收再创新。制订企业创新的优惠政策，鼓励企业建立研发机构，全面提升企业创新能力。鼓励支持军民融合产业，打造军民融合产业示范区，促进国防科技工业与地方经济资源共享融合发展。同时，大力发展发展科研技术服务业、金融保险业、租赁和商务服务业、新兴服务业、文化与科技融合等现代服务业。制定促进现代服务业发展的优惠政策，引入高端服务业，提高科技在现代服务业增加值中的贡献度。

---

* 凤凰网，2017年8月14日。
** 作者为中国经济体制改革研究会副会长、正高级经济师，凤凰财经研究院特约经济学家。

有序推进传统产业转型升级。改革雄安新区覆盖的雄县、容城、安新三县，发展形成各具特色的支柱产业。

雄县拥有塑料包装、压延制革、乳胶制品、电器电缆四大支柱产业，有企业3000余家，从业者12万人，2016年，雄县仅塑料包装产业就实现营业收入145亿元。依靠四大支柱产业，2016年全县生产总值突破100亿元。先后被国家有关协会命名为"中国塑料包装产业基地"和"中国软包装产业基地"。

容城县是服装生产大县，共有服装企业945家，服装产品涵盖西服、衬衫、休闲、棉服、运动、裤装等6大系列，年产各类服装4.5亿件（套），销售收入亿元以上企业12家，从业人员7万余人。2016年，服装业完成产值256亿元。被国家有关协会评为"中国男装名城"和"全国纺织产业集群试点"。

安新县境内拥有白洋淀大部分淀区，形成了当地独特的旅游业。此外，该县有有色金属、制鞋、羽绒三大传统产业，其中，羽绒业年产羽绒服装1000万件，年产值6.7亿元，是华北地区最大的羽绒集散地。制鞋业现有企业1700多家，从业人员3万多人，年产各类鞋1.5亿双，年产值45亿元，已成为华北地区最大的鞋业生产基地。

多年来，这些传统产业为当地税收和就业做出了重大贡献。但是这些传统产业与未来雄安新区产业发展目标要求比相差甚远。目前普遍存在科技含量低、产品附加值低，规模小而分散、从业人员众多等特点。这些传统产业下步如何转型发展？笔者认为，除了这些传统产业的研发设计、检测中心、评价中心等生产性服务业可保留在新区以外，大部分企业可能要走搬迁转移的路子。

一般来说，企业行为应由市场来决定，在雄安新区传统产业搬迁转移中，应在充分尊重市场规律的基础上，更好地发挥政府的作用，由政府统筹协调，按照传统特色产业生产特点，选择在新区周边适宜的地方科学规划建设企业园区。通过建设企业园区，使企业整合重组后向园区集中，实现集约化、规模化发展，促进传统产业转型升级。对于需要搬迁转移的企业应安排好搬迁时序，学会开着汽车换轮子，不踩急刹车大面积停工停产，尽量使企业生产、产品市场和工人就业不受大的影响，保持社会稳定。

推进雄安新区产业创新，发展高端高新产业，改造提升既有传统产业，构建新的产业体系，是一项中长期任务，不可能在短期内一蹴而就。有关方面应制定产业发展规划，明确阶段目标，把握先后次序，分步渐进实施，持之以恒地加以推进。

第三部分 京津冀协同发展

京津冀：突出整体定位调整产业结构*

陈 剑

区域整体定位体现了三省市"一盘棋"的思想，突出了功能互补、错位发展、相辅相成。从经济增长分析，这其中最为关键的是如何形成创新驱动经济增长新引擎，使京津冀成为推动中国经济的新增长极。

北京要成为具有全球有影响力的城市，能够在国际竞争中扮演科技创新引领角色。北京若能成功迎接这一挑战，需要有一系列扎实有效的工作作为基础。特别是在创新引领方面，如何集聚首都科技人才资源优势，形成能够释放人们创新潜能的体制和制度优势至为关键。

中国改革开放已经走过了 39 个年头。39 年来，中国经济持续增长，三大经济圈—"珠三角""长三角"和京津冀功不可没。但与以广州为龙头的"珠三角"和以上海为龙头的"长三角"相比，京津冀的地位似乎有些尴尬。虽然改革开放至今，这一区域也保持了较高速度的增长，但对中国经济增长的贡献率和在全国的影响力，似乎与两者有不小差距。20 世纪八十年代，"珠三角"是中国经济的引擎和火车头。1992 年邓小平同志南方谈话之后，"长三角"迅速崛起，自此取代了"珠三角"成为中国经济的引擎和火车头，并一直延续到今天。"珠三角"的作用虽然自九十年代初期被"长三角"取代，但仍然是中国经济最活跃的地区之一。

京津冀整体功能定位

导致京津冀地位尴尬的一个重要原因是战略定位缺乏统筹，这也导致了一系列问题的出现。这些问题主要有，功能布局不够合理，三地发展定位衔接不够，京津部分功能交叉，存在一定程度的同质竞争；城镇体系结构失衡，京津过于肥胖，周边中小城市过于弱小；产业布局缺乏统筹，没

---

* 此文原载经济参考报，2017 年 6 月 5 日。

有形成相互衔接的产业链；京津冀产业同质化竞争严重，尤其是工业与制造业企业，在京郊、天津和河北都广泛分布，缺乏有效协调。

为推进京津冀三地的协同发展，2014年2月26日，习近平总书记主持召开座谈会，把京津冀协同发展纳入国家发展战略。2015年4月30日中央政治局通过的《京津冀协同发展规划纲要》（以下简称《规划纲要》）对京津冀三地整体功能做了定位。这就是，以首都为核心的世界级城市群、区域整体协作发展改革引领区、全国创新驱动经济增长新引擎、生态修复环境改善示范区。

区域整体定位体现了三省市"一盘棋"的思想，突出了功能互补、错位发展、相辅相成。从经济增长分析，这其中最为关键的是如何形成创新驱动经济增长新引擎，使京津冀成为推动中国经济的新增长极。

设立雄安新区　有利于整体功能发挥

雄安新区的设立，有利于世界级城市群的形成，有利于形成一个创新高地，有利于生态环境的修复，其发展定位与上述功能高度契合，有利于京津冀地区整体功能定位作用的发挥。

有利于培育新的区域增长极

从近三年的经济增长看，京津冀在全国的经济版图位次不仅没有提升，反而在下降。2014年，京津冀三地的GDP总量达到了6.6万亿元，占全国的10.4%。2015年，京津冀三地的生产总值合计为6.9万亿，比重下降到全国的10.2%，下降了两个千分点。2016年，三地加在一起占全国经济总量的10.02%，较之2015年又下降了近两个千分点。

京津冀地区在全国经济版图上呈现地位下降的趋势。与河北经济持续下滑密切相关。河北由于去产能、调结构任务重，在全国的位次持续下滑，连续两年先后被四川、湖北超过。2016年，河北的经济增长速度为6.8%，虽然高于全国6.7%的经济增速，但在全国31省市区中列倒数第五位，2015年也是倒数第五位。由于经济增长的持续下滑，河北在全国的位次也持续下滑，目前已经下降到第八位。而雄安新区的设立，通过打造新的经济增长极，有利于提升京津冀在中国经济版图中的地位。

有利于推进创新发展和引领型发展

引领型发展是党的十八届五中全会提出来的重要发展战略。在当前的国际舞台上,科技引领占有重要地位。习近平总书记在2014年对北京提出新的城市定位,明确北京要成为全国科技创新中心,就是要让北京成为全球舞台上中国科技引领的重要节点,这实际上是对北京的发展提出了更高要求。作为中国的科技创新中心,北京现有的表现与这一定位还是有一定差距的。雄安新区的建设可以借助北京巨大的科技创新潜力,发挥市场优势和创新体制优势,形成具有创新优势的新型特区,成为一个新的创新节点,推动创新发展和引领型发展。

雄安新区建设,拟打造成为中国的创新高地,中国的"硅谷"。这是一个大战略,会把中国的改革开放推向新的阶段。如果说,深圳特区的国家使命是让世界进入中国、让中国融入世界,充当了窗口和桥梁的作用。那么浦东新区最重要的作用就是发展金融和国际化,而雄安新区承载的使命就是创新,并使之成为创新型现代化国家的心脏区域。北京作为中国的科技创新中心,研发水平一流。2015年,北京科技进步贡献率已超过60%,科技研发投入占地区生产总值比例为6.01%,居全国第一。但北京的问题是,北京虽然有中国最好的大学、科研院所、科研人才,但是太拥挤,缺少转化空间。有了雄安新区,就把北京的整体功能激活了,盘活了,也把整个京津冀一盘棋激活了,这个起步区的100平方公里可以把北京科技、文化、人才和国际化的优势聚集起来,在京津冀形成创新中心、高端制造中心、现代服务中心,把雄安新区打造成为中国的"硅谷"。

有利于加快构建京津冀世界级城市群

全球目前有6个世界级城市群,包括美国纽约、芝加哥、法国巴黎、英国伦敦、日本东京和中国上海为中心的世界六大城市群。设立雄安新区,有利于推进以首都为核心的世界级城市群建设。从地缘上看,雄安新区将与北京城市副中心形成"一体两翼"的北京空间优化新格局,以利于世界级城市群的形成。

随着雄安新区建设的推进,将形成京津冀的三足鼎立,并有助于京津冀世界城市群的形成。

三地的各自功能定位

《规划纲要》同时对三地功能做了定位。这是与整体功能定位高度互应的。《规划纲要》对北京的定位是"四个中心"。其中科技创新中心是北京城市的新定位。党的18届5中全会提出的"引领型"发展，使人们对北京城市功能定位有了新期待，这对北京也是巨大压力和挑战。即北京要成为具有全球有影响力的城市，能够在国际竞争中扮演科技创新引领角色。北京若能成功迎接这一挑战，需要有一系列扎实有效的工作作为基础。特别是在创新引领方面，如何集聚首都科技人才资源优势，形成能够释放人们创新潜能的体制和制度优势至为关键。

《规划纲要》对天津的定位是，天津是全国先进制造研发基地、国际航运核心区、金融创新示范区、改革开放先行区。这其中，与北京科技创新中心相呼应的是先进制造研发基地。中国制造曾经在全球铺天盖地，近年来随着全球经济低迷和外贸持续下滑，中国制造也面临一系列挑战。如何再续辉煌，需要对中国制造进行升级，提高其科技含量和原创水平。而这需要北京作为中国科技创新中心提供研发支持，共同打造天津作为先进制造研发基地，这对天津也是压力和挑战。这需要天津能够主动迎接挑战，把压力变成动力，在天津原有的制造业基础上打造中国智造，为《中国制造2025》率先示范，并利用国际航运核心区的优势，走向国际市场，着力提升中国核心竞争力和品牌塑造能力，进而再创中国制造辉煌。

《规划纲要》对河北的定位是，全国现代商贸物流重要基地，全国产业转型升级试验区，全国新型城镇化和城乡统筹示范区，京津冀生态环境支撑区。这其中，全国转型升级试验区，是与全国创新驱动经济增长新引擎相呼应的。

河北重在调整产业结构

2016年，京津冀三次产业结构分别为，河北，11.0∶47.3∶41.7；天津，1.2∶44.8∶54；北京，0.5∶19.2∶80.3；全国，8.6∶39.8∶51.6。

如果以第三产业增加值占比50%作为判定是否进入工业化中期的标志，那河北则仍处于向工业化中期迈进阶段。天津和全国数字接近，都已经进入了工业化中期。但天津第一产业增加值比重远低于全国，由于天津制造业发展有雄厚基础，因而天津实际上已经进入了工业化后期。而北京第三产业比重80.3%比全国的51.6%高出28.7%，说明北京的产业结构的优化程度远远走在全国前列，已经进入了后工业化时代，即信息化社会。

京津冀三地,处于不同的经济发展阶段。三地产业结构存在明显的梯度差异。特别是河北,由于产业结构粗放,面临两期叠加,即产业结构调整的阵痛期和环境治理攻坚期,其增长速度放缓,进而导致京津冀在全国经济版图中的位置下降。

河北作为京津冀主要区域,能否顺利实现转型发展,重点是如何调整河北产业结构。以下三个方面,应当是河北产业结构调整的重点。

改造提升传统产业

河北传统产业比重高。调整并不是意味着彻底消除这些产业,而是在降低传统产业增长速度的同时,加大对传统产业的提升改造。2016年河北六大高耗能行业增加值比上年虽增长1.4%,但增长幅度比上年回落1.8个百分点。在降低增速的同时,应当着力提升传统行业的质量。例如,河北作为钢铁产业大省,应当将钢铁产品精深加工作为产品转型的主攻方向,提升钢铁产品结构层次和高技术含量,提供高技术层次的钢铁产品的供给。同时加大对石化、建材等传统产业技术创新和改造。

大力发展新兴产业

调整产业结构,需要大力发展新兴产业,特别是新一代信息技术、生物医药、新能源和新材料、节能环保、新能源汽车、高端装备制造等战略性新兴产业。通过培育一批新兴产业集群,打造行业发展局部强势。

(三)积极发展现代服务业

近年来,河北服务业增长速度在提升。2016年,三次产业增长速度分别为3.5%、4.9%和9.9%。由于第三产业增长速度快,第三产业占比也在迅速提升。2016年河北第三产业增加值比重为41.7%,比上年提高1.5个百分点。

在大力发展服务业的同时,应当在优化服务业内部结构上做文章,拓展新型服务领域。例如,现代物流业近年来发展速度很快,应当推进物流信息化和标准化建设,构建京津冀一体、沿海腹地互动、国内外联通的现代物流体系。同时积极承接京津、东南沿海和海外服务外包产业转移,加快形成高端服务业发展优势。

建设"微中心"推动京津冀协同发展[*]

赵 弘 张静华[**]

京津冀协同发展国家战略实施以来,非首都功能疏解和区域协同发展都取得了重要进展,但仍面临着许多深层次矛盾和问题。其中一个重要原因是河北等周边承接地条件不够完善,尤其是轨道交通建设滞后、公共服务落差大,对非首都功能和人口疏解的吸引力不强。我们认为,加快落实《京津冀协同发展规划纲要》提出的"微中心"建设,是有效破解这一瓶颈约束、推动京津冀协同发展的具有战略意义的重要抓手。

一、"微中心"的提出、概念与主要特征

(一)"微中心"的概念

"微中心"的概念最早出现在《京津冀协同发展规划纲要》之中,纲要明确提出了建设集中承接地和"微中心",以有序疏解北京非首都功能。目前,国际上尚没有关于"微中心"的权威概念。但据研究,许多国际性大都市在城市空间演变过程中,为了有效处理城市规模扩张与城市运行效率之间的矛盾,纷纷探索新的空间布局战略,将城市的部分功能尤其是非核心功能分散布局到市中心区外围的某些区域,在实践中形成了所谓的"新城""卫星城"或"业务核都市"等空间载体,这些空间载体的功能与"微中心"的功能有某种类似之处。比如,伦敦为缓解市中心城市拥挤问题,早在1946年就通过《新城法》并掀起了"新城运动",在伦敦市中心外围30~50公里的半径范围内规划了斯蒂文乃奇等8个新城。之后一段时期,伦敦又沿着向外辐射的主要交通干线,在70~140公里半径内建设了

---

[*] 此文属于国家社科基金重大项目"京津冀协同发展重大问题研究",项目批准号为2015MZD040

[**] 作者赵弘,男,北京市社会科学院副院长、研究员、博士;张静华,女,北京方迪经济发展研究院助理研究员

密尔顿·凯恩斯等第三代、第四代新城,新城规模也相应扩大,人口在25～30万之间。这些新城一般具有独特的功能和吸引力,承担了伦敦主城区的部分功能,并与主城区实现紧密联系,成为伦敦大都市圈多中心格局的重要节点,与我们所说的"微中心"相类似。再如,东京20世纪50～80年代,为解决城市功能过多、人口过度集聚和交通拥堵等"城市病"困扰,在50多年间,分三个阶段规划建设了新宿、池袋、涩谷等7个副都心,随后在东京都市圈内与市中心30～70公里的周边如埼玉县、千叶县和神奈川县等,规划建设了埼玉新城、筑波科学园、千叶幕张新城等22个低一个层级的"业务核都市",承担市中心区的部分功能转移。

伦敦、东京及巴黎、纽约等国际大都市空间演变的基本规律表明,通过在大城市周边地区规划建设新城、卫星城及业务核都市等新的空间载体,实现从"单中心"格局向"多中心"格局的演变,最终形成分散化、多中心且有机联系的大都市空间格局。这些新城、卫星城、业务核都市等分散在中心城外围地区的特色化小城市或功能板块,实际上是与"微中心"相类似或具有相似功能的概念。我们认为,所谓的"微中心"是指与大都市中心城区保持适度的空间距离,通过承担某种特色城市功能,与中心城形成功能互补、有机联系,且自身具有一定的集聚能力、能够实现职住相对平衡的区域性小城市或者功能性板块。

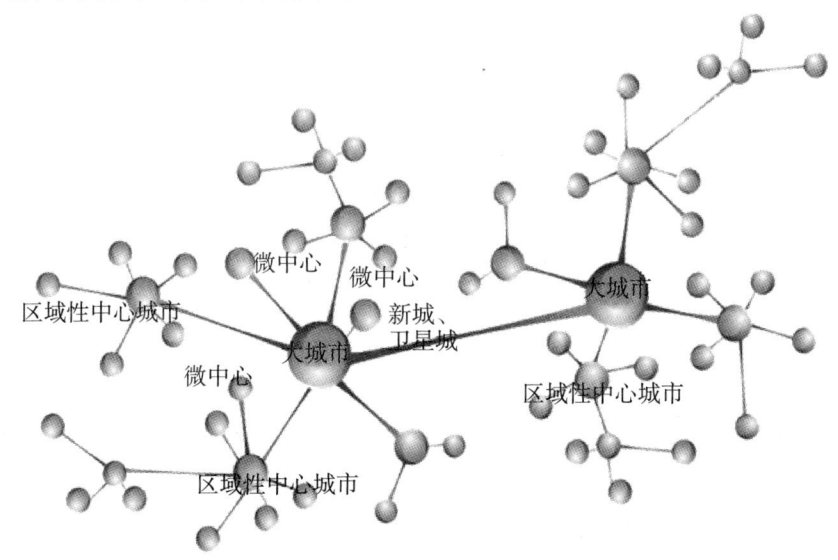

图1 "微中心"在城市体系中的地位

(二)"微中心"的基本特征

建设"微中心"的主要目的,是承接部分教育、医疗、一般性产业等非城市核心功能,优化大城市空间结构与功能布局。基于上述对"微中心"概念、内涵和功能的基本认识,"微中心"一般应需要具备以下几个方面的主要特征:一是承担某种特色城市功能,如科研功能、医疗功能、教育功能等(见表1),与主城在空间上分散,但功能上又有机联系、形成互补,且自身对某些特色产业和资源要素具有较强的集聚力。二是与主城区保持适度的距离,一般在30~70公里的范围内。通过对伦敦、巴黎、东京三个特大城市25座"微中心"的统计来看,这些"微中心"距离大城市中心城的平均距离为45.4公里。其中,与中心城的距离在30~70公里范围内的有16座,占总数的64%。三是通过市郊铁路等轨道交通,实现与中心城之间的"1小时通勤圈"。东京的市郊铁路里程高达2031公里,多摩、筑波等多个"微中心"都是通过市郊铁路建设,引导东京都特色功能和人口集聚而逐步形成和发展起来的。位于神奈川县横滨市的港北新城,是东京都市圈中规模较大的新城之一,交通十分便利,拥有2条地铁,11条市区公路,12条过境公路。

表1 国际大都市部分"微中心"的功能特色

国际大都市	微中心	主导功能	具体功能描述
日本东京	埼玉县	行政、居住	分担首都的部分行政功能,进驻了法务省、厚生劳动省、防卫省等几乎所有中央省厅的关东地区派驻机构
	筑波科学城	科研	承接国立研究机构和高校,集中了日本30%的国家级研究机构,吸引民间企业大量进驻并兴建工业园区
	幕张	会展	以会展为核心,聚集商务办公、文化教育、研发、居住等城市功能
	千叶新城	航运、旅游	以国际空港和海港职能为主,千叶港为日本最大的工业港口;建有东京迪士尼乐园,每年吸引几百万游客
	港北新城	养老、居住	以养老休闲产业为主的生态花园城市

续表

国际大都市	微中心	主导功能	具体功能描述
法国巴黎	马恩拉瓦莱	产业、休闲娱乐	聚集高技术产业、商业、高端商务、总部、文化旅游等产业，建有欧洲迪斯尼乐园，每年吸引上百万游客
	埃夫里	科技研发	聚集高新技术企业和国际企业总部，建有欧洲著名的生物科技园，是世界范围内风险投资的目的地
	伊夫林	服务业、休闲	聚集金融、保险和房地产业，服务业就业人数近70%；主要街区建筑艺术独特，文化功能突出，堪称"露天建筑博物馆"，年访客量达1300万
	赛尔吉新城	产业、高等教育	拥有欧洲最大的经济园区，是巴黎高端制造产业的聚集地
韩国首尔	板桥新城	产业	聚焦未来科学和高新技术产业，被称作"韩国硅谷"。聚集了一批代表韩国世界级技术创新的领先企业
	一山新城	产业	将文化产业作为城市核心磁极和标签，是韩流浪潮的制造者和传播者，吸引了年轻中产阶层居住
	盆塘新城	产业、居住	以信息产业为主导，是韩国领先的IT企业如Naver和SK Telecom等的所在地。
	果川新城	行政、旅游	承担首都部分行政职能，以高端艺术文化为特征的旅游区，生态环境优越，韩国80%花卉产自于此
	汝矣岛	金融	具有金融、购物、文化展示、休闲娱乐功能，是韩国首屈一指的综合金融中心区

资料来源：根据国内外相关材料整理而成。

（三）"微中心"与卫星城、特色小镇的异同

1. "微中心"与卫星城的异同

"微中心"是从卫星城延伸出来的概念，两者的共同点是承接大城市中心城区的部分功能、产业和人口的转移，与中心城区形成功能互补、联动发展。但"微中心"与卫星城又不完全相同，主要表现在以下两个方面：一是规模不同。一般来说卫星城的规模大小不一，有的卫星城仅有五

六万人口，有的则多达几十万人。我们认为，"微中心"的规模要相对适中，相当于规模不是特别大的卫星城，不宜超过20万人口，属于小城市等级。二是功能不同。"微中心"往往承担着某种特色城市功能，如教育、科技、医疗、特色产业等，重点是承接部分非首都功能的疏解；而卫星城中，有些承担的是复合功能，有些是某种特色功能，有的甚至是单纯的居住功能。

2."微中心"与特色小镇的异同

目前，我国浙江等很多地区正在规划建设特色小镇，如梦想小镇、云栖小镇等，形态各异、特色鲜明，成为块状经济的升级版。特色小镇"非镇非区"，既不是行政区划单元上的镇，也不是产业园区，其灵感来自国外的特色小镇，如瑞士的达沃斯小镇、美国的格林威治对冲基金小镇、法国的普罗旺斯小镇等。"微中心"与特色小镇也有类似之处，两者的相同点是都承担着某种特色功能，为周边大城市、区域提供相应的产业、功能服务。

但两者也有很大的区别，主要表现在以下两个方面：一是特色小镇的规模较小，规划面积一般控制在3平方公里，建设用地一般在1平方公里左右，更加注重特色产业功能，且自成体系。而"微中心"定位为区域性小城市，规模相对较大，一般在20～30平方公里，与大城市联系十分紧密。二是服务半径与服务范围有所差异。特色小镇有些是服务周边大城市，有些如特色旅游小镇，其服务范围则是周边更大区域；而"微中心"作为大城市非核心功能的集中承接地，重点是服务周边大都市功能优化布局与可持续发展。

二、建设"微中心"的重要战略价值

"微中心"的概念是基于非首都功能疏解和京津冀协同发展的现实需求提出来的。在京津冀区域尤其是北京周边地区，规划建设一批特色"微中心"，是加快非首都功能疏解、推动京津冀区域协同发展的重要抓手，对于全国大城市推进城市化进程、实现可持续发展也具有借鉴价值。

（一）建设"微中心"是北京优化城市空间结构与功能布局的必然要求

北京患上"大城市病"的原因是多方面的，固然有城市功能过多而超出城市基础设施、公共服务和资源环境承载力的原因，但北京城市空间布局不合理、"单中心"格局一直没能打破，也是导致"大城市病"的重要原因。目前，北京城六区集聚了全市60%的人口、70%的产业和70%的就业人员，而周边新城、新区发展较慢，使得北京综合承载力有限，城市病提前爆发。

多年来，北京一直在探索"多中心"空间格局，早期城市规划借鉴了国外经验，提出了新城、卫星城的布局思路。比如，1983版规划了13个卫星城，1993版规划了14个卫星城和10个边缘集团，2004版提出"两轴——两带——多中心"总体格局，首次明确了"多中心"城市发展战略。但由于对新城、卫星城发展规律的认识不到位，没有抓住新城、卫星城建设的关键条件，轨道交通建设滞后，特别是市郊铁路建设滞后，很多新城、卫星城以居住功能为主，产城不匹配、职住不平衡，"单中心"空间格局始终未能根本性突破，最后超出城市适宜的空间规模而出现交通拥堵、运行效率降低等"城市病"困扰。

要真正解决北京"大城市病"问题，必须吸取中心城"摊大饼"的教训，立足京津冀大区域视角，一方面，高标准规划建设"北京城市副中心"，形成反磁力中心效应，有效缓解中心城区压力；另一方面，在北京周边加快建设若干"微中心"，集中承接非首都功能疏解，构建"主城——副中心——微中心"的分散化、多中心、网络化的城市空间格局。这既是北京作为特大城市空间演变规律的内在要求，也是有效治理"城市病"、实现可持续发展的客观要求。

（二）建设"微中心"是疏解非首都功能疏解、推动京津冀协同发展的重要举措

三年多来，非首都功能疏解和京津冀协同发展取得了积极成效，但也面临着不少困难和问题，其中一个重要原因是河北等周边区域承接非首都功能疏解的软硬条件还不完备，面临着轨道交通缺乏、公共服务落差大等短板问题。一方面，京津冀交通体系不合理，尚未形成北京与周边区域高效便捷的轨道交通网络。北京轨道交通密度偏低，尤其是市郊铁路建设滞后，目前全市轨道交通里程仅相当于东京的28%，还没有一条真正意义上的市郊铁路；京津冀城市群交通体系表现为围绕北京的单中心、放射状、非均衡特征，城际铁路建设较慢，难以满足城市之间的交通需求，特别是不能满足北京与周边区域的交通联系。另一方面，三省市公共服务落差大，河北人均财政教育经费仅为京津1/3，高考一本录取率仅为京津的一

半，每千人拥有医疗机构床位数和执业医师数分别约为北京的1/3和2/3，使得河北等周边区域对非首都功能疏解缺乏吸引力。

同时，河北、天津有很多个区县（市）都提出加快承接非首都功能疏解的措施，存在点多分散、无序竞争的现象。加之，北京非首都功能疏解的任务重、时间紧，且资金、土地、政策等资源都相对有限，难以在较短的时间内同时提高这么多承接地的交通市政等基础设施，以及公共服务等配套水平。在这一现实背景下，在京津冀区域尤其是北京周边地区，规划建设若干个"微中心"，是进一步加快非首都功能疏解、推进京津冀协同发展的重要举措。首先，规划建设承担某种特色功能的"微中心"，能够集中力量、聚焦重点，在较短时间内补齐承接地的交通和公共服务两大短板，打造非首都功能疏解的集中承接地。其次，通过规划建设若干先行示范的"微中心"，能够促进"微中心"所在区域产业发展、基础设施、公共服务等各领域发展水平的快速提升，不断缩小与北京的落差，为其他"微中心"建设及京津冀协同发展发挥重要的示范带动作用。

（三）建设"微中心"是大城市探索新型城镇化路径与模式的现实选择

改革开放以来，我国城市化进程不断加快，城镇化率从1985年的23.7%提高到2014年的54.77%，用30年时间完成了西方发达国家经历上百年才走过的城镇化里程。但我国城市化层次较低、质量不高，现有城镇7.5亿常住人口中仍有2.5亿左右的人没能在城市落户。同时，我国很多城市都面临着"城市病"困扰，集中表现为交通拥堵、环境污染、城乡结合部问题突出等。据高德地图发布的《2016年度中国主要城市交通分析报告》显示，济南、哈尔滨、北京、重庆等前4名城市的高峰拥堵延时指数超过2.0；全国1/3的城市通勤受到交通拥堵的威胁。全球污染最严重的十个城市中7个在中国，我国500个大中城市中，仅不到1%达到世界卫生组织空气质量标准。在我国进入新常态的背景下，我国城市化路径和发展模式也发生了变化，以往是通过大规模开发建设，追求城市做大做强，新常态下，不具备大规模开发建设的条件，应通过小尺度的土地空间集约节约开发建设城市，不再单纯追求大城市，而是要寻求城市发展的内在规律，更加注重城市功能的发挥、城市品质的提高。这也是提出"微中心"建设的一个很重要的背景。

关于我国新型城镇化的道路该怎么走？我们认为，促进大城市与周边小城市协调发展，是一个现实的选择。通过在大城市周边建设类似微中心、卫星城，将大城市与小城市结合起来，大城市主动将部分功能分散布局到周边的小城市，形成功能互补、多圈层联动的大都市圈。从操作层面看，国家正在积极推进特色小镇建设，是一个很好的思路，对于破解城市发展难题也具有积极意义。但关于大城市周边的小城镇应该怎么建设，还没有真正破题。大都市周边的特色小镇要充分考虑与大城市的关联性，与"微中心"建设紧密结合起来，统筹考虑当地历史、文化、旅游等多种资源，承担某些特色功能，实现与大城市的功能互补、联动发展。如果"微中心"建设成功，对于推动全国新型城镇化建设也具有积极的借鉴意义。

三、加快"微中心"建设需要突出解决的几大关键问题

"微中心"是一个新概念、新事物，建设"微中心"更是一项长期复杂的系统工程，必须统筹谋划，分阶段建设，重点要把握好以下几个战略性、关键性问题。

（一）突出规划先行，争取从国家层面推进"微中心"建设

"微中心"是非首都功能疏解的集中承接地、推进京津冀区域协同发展的重要抓手，其规划建设必须遵循内在发展规律，做好统筹规划与顶层设计。

一是高起点、高标准编制"微中心"建设规划。建议国家层面对在京津冀区域规划建设"微中心"进行顶层设计，作为全面落实《京津冀协同发展规划纲要》的重大举措。按照"百年规划"的要求，高起点、前瞻性做好重点"微中心"建设规划，突出"职住合一"，积极引入"产城融合""智慧城市""海绵城市"等新理念。严格控制"微中心"开发强度，合理布局"微中心"的生产、生活与生态空间，划定生态保护红线，将"微中心"建成我国小城市（镇）建设的精品与典范。

二是强化"微中心"建设协调推进机制。借鉴日本首都圈整备特别委员会、住宅—都市整备公团等相关经验，建议在国家京津冀协同发展领导小组指导下，由京津冀三地政府以及国家住建部、国土部、交通部等相关部门成立"微中心"建设推进委员会，统筹指导"微中心"开发建设工作。积极争取国家相关部门支持，将一些国家级医疗机构、教育机构等非首都功能疏解重大项目优先在"微中心"布局。协调解决非首都功能项目在"微中心"落地过程中面临的政策对接、利益共享、资金支持等现实问题。

(二)强化科学选址,分阶段推进"微中心"规划建设

"微中心"建成并发挥相应的城市功能,需要经历一个长期复杂的过程。国外大都市建设与"微中心"相类似的新城、业务核都市等一般都是分阶段推进实施,比如东京就分三个阶段建设了7个副都心,分五个阶段建设了3个新都心和多座业务核都市。因此,在京津冀区域规划建设"微中心"也不能一蹴而就,要分阶段、有重点地推进。

在京津冀区域规划建设"微中心",需要坚持以下几个选址原则:

一是与中心城保持合适的距离。国外"微中心"类似区域与中心城的距离大多在30~70公里范围内(见图2),以满足"1小时通勤"的需求。目前,北京中心城面积已经过大,如果"微中心"距离中心城太近,不利于为首都留下足够的生态空间;距离太远则会超过"1小时通勤圈"范围,使"微中心"缺乏吸引力。考虑到现在的铁路技术水平,可将"微中心"的范围适度扩展,建议在距离北京中心城40—100公里的空间范围内选址。

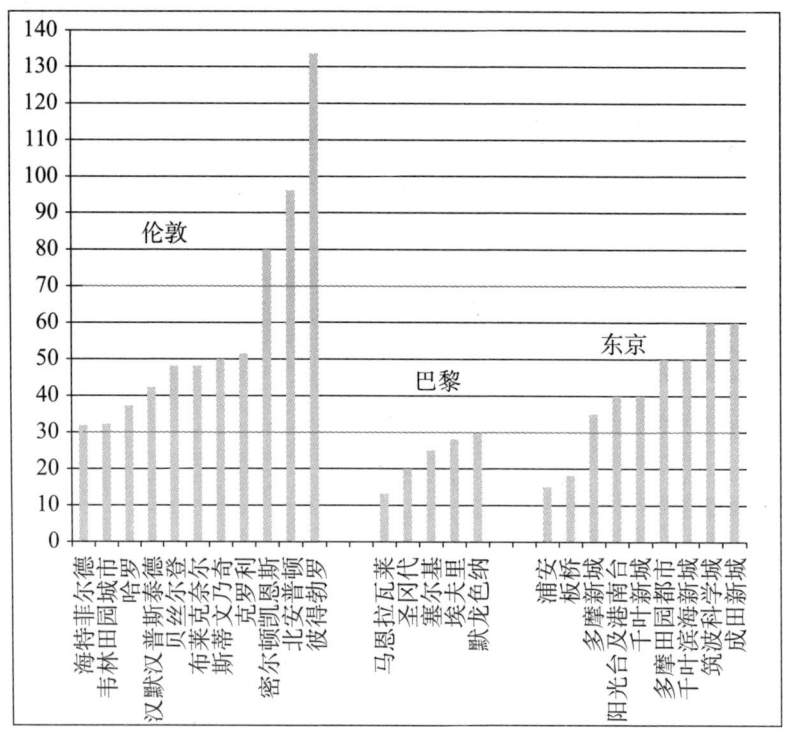

图2 国外主要城市"微中心"与主城距离

二是具有便捷快速的交通通道。东京等国际大都市周边的"微中心"

往往通过市郊铁路与中心城实现通勤交通。未来北京周边"微中心"建设也必须有市郊铁路做支撑。但目前北京市郊铁路建设尚未真正起步,从规划、立项到施工周期又很长,很难在短期内建成。考虑到"微中心"建设的紧迫性,其选址要充分考虑备选区域现有的交通条件,主要是能够通过高速铁路、城际铁路和高速公路等与北京中心城实现快速联系,或者属于京津冀"四纵四横一环"城际铁路规划所涉及的区域。

三是具有集聚增量资源的空间余量。"微中心"作为非首都功能疏解的集中承接地,要有一定的空间规模,实现居住、就业、公共服务等多功能协调发展。如果规模太小,像英国早期的第一代新城人口只有5万左右,城市功能不完备、缺乏吸引力,很难发展起来。而规模过大,也会给城市建设和管理带来压力,甚至可能引发"城市病"。在京津冀区域建设"微中心",建议规划面积20—30平方公里、人口不超过20万为宜。同时,考虑到北京周边区县(市)中心城区已有一定的规模,不宜在原中心城基础上"摊大饼"式扩张,建议采取"双子城"模式,在距离老城一定空间范围外规划"微中心",并建设绿化隔离带。

四是具有特色产业基础与发展潜力。"微中心"一般通过承担某种特色功能,如科技、教育、医疗或产业等功能,与中心城形成功能互补、有机联系,且在特色领域形成一定辐射力。在京津冀区域建设"微中心",要优先选择特色产业发展基础较好,或者已经承接非首都功能疏解重点项目的区域。

(三)明确发展定位,打造若干个承担特色功能的"微中心"

在北京周边规划建设"微中心",要紧密围绕非首都功能疏解的现实需求,充分结合"微中心"选址区域的资源特色,明确其功能定位与产业方向。

一是对接非首都功能疏解的潜力领域,明确"微中心"功能定位。"微中心"功能定位的选择,首先要立足非首都功能疏解的需求,打造集中承接地。特别是要结合所在区域的资源特点与比较优势,重点承接教育、医疗、养老及特色产业功能。其次,还要考虑与北京共同承担的核心功能,如科技创新功能,以及"微中心"自身发展的一些新功能的需求。

二是结合京津冀产业链、创新链构建的需求,吸引特色产业要素集聚。目前,京津冀区域内集聚了很多的大型企业、科研院所等创新资源,每年产生的科技创新成果也很多,但创新成果在区域内的转化能力较弱。

建设"微中心"要瞄准北京科技创新资源外溢的需求，紧抓京津冀协同创新共同体建设的新机遇，积极承接北京部分高科技成果转化、孵化和产业化项目，吸引特色产业要素集聚，培育具有较强竞争力的特色产业集群。

（四）着重补齐短板，提升基础设施与公共服务综合承载力

加快"微中心"建设必须遵循城市发展的内在规律，强化基础设施和公共服务配套，切实提升"微中心"综合承载力，为非首都功能、人才及产业等资源向"微中心"转移创造条件。

一是高标准建设交通、市政等基础设施。加快北京与"微中心"的城际铁路建设，研究利用城际铁路线路开行市郊铁路的可行性，具备条件区域率先建设专用市郊铁路，构建以市郊铁路为重点的"1小时通勤圈"。要高标准、前瞻性规划各类市政基础设施，充分满足"微中心"高效长远运行的需求。

二是高品质配套教育、文化等公共服务设施。按照"产城融合"的要求，高标准做好"微中心"公共服务设施规划，合理布局教育、医疗和文化等公共服务设施。探索通过名院建分院、名校办分校、医联体、校际联盟等多种方式，加强与北京的对接合作，将首都优质公共服务资源定向、定点导入"微中心"。围绕"微中心"的功能需求，配套规划建设一批文化、体育、商业等重大功能性设施，形成与"微中心"相匹配的一流的公共服务体系。

（五）探索先行先试，强化"微中心"建设的体制机制与政策保障

"微中心"作为京津冀区域的新空间载体，要积极探索在体制机制改革与政策创新等方面率先突破，先行先试，真正发挥好承接非首都功能疏解的作用。

一是加强"微中心"土地保障与管控。建议对"微中心"重大项目实行建设用地指标单列特批制度，不占用所在城市用地指标；部分重大项目耕地占补平衡指标纳入国家统筹范围。加强"微中心"土地资源管控，鼓励开展土地利用方式创新；研究房地产管控政策，提高自住型商品房建设比例，优先满足非首都功能疏解企业员工的居住需求。

二是探索与"微中心"特色功能相符合的差异化机制创新试点。结合"微中心"功能定位与产业特色，探索开展差异化、个性化的机制创新试点。比如，对承担特色产业功能的"微中心"，率先开展税收分成、利益共享等政策试点；对承担医疗健康功能的"微中心"，开展"医养结合"

试点、异地购买养老服务、异地医保实时结算等政策试点。

三是创新"微中心"开发建设与运营模式。正确处理好政府引导与市场主导的关系。研究设立"微中心"投资建设基金，采取 PPP 等新模式，引导社会资本参与，支持基础设施、公共服务等重点项目建设。充分发挥大型开发商、特色产业投资运营商自主开发的积极性，探索"微中心"所在区域地方政府与产业运营商的合作模式创新。创新"微中心"建设与新型城镇化融合发展模式，比如实施"微中心"集中建设区与周边旧村改造、人口市民化一体化开发的政策方案，建立以"微中心"为基本规划实施单元进行区域统筹的机制，力争实现产城融合、职住平衡。

参考文献

[1] 赵弘，何芬．京津冀协同发展视角下北京城市空间布局优化研究［J］．经济与管理，2017（1）．

[2] 何仲禹，翟国方．业务核都市与东京都市圈空间结构优化［J］．国际城市规划，2016（1）．

[3] 刘文俭．英国新城建设的典型范例与启示［N］．青岛日报，2011－3－26．

[4] 崔民选，阎志．基于供给侧结构性改革的京津冀空间发展战略研究［J］．区域经济评论，2016（5）．

[5] 陆大道．京津冀城市群功能定位及协同发展［J］．地理科学进展，2015（3）．

[6] 李万峰．从新城运动到新都市主义：卫星城理论的变革与实践［N］．中国经济时报，2014－07－07（06 版）．

[7] 孙斌栋，魏旭红．多中心结构：我国特大城市的未来形态［J］．人民论坛·学术前沿，2015（17）．

[8] 张国华．交通 产业 空间 京津冀一体化下的协同规划［J］．人民论坛，2014（16）．

京津冀区域协同发展关键在于实现区域产业体系一体化，重点在于遵循产业发展的市场经济规律，探索产业、交通和城镇空间协同发展规律，促进产业、交通与城镇空间的一体化。——作者

"交通·产业·空间"协同规划引领京津冀创新发展

张国华[*]

京津冀协同发展和"一带一路"建设、长江经济带建设是我国区域发展的"三大战略"任务,是现阶段我国推动区域发展的重点工作。党的"十九大"报告明确提出,要实施区域协调发展战略,以疏解北京非首都功能为"牛鼻子"推动京津冀协同发展。习近平总书记在视察京津冀地区工作时指出:"实现京津冀地区的协同发展,是面向未来打造新的首都经济圈、推进区域发展体制机制创新的需要,是探索完善城市群布局和形态、为优化开发区域发展提供示范和样板的需要,是探索生态文明建设有效路径、促进人口经济资源环境相协调的需要,是实现京津冀优势互补、促进环渤海经济区发展、带动北方腹地发展的需要。"京津冀协同发展对构建我国区域发展大局,创新区域协调发展理论、制度、模式都至关重要。

一、京津冀城市群协同发展是顺应世界发展潮流、落实国家城镇化战略格局、促进经济转型升级和建设生态文明的必经之路

城市群发展是顺应世界发展潮流的必需:随着全球化和国际贸易一体化进程的日益加快,各种生产要素的国际流动速率加快、融合程度加深、关联效应加大,产业体系中产业链、供应链和价值链在全球范围内分散分布。全球化时代的标志是"网络",任何一个经济实体所面临的机遇和挑战都取决于"与什么相连,怎样连接","链接"的速度、可达性和开放性是其核心竞争力的关键,任何一个地区的发展都应善于把握大势,紧跟时代潮流,积极融入区域和世界产业合作体系。

---

[*] 作者为国家发展和改革委员会城市中心综合交通规划院院长,研究员,"交通·产业·空间"协同的新型规划体系创建者。

京津冀城市群发展是落实国家城镇化战略格局的必需：《国家新型城镇化规划（2014—2020年）》再次明确了我国要构建以陆桥通道、沿长江通道为两条横轴，以沿海、京哈京广、包昆通道为三条纵轴，以轴线上城市群和节点城市为依托、其他城镇化地区为重要组成部分，大中小城市和小城镇协调发展的"两横三纵"城镇化战略格局。由于我国幅员辽阔、人口众多，各地区的自然、经济、社会条件差异显著，区域发展不平衡的基本国情，落实国家城镇化战略格局必须从区域协调发展的视角，合理布局、分工协作、功能互补，支撑全国经济增长、参与国际竞争合作。近期国家部署的丝绸之路经济带、长江经济带等都可以看作是国家"两横三纵"城镇化战略格局的落实推进。

城市群协同发展是促进经济转型升级、国家走向成功的必需：按照迈克尔·波特教授的国家竞争优势理论，成功国家的发展将分别历经生产要素导向、投资导向、创新导向三大阶段，要素导向是在经济发展的最初阶段依赖基本生产要素靠低成本参与全球竞争；投资导向则是竞争优势的确立以投资意愿和投资能力为基础；创新导向则是技术创新成为提高竞争力的主要因素。目前我国产业体系主要以劳动力、土地和环境等资源低成本，以及重大基础设施等投资为导向，参与全球竞争合作，在全球分工中所处的劣势和弊端已日益显现，产业体系以创新为导向的整体转型作为发展模式已经成为必须。在产业升级过程中，劳动力从农业转移到生产效率更高的制造业和服务业部门，才能带来劳动生产率的根本提升，这种产业结构效应成为产业升级的基本特征。其次，产业间协同的逆向带动作用日益重要，农业现代化越来越依赖于非农产业部门所提供的农业机械、物流配送乃至金融服务；制造业的竞争力提升相当程度上取决于能否获得低成本、高质量的生产性服务；产业提升所依赖的生产性服务业是从制造业产业细分中剥离出来的，这一切都取决于未来区域产业协调发展的成功与否。产业体系整体转型升级、地区之间产业转型转移，都需要从国家层面、区域协调发展的视角，结合地区区位条件、资源禀赋、环境条件等，发挥比较优势统筹考虑、协调推进。

城市群协同发展是我国生态文明建设的必需：笼罩在城市上空的雾霾，让"京津冀"三方都不能只考虑自己的"一亩三分地"了，同样水资源紧缺、水环境污染、食品安全等具有跨域流动特征的区域公共物品，在区域内部各地区之间具有相互依赖的特性和共生性，这些公共物品的治理和保障无法在单个地区内部解决，只能通过区域协调在一体化框架内系统解决。

二、剖析京津冀协同发展的困局，理性认清产生困局的根源

习近平总书记在听取京津冀协同发展专题汇报时全面描述了京津冀协同发展发展的战略思想，其中最大亮点是突出了"产业、交通和城镇空间"一体化："理顺区域内产业发展链条，形成区域间产业合理分布和上下游联动机制的产业一体化；构建现代化交通网络系统，交通一体化作为区域协调发展的先行领域；调整优化产业布局和城镇空间结构，促进城市分工协作，提高城市群一体化水平。"这既为区域协调发展指明了方向，也为剖析区域发展的困局和问题根源提供了新视野。

京津冀协同发展存在一系列突出问题：一是大城市功能过度聚集，交通拥堵、环境污染等一系列"大城市病"日益严峻，尚未形成与周边中小城市合理分工、功能互补、协同发展的区域一体化产业体系；二是经济效率不高，区域内部产业结构呈现低水平同质、产出低效等趋势；三是用地结构和利用效率有待提升，"以居住和商业用地的高地价对冲工业用地的低地价"的"土地城镇化"模式客观上加剧了城市扩张；四是城际交通网络滞后于区域发展需求，城际交通尤其是市郊铁路发展严重滞后，如北京可称作市郊铁路的仅有1条S2线，日均客运量不足万人；五是区域发展协同机制落后，"一亩三分地"思维定式乃至"以邻为壑"的体制困境亟待突破。

京津冀协同发展困局的根源在于：一是各个城市唯GDP式的竞争与计划经济思维束缚的结合，在资源、资金、政策等方面向中心城市集中，难以发挥市场在资源配置中的决定性作用，在生产要素配置、产业发展、基础设施建设等方面行政干预作用过大；二是"西方工业文明"的城镇化理论与"土地财政"经济体制的利益结合，源于西方工业文明时期的传统空间规划理论，善于解决"土地"而非"人"的城镇化，对于如何发展区域产业一体化和把握产业发展的市场经济规律存在天然的知识缺陷，对以"土地财政"为特征的传统城镇化模式发展起了推波助澜的作用；三是重大项目空间安排的科学缺失与行政壁垒体制的发展结合，违背"制造业向成本洼地、生产性服务业向要素高地"空间集聚的产业市场经济规律的现

象时有发生,在产业布局调整、城镇空间优化、综合交通等基础设施建设等方面存在诸多不协同之处。无论是产业升级转型,还是城镇空间的集聚和扩散,产业发展在遵循市场经济规律中对空间属性和区位条件更加敏感,并带来了对综合交通服务需求的差异化和多元化。

三、创新城市群协调发展的理论、机制、模式,推进京津冀协同发展

在"产业、交通和城镇空间"一体化的战略思想指导下,就"交通"论"交通",就"产业"论"产业",就"城镇空间"论"城镇空间"的传统区域发展模式,无论从京津冀产业体系一体化的发展需要,构建综合交通运输体系自身发展的诉求,还是从推进京津冀协同发展的实施路径来看,都已经难以为继。"条块"分割体制下的传统规划体系与理论方法模式已难以适应新时期社会经济的发展需要,打破行业管理和地方行政管理壁垒,积极开展适用于京津冀协同发展的规划理论创新、产业体系的利益共享机制创新和协同发展的合作模式创新,将成为京津冀协同发展推进的必要支撑和保障条件。

1. 要敢于开展京津冀协同发展的规划理论创新

"有什么样的理论作指导,将决定走什么样的城镇化道路",应该立足于全球化的国际视野剖析产业链条在全球组织、空间集聚等过程中的基本市场经济规律,将市场在资源配置中起决定性作用和政府发挥更好引导作用的双重优势结合,建立区域产业转型转移与综合交通网络构建、重大项目建设等之间关联机制的新理论;建立城镇空间、产业和交通三者高度协同、交互融合的新方法和发展规划体系;建立空间、产业和交通三者间的关联指标体系。通过研究产业集聚与运输成本之间的互动机制、产业集聚与综合交通之间的空间协同关系,建立交通、产业和空间的新型三要素协同理论。按照不同类型的集聚产业和交通运输成本的敏感度相关性,可以划分为资源、资本和信息三大集聚类型,分别对应于经济、经济与时间兼顾以及时间三类运输成本。综合交通系统与产业聚集的空间协同理论包括:水运和货运铁路主导的交通方式可提供低成本运输,在港口与铁路货站周边集聚的是资源型产业;汽车和公路运输可实现门到门的运输,可以兼顾运输的经济和时间特性,对应于主导集聚资本型产业;航空和高铁主

导的高速交通系统可以实现人物的高效、快速流动，以高端生产性服务业为代表的信息集聚型产业与以部分高端制造业为基础的知识密集型产业对时间成本敏感度高，而对经济成本敏感度较低，中央商务区、高端制造产业园区发展成功与否与空港等对外交通设施关系密切。

2. 要善于探索京津冀产业体系一体化发展的利益共享机制创新模式

以城镇空间一体化发展为载体、以优化区域分工和产业布局为重点、以资源要素空间统筹为主线，结合京津冀区域范围内城镇区位、资源、环境、交通条件，以"全球、国家、区域"三结合的视野理顺产业发展链条，以提升产业竞争力和区域一体化质量为目标，构建以大城市为依托、以中小城市为重点，发挥不同城市资源优势和产业优势，形成京津冀区域产业合理分布和上下游联动机制，通过京津冀区域内分工协作实现错位发展，形成辐射作用大、竞争力强的京津冀区域产业一体化。京津冀协同发展应加强顶层设计，明确区域内各城市功能定位、产业分工、城市布局、基础设施配套等重大问题。

3. 要优先构建京津冀多层次区域一体化综合交通网络

减少分割和扩大开放是每个国家或地区走向现代化的必由之路，综合交通网络应当适度超前布局，成为突破京津冀区域行政隔阂的"先行军"，通过交通一体化的发展倒逼全要素自由流动及促进公共服务均等化。以空间、产业和交通关联指标体系为基础，指导京津冀区域综合交通体系建设，发挥中心城市对周边中小城市的带动作用，促进区域分工协作，引导京津冀协同发展。

一是国际层面应对国际产业分工，构建"空海双港"国际航运体系，积极支持国家参与全球合作与竞争，提升我国在全球舞台的领导力和竞争力。积极开辟交通和物流大通道，实现贸易和投资便利化，通过综合交通通道展开空间，依托于沿线交通基础设施和中心城市，对域内贸易和生产要素进行优化配置，促进区域经济一体化。

二是国家层面（区际层次）应打破行政壁垒、减少分割和扩大开放，适应经济全球化新趋势，抓住产业全球重新布局的机遇，促进生产要素国内外高效有序流动。关键是基于综合交通网络和产业升级转移的空间协同关联机制，建设与京津冀地区经济社会发展、产业分工体系高度契合的综合客、货运枢纽与具有国际竞争力的产业集群和城镇空间一体化互动发展，服务国家经济转型、区域之间产业升级转移，促进资源要素高效流通。

三是京津冀内部交通应适应京津冀协同发展需要，支撑中心城市对区域内中小城市的带动作用，优化京津冀空间结构与功能布局，促进区域分工协作。既可以削弱北京等中心城市过度集聚导致的"大城市病"带来的交通拥堵、环境污染等负外部性，又能充分发挥中心城市的规模效应；既可以解决外围"睡城或卧城"职住严重失衡问题，又可以降低中心城市的运行成本。城际/市郊铁路等区域快速轨道交通是缩短城际时空距离最高效的运输方式，加强以多层次轨道网络为主体的城际交通一体化与城市空间结构优化、产业布局调整的协同，应该成为京津冀协同发展战略的关键所在。

4. 要勇于创新京津冀协同发展的合作模式

按照"目标同向、措施一体、作用互补、利益相连"进行分工合作，坚持优势互补、互利共赢，协同推进"基础设施相联相通、资源要素对接对流、公共服务共建共享、生态环境联防联控"，从产业、基础设施、生态环境治理、政策协调等方面建立城市群一体化推进实施机制，比如结合首都新机场发展"首都特区"，就是协同合作的新模式。

"惟仁者方能以大事小，惟智者方能以小事大"，作为京津冀协同发展的中心城市，应该以全球视野、国家责任的大格局去迎接全球化产业体系发展大变局和新挑战，京津冀协同发展的中小城市们以科学把握产业发展市场经济规律的大智慧去寻求与中心城市间错位、协同的发展机会，才是京津冀协同发展走向全球竞争力的战略路径。

· 解码京津冀 ▶▶▶▶▶

京津冀协同发展指数测度及对策研究[*]

祝尔娟　何皛彦[**]

2015年4月30日,《京津冀协同发展规划纲要》由中央政治局审议通过[①],标志着京津冀协同发展顶层设计已经完成,协同发展进入全面推进、重点突破的重要阶段。京津冀协同发展指数是"风向标",显示京津冀协同发展的总体态势与变动方向;是"温度计",度量京津冀协同发展的水平变化与实现程度;是"晴雨表",揭示影响京津冀协同发展的重要因素与关键环节;是"观测员",研究和记录京津冀协同发展的变动特征与运行轨迹。

一、指标体系的构建思路与方法

(一) 构建目的

构建京津冀协同发展指标体系,目的是要其发挥监测运行、发现问题、评估政策、预测前景、衡量目标等五大作用。监测运行。京津冀协同发展监测指标体系是多个层次的有机整体。通过监测这些指标的变化,发现京津冀协同发展中的新情况、新趋势与新问题,为政府准确把握协同发展的脉络和态势、进而实现科学决策。发现问题。通过长期跟踪性监测,及时发现指标体系中超出合理区间的异常指标,进而分析京津冀协同发展

---

[*] 本文为北京市哲学社会科学基金重大项目《京津冀区域协同发展研究——全面推进中的战略重点研究》(项目编号:14ZDA23)、北京市哲学社会科学基金特别委托项目《北京城市功能疏解与首都圈城镇体系研究》(项目编号:13JDFXC007)的阶段性成果;此文发表在河北大学学报(哲学社会科学版),2016 (03):49—59。

[**] 作者:祝尔娟(1953—),女,籍贯浙江龙游,首都经济贸易大学城市经济与公共管理学院教授、博士生导师,京津冀大数据研究中心主任;何皛彦(1991—),男,首都经济贸易大学区域经济学硕士研究生。

[①] "京津冀协同发展领导小组办公室负责人就京津冀协同发展有关问题答记者问",中央政府网2015年8月23日。

中存在的突出问题，为破解发展难题和瓶颈、找到突破口提供线索和依据。评估政策。指标体系既可以用来测度区域协同发展的进程，还可以用来评价规划和政策实施的成效，判断目标设置的合理性、规划实施的有效性、政策措施的得当性，为规划调整、政策调控提供决策依据。预测前景。通过对指标测度结果变动趋势的研究，对未来指标数值进行测算，从而对京津冀协同发展和非首都功能疏解基本走势进行预测，有利于准确把握京津冀协同发展的趋势。衡量目标。京津冀协同发展监测指标体系，既包括对京津冀整体目标、京津冀三地功能定位的实现程度进行测度，也包括对京津冀交通、产业、生态、城镇、公共服务等领域协同发展的目标进行测度。通过对目标实现程度的分析，有利于我们明确方向、找到下一步着力点。

(二) 构建原则

1. 坚持创新、协调、绿色、开放、共享等五大发展理念[①]

要用五大发展理念以及相关标准和指标来监测京津冀协同发展的全过程。按照创新发展理念，设置创新力这一综合指标加以衡量，具体指标包括新增专利数、新增商标注册数等。按照协调发展理念，设置了协同指数，从驱动力结构变化、经济联系度变化、空间结构变化和机制政策衔接等角度设置指标加以衡量。按照绿色发展理念，设置生态文明指数，从区域资源利用、生态状况、环境质量等三个方面加以测度。按照开放发展理念，设置辐射力这一指标加以衡量，具体指标包括进出口总额、货物周转量等。按照共享发展理念，设置凝聚力这一指标进行测度，具体指标包括城镇人均可支配收入占人均 GDP 比重等[②]。

2. 坚持问题导向与目标导向相结合，既要监测运行，又要衡量目标

京津冀协同发展战略的实施，既是问题导向，又是目标导向，即从解决突出问题（如破解"大城市病"、缩小区域差距悬殊、资源生态环境超载等）入手，通过探索新机制、新模式、新路径，最终实现京津冀协同发展的战略目标[③]。因此，在构建监测指标体系时，首先要从监测问题入手，

[①] "中共中央关于制定国民经济和社会发展第十三个五年规划的建议"，新华社 2015 年 11 月 3 日。

[②] 习近平关于"中共中央关于制定国民经济和社会发展第十三个五年规划的建议"的说明，新华网 2015 年 11 月 3 日。

[③] 2015 年中央经济工作会议会议纪要，新华社 2015 年 12 月 22 日。

既要监测已有问题解决的进展及程度，又要通过运行监测，及时发现新问题、发展瓶颈及"短板"，为政府的政策调控和规划引导提供决策依据。同时，还要注重衡量京津冀区域的总体目标、京津冀三地定位目标以及一些重点领域目标的实现程度。

3. 坚持统计数据、调查数据与大数据相结合

统计指标具有规范性、代表性、稳定性和综合性，便于进行长期性、跟踪性、趋势性研究和跨区际的横向比较研究。而大数据拥有海量信息和客观性等特点，具有及时性、鲜活性、多样性等特征。运用大数据分析，可以发现一些用传统统计手段难以发现的一些重要现象和问题，是统计指标的重要补充。

4. 坚持纵向分析和长期监测与结构分析和综合监测相结合

监测平台的一个重要职能就是监测运行、把握动向、揭示趋势。通过监测，发现一些相对稳定的、长期的影响因素，可以前瞻性地预测京津冀协同发展的基本趋势，为政府做出重大战略性决策提供客观依据。同时又要注重结构分析和综合监测，如在发展指数分析中，采用了支撑力、驱动力、创新力、凝聚力、辐射力五大结构性指标从不同方面进行测度。

（三）指标体系

1. 框架结构

本文基于衡量定位目标、监测协同进程、测度承载状况的考虑，来构建京津冀协同发展指标体系，主要包括三个基本指数（发展指数、协同指数以及生态文明指数）和两个重点指数（人口发展指数和企业发展指数）。发展是核心，协同是关键，可持续是前提。这三个基本指数涉及经济与社会（发展指数）、人与人（协同指数）、人与自然（生态文明指数）等基本关系。对这三者的长期监测和综合监测，可以基本把握京津冀协同发展的总体进程和发展趋势。同时，人口是综合性指标，可以反映城镇、产业、公共服务等综合变化；企业是创造财富的基本单元，是支撑区域发展的重要载体和基本力量。将三大基本指数与两大重点指数结合起来进行监测和研究，能够更加全面真实地反映一个区域的发展全貌及其重点领域的变化。

2. 指标选取

我们所构建的京津冀协同发展指标体系由三个基本指数与两个重点指数构成。见表1。

表1 三个基本指数和两个重点指数的分析框架

指数分类	一级指标	二级指标	三级指标
基本指数	发展指数	支撑力	GDP占比、人均GDP、财政收入、城镇化率等
		驱动力	全社会固定资产投资额、社会消费品零售额、外贸进出口额、实际利用外资额等
		创新力	发明专利授权数、新增企业数、新增就业数、新增商标注册数、R&D占比
		凝聚力	图书馆藏书数、参加基本养老保险占比、在岗职工平均工资水平、人均道路面积、万人拥有公交车辆、每千人拥有医疗机构床位数等
		辐射力	技术市场合同成交额、货物周转量、旅客周转量、入境游客数等
	协同指数	城乡协同发展	暂用京津冀三地企业相互投资规模、增速及行业分布来反映协同进展
		城际协同发展	
		城域协同发展	
	生态文明指数	生态状况	森林覆盖率、受保护国土占比、建成区绿化覆盖率、城市人均绿地面积等
		环境质量	工业废水排放达标率、工业三废综合利用率、城市大气环境良好率等
		资源利用	单位GDP能耗、水资源重复利用率、耕地保有量等
重点指数	人口发展指数	人口活力	劳动生产率、城镇登记失业率等
		人口结构	劳动年龄人口占比、第三产业就业人数占比等
		人口生命质量	出生人口平均预期寿命、每万人拥有卫生技术人员数等

续表

指数分类	一级指标	二级指标	三级指标
重点指数	人口发展指数	人口活力	劳动生产率、城镇登记失业率等
		人口结构	劳动年龄人口占比、第三产业就业人数占比等
		人口生命质量	出生人口平均预期寿命、每万人拥有卫生技术人员数等
	企业发展指数	企业实力	存续企业数、存续商标数、注册资本额等
		企业活力	新增企业数、对外投资额等
		企业创新力	新增专利数、新增商标注册数、三项专利数、高新技术企业占比等

（四）测算方法

1. 数据标准化处理

由于各项指标的计量单位不统一，因此在用它们计算综合指标前，我们先要对它们进行标准化处理，将指标的绝对值转化为相对值，从而解决不同质指标的同质化问题。因为本文的指标选择均为正向化指标，因此，不用进行调整。

$$\text{正向指标 } X'_{ij} = \frac{X_{ij} - \min\{X_j\}}{\max\{X_j\} - \min\{X_j\}}$$

$$\text{负向指标 } X'_{ij} = \frac{\max\{X_j\} - X_{ij}}{\max\{X_j\} - \min\{X_j\}}$$

2. 计算第 i 年份第 j 项指标值的比重

$$Y_{ij} = \frac{X'_{ij}}{\sum_{i=1}^{m} X'_{ij}}$$

3. 计算指标信息熵

$$e_j = -k \sum_{i=1}^{m} (Y_{ij} \times \ln Y_{ij})$$

4. 计算信息熵冗余度

$$d_j = 1 - e_j$$

5. 计算指标权重

$$W_i = d_j / \sum_{j=1}^{n} d_j$$

6. 计算单指标评价得分

$$S_{ij}=W_i \times X'_{ij}$$

式中：X_{ij} 表示第 i 个年份第 j 项评价指标的数值，$min\{X_j\}$ 和 $max\{X_j\}$ 分别为所有年份中第 j 项评价指标的最小值和最大值，$k=1/lnm$，其中 m 为评价年数，n 为指标数。

二、测度结果与综合分析

（一）发展指数——三地差距缩小，转型任务艰巨

我们构建的发展指数由支撑力、驱动力、创新力、凝聚力、辐射力等五个一级指标、21个二级指标组成。根据熵值法计算原理，分别测算出2013年、2008年、2004年京津冀各省市单项及综合得分，并将各项得分及综合得分进行排序。根据测度结果（见表2），得出以下基本判断。

表2 京津冀发展指数测度结果

年份	地区	支撑力	驱动力	创新力	凝聚力	辐射力	综合得分
2013	北京	0.9360	0.8034	0.9390	0.7640	0.8031	0.8245
	天津	0.5198	0.4726	0.2867	0.6416	0.2810	0.4209
	河北	0.4978	0.4357	0.4534	0.2410	0.3626	0.3687
2008	北京	0.8089	0.9129	0.9968	0.9169	0.7809	0.8774
	天津	0.4406	0.3876	0.1975	0.5025	0.3464	0.3451
	河北	0.6644	0.3770	0.1956	0.3330	0.2935	0.3171
2004	北京	0.9123	0.9850	1.0000	0.9096	0.7776	0.9027
	天津	0.4928	0.2459	0.1895	0.5524	0.3880	0.3457
	河北	0.5425	0.2988	0.2041	0.2878	0.2476	0.2747

资料来源：根据各年份京津冀三地统计年鉴、城市统计年鉴、区域统计年鉴计算得出。

1. 北京核心地位稳固，各项指标均明显优于津冀

从指数水平综合得分来看，北京发展水平优于津冀。2013年北京发展水平综合得分（发展指数）为0.8245，而天津和河北分别为0.4209和0.3687，北京不仅综合发展水平远高于津冀，且"五个力"指数得分均高于津冀，内部发展更为均衡，说明北京的区域核心地位不容置疑。见图1、

表2。

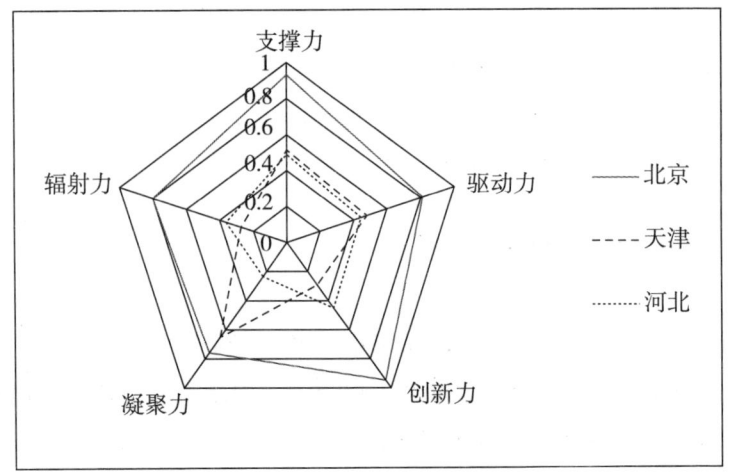

图1　2013年京津冀发展水平及内部结构雷达图

2. 三地发展水平落差有缩小趋势

从指数的变化趋势看,三地发展水平落差有缩小趋势。北京的综合发展指数略有下降,从2004年的0.9027下降到2013年的0.8245;天津的综合发展指数略有上升,由2004年的0.3457上升到2013年的0.4209;河北的综合发展指数起点低、增长快,由2004年的0.2747上升到2013年的0.3687,增幅超过天津。总体上看,无论是津冀之间综合发展水平的差距,还是北京与津冀之间综合发展水平的差距都呈缩小趋势。见图2、表2。

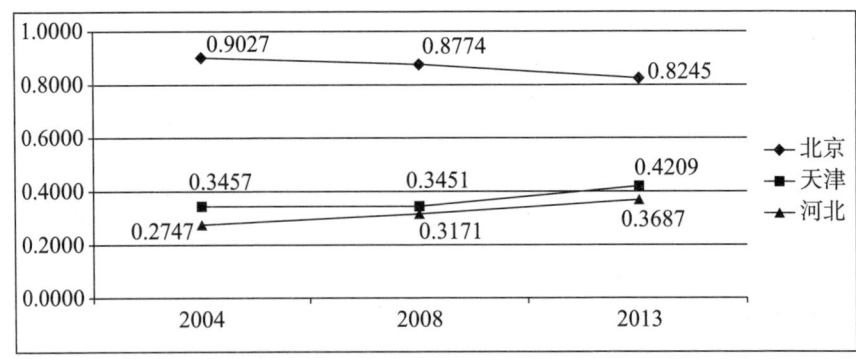

图2　京津冀综合发展指数变化趋势(2004、2008、2013)

3. 京津冀三地新旧驱动力处于"换挡期"

北京传统驱动力在减弱,创新驱动特征明显。北京的驱动力指数得分从 2004 年的 0.9850 下降到 2013 年的 0.8034，而创新力指数得分（2013 年为 0.9390）远高于津冀，为北京经济转型发展提供了新动力。天津、河北仍以传统驱动力为主，创新驱动正在形成。近年来津冀无论是驱动力还是创新力都呈上升态势。天津的驱动力指数由 2004 年的 0.2459 上升到 2013 年 0.4726，创新力指数由 2004 年的 0.1895 上升到 2013 年的 0.2867；河北驱动力也由 2004 年的 0.2988 上升到 2013 年的 0.4357，创新力指数由 2004 年的 0.2041 上升到 2013 年的 0.4534，反映了天津和河北经济增长在主要依靠传统驱动力的同时，其创新驱动力正在形成，处于新旧驱动力的交替阶段，转型升级任务仍十分艰巨。见表 2。

4. 京津冀三地凝聚力和辐射力均有"短板"

北京凝聚力下降，辐射力增强。凝聚力指数得分由 2004 年的 0.9096 下降到 2013 年的 0.7640，且在北京"五个力"指数得分中最低。而辐射力却在稳步上升，从 2004 年的 0.7776 上升到 2013 年的 0.8031，反映了北京已由集聚为主转向疏解和扩散为主的发展阶段。

天津凝聚力突出，辐射力不足。在天津"五个力"指数得分中，凝聚力最高，并呈上升趋势，由 2004 年的 0.5524 上升到 2013 年的 0.6416。但天津的辐射力不仅在自身的"五个力"中得分最低，而且低于京冀，反映了天津仍处极化集聚阶段，作为区域中心城市的辐射带动作用远未充分显现。

河北凝聚力不足，辐射力快速增长。在河北的"五个力"指数得分中，凝聚力最低，且呈下降态势，由 2004 年的 0.2878 下降到 0.2410，反映了凝聚力是河北发展的最大"短板"，经济增长环境亟待改善。而河北的辐射力近年来呈快速上升态势，由 2004 年的 0.2476 上升到 2013 年的 0.3626，反映了河北仍具有很大的发展潜力，但在经济发展的集聚极化阶段，完善综合环境和增强凝聚力，进而把经济做大做强，是河北的当务之急。见表 2。

（二）协同指数——三地互投活跃，北京已成为资本净输出地

协同指数主要用来监测协同发展的进程。按照框架设计，协同指数应包括城乡协同、城际协同和城域协同等三个方面，考虑到数据的可得性以及反映协同进展的有效性，本文暂采用京津冀三地相互投资及其行业分布的大数据来试测度京津冀企业投资带来的经济协同和产业关联的新进展和新变化，得出以下基本结论。

1. 三地互投活跃，北京外溢效应显著

三地相互投资大幅增长。扣除本地企业自身相互投资，仅从三地单向互投情况来看，2015年京津冀三地相互投资额为1948.75亿元，是2014年（609.52亿元）的3.2倍，增幅达220%。北京对津冀投资呈"井喷"状态。2015年北京对津冀投资额为1641.81亿元，是2014年（469.67亿元）的3.5倍，增长了249.57%。津冀两地相互投资也明显提速。2015年天津对河北投资额达34.89亿元，同比增长76.66%；同期，河北对天津投资额达33.78亿元，与2014年基本持平。北京已成资本净流出地。在2015年三地企业相互投资总额（1948.75亿元）中，仅北京对津冀两地的投资额（1641.81亿元）占三地相互投资总额的84.25%，而同期北京吸纳津冀两地的投资额仅为306.94亿元，不足北京对津冀投资额的1/5。

2. 三地相互投资，助力产业协同

北京研发和资本环节投资倾向天津、制造环节倾向河北。从产业链环节来看，北京对天津的投资倾向于布局研发环节（以科学研究与技术服务为指向）和资本环节（以现代金融服务业为指向）。2015年北京投入天津研发环节和资本环节的投资额分别占北京对津冀该环节投资总额的75.65%和93.88%。北京对河北的投资主要以自然资源和劳动力资源为指向，投资集中布局在制造环节（以制造业为指向），2015年北京投入河北制造环节的投资额占北京对津冀该环节投资总额的62.27%。天津对河北的投资主要投向房地产业和制造业。从投资行业偏好来看，2015年天津对河北的投资集中在房地产业和制造业，投资额分别达10.74亿元和7.32亿元，分别占对河北全年投资总额的30.78%和20.98%。河北对天津投资主要集中在商务服务业和金融业。从投资行业偏好来看，2015年河北对天津的投资集中在商务服务业和金融业，投资额分别达19.06亿元和6.36亿元，分别占对天津全年投资总额的56.42%和18.83%。见图3。

3. 三地投资向产业轴、发展带集聚

北京：投资的热点地区是滨海新区及唐石廊保。北京对天津投资主要流向滨海新区，其次是武清，二者之和占对天津投资的九成。北京对河北投资主要流向唐、石、廊、保四地。天津：对河北的投资主要流向秦保衡等地。从投资空间流向上来看，天津对河北的投资（2014—2015两年）主要流向秦皇岛、保定和衡水等地，尤其2015年天津对衡水房地产业的投资高达8.28亿元。河北：对天津的投资集中流向滨海新区。从河北对天津的投资空间流向来看，92.57%的投资集中流向了滨海新区，投资额高达31.27亿元。

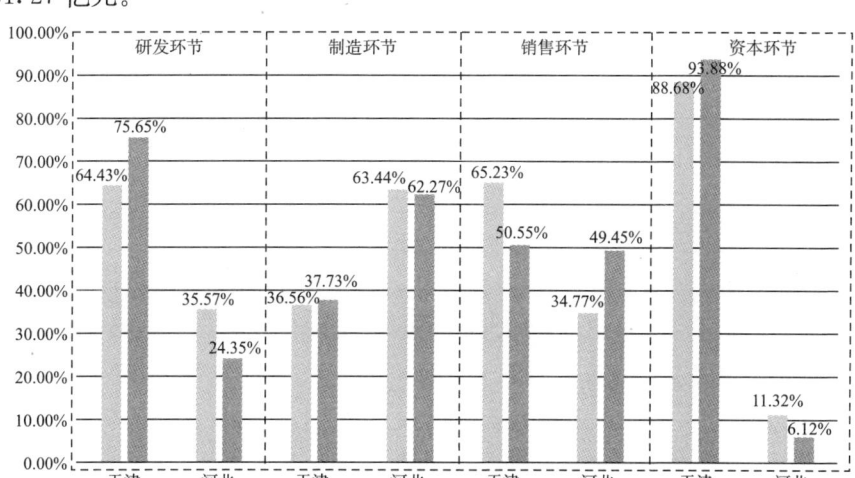

图3 2014—2015年北京向津冀两地主要产业链环节投资比重对比情况

4. 京津冀产业转型升级步伐加快

北京：科技、文创成为吸资重点，产业层次趋向高端化。2015年科学研究和技术服务业、租赁和商务服务业吸纳投资分别占北京吸纳投资总额的29.35%和31.6%。文体娱乐产业吸纳投资占京津冀该产业吸纳投资总额的57.7%。天津：先进制造和现代金融为吸资重点，升级步伐加快。2015年天津先进制造业累计吸纳资本占制造业吸纳资本总额的36.6%。现代金融服务业吸纳投资稳居三地之首。河北：制造业成吸资重点，产业转型升级稳步推进。2015年河北制造业吸纳投资位居三地之首，其中唐山、保定、石家庄、廊坊等四市吸纳投资额占河北制造业吸纳投资总额的89.18%。

（三）生态指数——总体发展向好，三地差距逐步缩小

1. 总体水平：北京最优，天津平稳，河北起点低、增速快

从2005年到2014年的10年间，北京生态文明指数水平基本维持在0.6至0.8区间；天津生态文明指数稳定地维持在0.4至0.5区间；河北生态文明指数增长最快。2014年北京生态文明指数为0.675，河北为0.518，天津为0.468。北京生态文明指数远高于津冀。

2. 总体趋势：三地生态文明指数水平差距在逐步缩小

河北虽然生态文明指数水平起点较低，但近年来提升较快。2012 年河北生态文明指数达到 0.461，与天津同步，2013 年超过天津，2014 年突破 0.5，三地差距逐步缩小。见图 4。

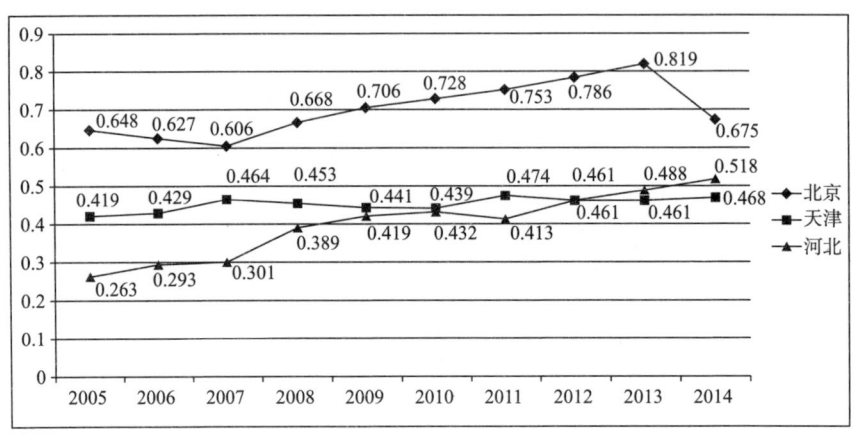

图 4　京津冀三地生态文明水平变化趋势

3. 内部结构：生态状况北京最好，资源利用天津最高，环境质量河北提升最快

生态状况：北京最好。2014 年北京生态状况指数为 0.173，河北为 0.142，天津为 0.020。从发展趋势来看，2005 年到 2014 年十年间，河北生态状况指数呈上升趋势，与北京的差距不断缩小，而天津则维持在原有较低水平。资源利用：天津最高。2014 年资源利用指数天津为 0.148，北京为 0.110，河北为 0.042。从发展趋势来看，从 2005 至 2014 年十年间，天津从 2009 年呈下降趋势，北京则快速上升，河北出现缓慢下降态势。环境质量：河北快速上升。天津一直处于 0.09—0.10 的较高区间；北京大体维持在 0.065 的平均水平；河北变化幅度较大，环境质量指数由 2005 年的 0 快速上升到 2014 年的 0.083，甚至于 2013 年超过北京。

（四）企业发展指数——北京实力最强、天津发展不均衡、河北居中游

我们构建了由企业实力、企业活力和企业创新力 3 个二级指标和 12 个三级指标所组成的企业发展指数评价体系，运用企业大数据，对北京 17 个区（包括亦庄开发区）、天津 16 个区县、河北 11 个地级市共 44 个市区县的企业发展水平进行了分项及综合测度，得出以下基本结论。

1. 企业发展水平综合得分：排名前 10 位中北京占 7 位，明显优于津冀

根据熵值法，对 2014 年京津冀三地 44 个市区县的企业总体发展水平进行测评得分排名。排名在前 10 位的城区中，北京占 7 位，天津占 2 位（滨海新区、武清区），河北占 1 位（石家庄），说明北京的企业综合发展水平明显优于津冀。见图 5。

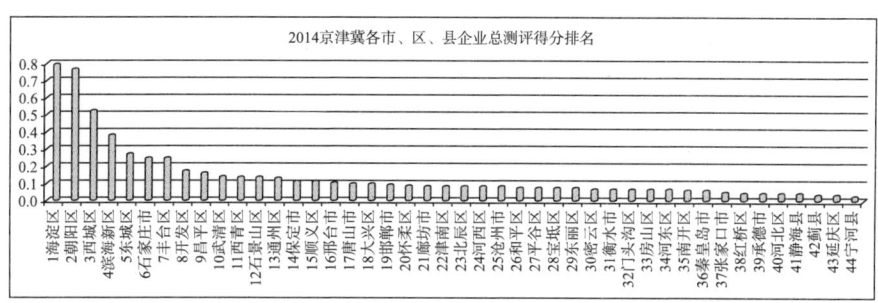

图 5　2014 京津冀各市、区、县企业总测评得分排名

2. 北京：在企业实力、企业活力和企业创新力三个指标前 10 名中均占 7 位

从企业实力和企业活力来看，北京朝阳区最强，均居分项指数的第一位；从企业创新力来看，海淀区最高。从空间结构看，北京的城市功能拓展区（海淀、朝阳）和城市核心区（西城、东城）是京津冀企业综合发展水平最强的集聚区。通过综合聚类分析，北京首都功能核心区（东城、西城）和功能拓展区（海淀、丰台、朝阳、石景山）居于第一序列；房山、通州、顺义、昌平、大兴等城市发展新区处于第四序列；延庆、房山、门头沟和密云等远郊区的企业实力较弱，反映了北京各区间企业发展差距悬殊。见图 6、图 7、图 8。

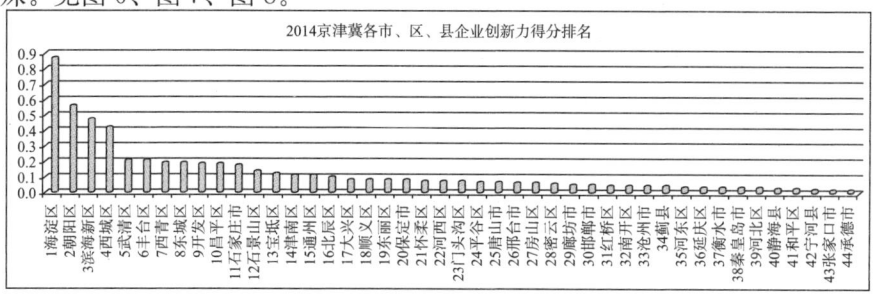

图 6　2014 京津冀各市区县企业创新力得分排名

3. 天津：企业创新力呈增长态势，滨海新区"一枝独秀"，但其他区县企业实力较弱

企业活力排名，天津占 2 位（滨海新区居第 5 位、和平区居第 9 位）；企业实力排名中，天津占 1 位（滨海新区居第 6 名）；企业创新力排名中，天津占 3 位（滨海新区居第 3 位，武清区居第 5 位，西青区居第 7 位）。但天津企业发展非常不均衡，除了滨海新区各项分项指数中均能进入前 10 位以外，其他区县企业的总体水平较弱，如在企业实力排名中，天津有 9 个区县落入后 10 位。见图 6、图 7、图 8。

图 7　2014 京津冀各市区县企业实力得分排名

4. 河北：石家庄、保定企业实力较强，其他地级市大多居于中游

在企业实力指数排名中，河北的石家庄、保定进入前 10 位；在企业活力排名前 10 位中，石家庄居第 6 位；在企业创新力排名前 10 中，河北没有 1 位，有 4 位落入后 10 名。总体来看，河北大多数地级市的企业得分居于中游水平。见图 6、图 7、图 8。

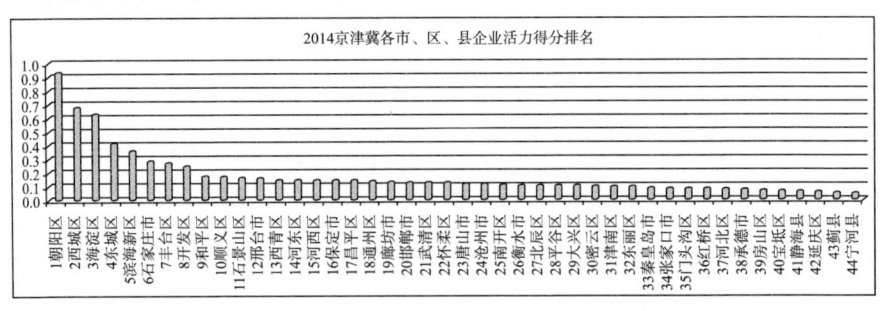

图 8　2014 京津冀各市区县企业活力得分排名

（五）人口发展指数——北京、天津、石家庄水平最高

我们采用了人口活力、人口结构、人口生命质量等 3 个二级指标和 11 个三级指标，构建了京津冀三地人口发展指标体系。通过对京津冀地区

"2+11"城市人口发展指数的测算，得出以下基本结论。

1. 综合水平：北京处于第一序列，天津、石家庄为第二序列

2013年北京人口发展指数为0.821，稳居第一，是第二名天津的1.5倍。天津和石家庄分别以0.54和0.51排在第二、三位，邢台、承德、邯郸、廊坊、沧州、秦皇岛、唐山等七市人口发展指数位于0.3—0.5之间，而保定、衡水、张家口则在0.3以下。见图9。

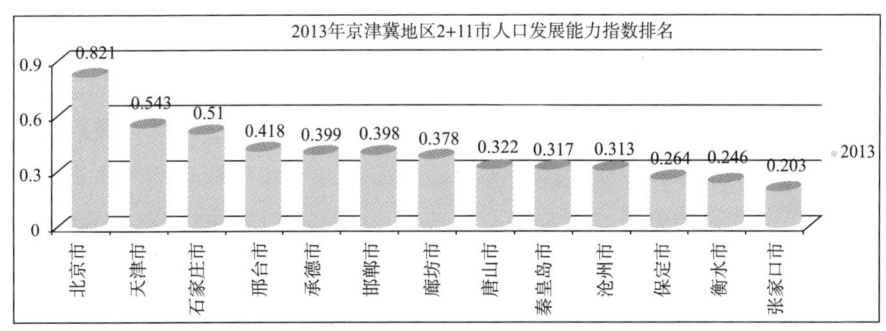

图9　2013年京津冀地区"2+11"城市人口发展指数排名

2. 变化趋势：天津、唐山、承德、邢台明显上升，石家庄、保定、衡水、邯郸明显下降

从变化趋势来看，京津冀"2+11"城市可分为三类。第一类为排名上升显著的城市，包括天津、唐山、承德、邢台；第二类为排名明显下降的城市，包括石家庄、保定、衡水和邯郸；第三类为排名较为稳定的城市，包括北京、秦皇岛、张家口、沧州和廊坊。

3. 内部结构：人口活力与人口结构波动较大，人口生命质量较为稳定

从人口活力指数来看，承德、张家口和邢台人口活力大幅提升。从人口结构指数来看，北京与天津的人口结构大大改善。从人口生命质量指数来看，京津石三市稳居前三位。

三、发展思路与对策建议

通过对京津冀发展指数、协同指数、生态文明指数、企业发展指数、人口发展指数的测度与分析，本文认为应按照五大发展理念和京津冀协同发展战略目标加快转型升级，发挥优势，弥补短板，为此提出以下三点思路与建议。

(一)按照创新发展理念,加快转型升级,打造全国创新驱动经济增长新引擎

京津冀要建设成为具有国际竞争力和影响力的世界级城市群,成为能够引领和支撑全国经济社会发展的新引擎,其基本路径是加快产业升级、加快由要素驱动向创新驱动转变,共同打造服务区域、辐射全国、影响世界的全球重要科技创新策源地。北京可依托海淀、朝阳、西城,打造科技创新核心区。加强对设计研发、创新策源的投入,与津冀形成紧密型科技创新共同体,共同打造科技创新示范区,充分发挥北京对区域乃至全国的科技引领带动作用。天津应依托滨海新区和武清区,打造科技成果转化基地,加大对实用专利、研发转化等方面投入,加快由投资驱动为主向依靠投资、消费和科技创新"多轮驱动"转型,为天津打造全国先进制造研发基地奠定坚实基础。河北应发挥其低商务成本优势和基础制造业优势,与北京共建科技创新成果转化基地。京津冀三地形成合力,共同打造全国创新驱动经济增长的新引擎。

(二)按照绿色发展理念,提升环境承载能力,打造国际一流和谐宜居区域

京津冀在生态文明建设方面要按照绿色发展理念,以提升环境承载能力为主线,以统一规划、联防联控、制度安排为重点,以打造国际一流和谐宜居区域为目标。一是统一规划区域生态体系。划定资源上线、环境底线和生态红线。设立开发强度的上限和生态空间的下限,保持合理的生产空间、生活空间和生态空间比例。构建环京津冀城市群森林圈和绿色隔离带,对大气、水污染进行分区控制。二是加强生态环境联防联控。共建国家级生态合作示范区,以张承地区为主体,包括北京、天津的北部、西部山区,共同探索人口资源环境与经济社会协调发展新模式。对重大区域性污染源信息实施联合通报,以立法的形式加强土地整治与保护,防治土地内部及周围的环境污染和生态破坏。建立三地降低水源污染和提高供水保障能力的水资源危机机制。三是完善制度安排。建立跨区际多元化生态补偿机制。征收高标准汽车尾气排放费、高碳能源消费税、工业生产有毒有害气体排污费,污水排放费;三地共建生态保护基金,用于重点保护张承地区、北京的生态涵养功能区以及天津蓟县的生态环境;明晰三省市水权,建立水权交易平台和双向生态补偿机制等。

（三）按照开放、协调、共享发展理念，促进城乡、城际、城域协同，缩小区域差距，实现发展成果共享

开放是促进存量调整、增量共建、成果共享的根本前提。缩小区域内部差距，首先要从促进要素在区域内外自由流动、打破各种阻碍经济有效运行的人为障碍入手。充分发挥市场配置资源的决定性作用，搭建资源共享平台和市场交易平台，促进社会政策的对接，提升社会文化的包容度，来促进要素流动，从而缩小区域内部的发展差距。在此基础上，通过增量共建来实现利益共享，这是实现共享发展的根本路径。同时，通过存量调整来缩小区域差距，也是实现共享发展的前提条件与重要路径。如通过北京的教育、医疗等优质资源等非首都功能疏解，缩小京津冀三地在公共服务水平上的差距，并进行社会公共服务政策对接，为要素在市场导向下、在区际间实现自由流动创造条件，以实现发展共建、成果共享的区域目标。

协调是区域共建共享的机制保障。京津冀协同发展涉及到城乡关系、城际关系和城域关系，涉及经济、社会、生态等一系列基本关系，这些重大关系的实质是利益，而要实现区域发展成果共享，前提是实现这些重大利益关系的协调，建立相应的区域利益协调机制，这是实现发展成果共享的制度保障。需要通过加强区域产业链、价值链、治理链等来密切经济社会联系；通过建立创新共同体、战略合作联盟等组成利益共同体。

共享是区域发展的基本宗旨和最终目的。促进京津冀协同发展的最终目的是通过实现区域健康可持续发展，提高人民群众福祉和生活质量。实现交通、产业、科技、城镇、生态及公共服务等的统一规划、共同建设、共同治理是前提和手段。要在落实京津冀协同发展规划纲要、推动非首都功能疏解、促进产业转移、生态环境共建、优化空间布局过程中，实现京津冀的经济转型、产业升级、交通一体化、基本公共服务均等化，让1亿多京津冀人民能共享发展成果，在全国率先建成更高水平的和谐社会和国际一流的首善之区。

参考文献

[1] "京津冀协同发展领导小组办公室负责人就京津冀协同发展有关问题答记者问"，

中央政府网 2015 年 8 月 23 日。

[2] 京津冀协同发展领导小组解读：京津冀协同发展规划纲要，光明网 2015 年 12 月 30 日。

[3] 2015 年中央经济工作会议会议纪要，新华社 2015 年 12 月 22 日。

[4] "中共中央关于制定国民经济和社会发展第十三个五年规划的建议"，新华社 2015 年 11 月 3 日。

[5] 习近平关于"中共中央关于制定国民经济和社会发展第十三个五年规划的建议"的说明，新华网 2015 年 11 月 3 日。

京津冀教育协同发展的现状、问题与对策

李军凯　刘振东[*]

2014 年 2 月 26 日，习近平总书记就推进京津冀协同发展工作发表重要讲话，将京津冀协同发展确定为重大国家战略。教育是社会发展的基础性要素和重要的公共服务，是京津冀协同发展的重要组成部分。在京津冀协同发展战略推进的过程中，不断探索三地教育协同发展的运行机制和原理，发现战略推进过程中的问题并找出解决对策，必然会对京津冀协同发展起到重要作用。

一、教育在京津冀协同发展中的地位与作用

京津冀协同发展战略的核心是有序疏解北京非首都功能，调整经济结构和空间结构，走出一条内涵集约发展的新路子，探索在人口居住和就业创业密集、经济发展迅速并参与国际竞争的大城市群中，优化开发各项资源，促进区域协调发展，形成新增长极的路径和模式。教育是社会发展大系统中的一个重要子系统，社会政治、经济的发展对教育发展具有决定性作用，文化、科技、人口等社会因素也对教育的发展具有重要影响。教育在经济社会发展中发挥着基础性、先导性和全局性的作用，教育协同发展是补齐河北公共服务短板、推动区域教育公平的重要途径，是深化教育领域供给侧结构性改革、提升区域整体教育水平的重要举措。

（一）教育协同发展是疏解非首都功能的必然要求

非首都功能疏解是将北京人口规模严格控制在 2300 万、解决北京"大城市病"、优化提升首都核心功能的先导和突破口。伴随着部分相对低端、

---

[*] 作者李军凯，河北大学副校长、教授；刘振东，河北大学京津冀协同发展办公室副主任、副教授。

低附加值的四类非首都功能的有序疏解①，将带来大量的人口外迁和人口流动。人口流动的前提是公共资源的先行流动和教育、医疗、社会保障等基本公共服务的均衡发展，北京的人口外迁和产业转移将直接对周边地区的教育尤其是对河北地区的优质教育资源引发刚性需求。受经济发展水平的制约，三地教育与人力资源发展水平还存在明显差距，教育协同发展支撑和服务非首都功能疏解的形势严峻，特别是在基础教育领域实现高位均衡发展，为迁移人口提供高质量的基本公共教育服务，对保障人口顺利外迁和合理流动、非首都功能有序疏解将产生至关重要的作用。

（二）教育协同发展是产业升级转移的前提基础

产业升级转移是由要素供给的稀缺性和竞争性差异推动的，资源供给和产品需求的变化，导致区域间产业布局调整。《京津冀协同发展规划纲要》对三省市在区域发展中的功能定位进行了明确界定，并将产业升级转移列为协同发展的三大重点领域之一，这对三地人力资源协同发展、劳动力结构调整和能力提升提出了新要求。长期以来，由于缺乏统筹规划和有效沟通，三地在工业和制造业等诸多产业领域同质化竞争严重，尤其以京津和津冀间优势产业重合度较高。这种区域产业结构的深层次变革与区域的教育结构尤其是职业教育、高等教育专业结构均有着紧密联系。比较而言，河北省在产业承接、产业调整和升级方面的压力更大，《河北省经济发展报告（2014）》分析认为，在产业结构方面，河北省的第三产业比重较低，仅为32.7%。即便是三产比重排名第一的秦皇岛也仅有47.72%，还不及发展中国家的平均水平。而且，唐山、邯郸、保定、承德、衡水6个城市的三产比重仅为30%左右。在河北省"十三五"规划中，已将产业转型升级作为经济发展的主攻方向和关键任务，因为这关系着河北在京津冀协同发展中建设全国现代商贸物流重要基地、产业转型升级试验区、新型城镇化与城乡统筹示范区、京津冀生态环境支撑区的成败。

（三）教育协同发展是推动形成区域协同创新体的内生动力

创新是京津冀协同打造世界级城市群的新引擎，根据规划，到2017年京津冀科技创新中心地位进一步强化，区域协同创新能力和创新成果转化

---

① 《京津冀协同发展规划纲要》确定四类非首都功能将被有序疏解，分别是：一般性产业特别是高消耗产业，区域性物流基地、区域性专业市场等部分第三产业，部分教育、医疗、培训机构等社会公共服务功能，部分行政性、事业性服务机构和企业总部。

率明显提升；到 2020 年，科技投入、研发支出占地区生产总值比重达 3.5%，区域形成分工明确、产业链与创新链高效连接的创新驱动。京津冀地区集中了大批高校、科研机构以及企业创新中心，是我国创新资源最密集的区域之一，三地协同打造区域协同创新体具有得天独厚的条件，完全有条件通过区域协同在创新驱动发展方面走在全国前列。但区域协同创新是一种跨地区、跨组织、跨文化的复杂的合作创新活动，是涉及产品创新、技术创新、管理创新、制度创新等多方面、多层次相互支持、联动创新的有机整体。北京重在原始创新，天津重在研发转化，河北重在推广应用，三地应各有分工、各有侧重。但目前三省市创新资源不平衡，区域科技创新分工尚未形成，科技资源共享不足，创新链与产业链对接融合不充分，区域协同创新能力受到严重制约。比较而言，河北在创新能力方面更突出存在着"研发投入少、转化能力低、创新主体少、创新人才缺"四大短板。为此，亟待整合京津冀区域创新资源，完善协同创新合作机制，加强高层次创新人才培养与交流，打造协同创新利益共同体，为区域创新驱动发展提供有力支撑。

二、京津冀教育协同发展的现状与特点

京津冀地区的教育既集聚了我国顶尖的优质教育资源，又是区域人才与科研成果的供给者，不仅肩负着为我国建设教育强国、世界一流大学、一流学科的重任，还要为区域经济社会协同发展提供有力的支撑与服务。京津冀区域教育协同发展不是普通意义上的增量改革，而是涉及中观层次的存量改革尝试和实践。京津冀教育协同发展有着良好的历史基础，特别是近几年在实践推进方面，开展了一系列富有成效的探索与尝试。从整体上看，京津冀教育协同发展呈现出如下四个特点：

（一）政府主导与自发组织相得益彰

以往的存量改革局限于一个省份、一个学校，而京津冀地区教育的存量改革则是建立在三个地区行政主导的力量之上。《京津冀协同发展规划纲要》和《中华人民共和国国民经济和社会发展第十三个五年规划纲要》等相关政策颁布实施以来，三地政府与教育主管部门主动作为，积极主导相关活动。2015 年 10 月以来，京津冀大学生思想政治教育工作协作机制、京津冀现代职业教育体系创新平台、河北千名教师进京培训机制等先后建

立。在政府主导的同时，各级办学主体之间的合作交流也日益频繁，各种合作联盟与协作组织层出不穷，如三地高校分别组建的京津冀信息服务协同创新共同体、工业大学协同创新联盟、高校商科类协同创新联盟等，教育主体间的自发合作也不断增多。

（二）建章立制与营造氛围相互促进

京津冀区域教育系统具有动态开放性特征，区域间发展差异明显，系统内各要素间的相互作用呈复杂化，区域发展除了遵循教育的内在发展规律外，还受政府干预及人才市场的需求影响。机制的建立和政策的推行将产生政策创新的"洼池效应"[1]，吸引和聚集区域内产业进行主动转移。国家与京津冀三省市相关行政部门不断出台政策，为京津冀教育协同发展提供了良好的制度保障与发展基础。以《京冀两地教育协同发展对话与协作机制框架协议》为例，该协议明确建立了协同发展联席会议制度，要求两省市定期会商顶层设计，协调解决教育协同发展面临的热点、难点问题。这一协议建立了双方教育协同发展的对话机制与协作机制，为两地的教育协同发展开启了新的篇章。此外，三地教育机构也组成不同的教育联盟，启动各项工程与活动，营造了良好的舆论氛围。如北京市大兴区、天津市北辰区、河北省廊坊市启动的"一十百千万"工程，河北大学与北京大学合作的"百名博士河北行""燕园名师进河大""京津冀协同发展大讲堂"等系列活动，赢得了社会各界的广泛关注和高度评价。

（三）资源共享与区域协调双轮驱动

各类教育合作和协同联盟的主旨是推动三地教育水平协同发展，努力实现区域协调与三地教育资源共享。建立平衡不同地区的区域协调与教育资源共享机制是三地教育协同发展的关键。河北在教育水平、教育质量和教育层次上与京津还存在较大差距，要实现三地教育的协同发展，需推动区域教育资源的互联互通，推动区域教育资源共建、共享。智库是推动三地教育资源共享的一种有效途径，自2015年以来多个智库已在河北挂牌成立。2016年6月北京大学、南开大学、河北大学共同组建的"京津冀信息服务协同创新中心"成立，目前该中心已经进入到实质性建设阶段，研究生交换培养、五大研究平台建设、中国工读教育文献保障系统（CALIS）

---

[1] 马子红，朱绍辉，蒋璇. 产业转移与区域产业升级：一个文献综述[J]. 生产力研究，2012（1）：188.

河北研发与运维基地等项目已经启动。

（四）干部挂职与人才交流成效显著

京津冀协同发展战略实施以来，三地之间教育领域干部教师队伍的交流得到快速发展，由挂职干部推动的交流合作已成为京津冀教育协同发展的重要组成部分。交流形式包括政府部门主导、高等院校联盟、高校之间协议、个人合作四种模式，并呈现出发展迅速、方式多样、层次加深等特点。2015年北京市和河北省两地党委组织部门出台相关政策，并启动"京冀互派百名干部挂职"项目，该项目从人才交流学习和区域整合入手，实现两地全方位、多层次、常态化人才交流。此外在高校干部交流、中小学教师交流、高校专家学者和辅导员交流方面，三地也取得了突出的成绩。

三、京津冀教育协同发展的问题与难点

京津冀教育协同发展实施三年来，教育领域的协同合作总体上呈现繁荣可喜态势，但随着协同发展的逐步深入，一些深层次的问题与难点开始显现，主要表现为：

一是京津冀教育协同发展的管理体制需进一步明晰。目前，相当数量的交流与合作，多停留在自发和无序状态，且缺乏长效机制保障。在协同发展中，各方的特点、优势、需求可能存在重叠和冲突，中央和区域各层级、部门的责任结构与合作方式尚未完全厘清，管理体制尚需进一步明晰。

二是京津冀三地政府和教育主管部门的合作机制需进一步理顺。三地经济发展、公共服务和教育资源严重不平衡，如高等教育资源，主要集中于京津及河北的省会及中心城市，这在一定程度上存在优质教育资源过于集中，人才等资源地域分配不均，流动不灵活等问题。由于缺少顶层的优化设计，三地在教育发展中会出现无序状态，既有无序的资源挤占，也会出现空缺的资源浪费现象。同时，三地在教育布局、产业布局方面差异较大，三地教育对不同产业的上下游联动结构的相适应程度以及对经济社会发展的促进方式和效率方面，都有着较大差距。这些导致了三地教育部门对于协同发展的认识和积极性不一致，合作机制和激励体制还需进一步明确。

三是伴随区域功能调整和产业迁移，基础教育配套建设和资源平衡问

题需加快解决。疏解非首都功能，必然要进行区域功能调整、产业迁移和人口跨区域迁移，这些都需要基础教育配套建设和优质基础教育资源来提供支撑。而这些基础资源正是河北的短板。京津冀协同发展的区域功能调整和产业迁移必然带来一定规模的人口跨区域迁移，社会公共服务的布局应当随之进行相应调整。

四是京津冀高等教育协同发展的方向与路径需进一步明确。京津冀地区高等教育资源丰富，协同发展起步较早，但合作方式单一、合作层次较浅，多数联盟还没有深入到共建重点学科、共建重点实验室、高层次人才培养与共用的层次。要实现京津冀教育协同发展的根本目标，需根据三地的战略定位调整高等教育，乃至整体教育的结构布局，规划发展路径。

五是京津冀职业教育布局调整与产业转型升级、供给侧结构性改革同步适应问题需进一步加强。职业教育承担着为社会经济发展提供所需的实用专业人才的职能，职业教育应与产业发展和产业转型升级紧密结合。目前，京津产业过度集中，河北产业过度分散，伴随京津冀协同发展的深入推进，三地产业布局和产业结构要进行优化配置和调整升级。京津冀区域职业教育的发展，必须与三地产业转型升级深度融合，需结合三地产业发展规划的要求，对职业教育布局进行优化调整，探索京津冀职业教育校企合作、产教融合的办学模式。

六是京津冀干部教师队伍交流需进一步制度化、规范化。目前京津冀教育系统干部教师队伍交流的制度和机制尚不够健全，现有的制度仅停留在协议上，在实际落实上尚不够到位，且多数交流只处于起步阶段，执行机制还没有建立起来，需要尽快完善，不同类型学校、不同地区之间的交流也不平衡。有些单位和个人对干部教师交流的意义和重要性认识不到位，部分接收单位没有给交流干部真正分工，有些交流干部没有充分发挥作用、推进双方的交流合作，使得交流工作浮于表面、流于形式。总体来看，三地高等院校之间的交流效果较好，基础教育领域的交流相对弱一些。京冀两地交流较多，京津、冀津之间的交流相对少一些。

四、推动京津冀教育协同发展的对策建议

京津冀教育协同发展应当紧紧抓住京津冀协同发展的历史机遇，从根部发力，打破传统体制、机制的障碍和束缚，冲破地方资源、利益的固化

藩篱，完善京津冀区域教育管理体制，构建起高效畅通的教育区域协作机制，探寻京津冀教育协同发展的实现路径。

（一）以顶层规划设计为统领

《京津冀协同发展规划纲要》指出，要推动部分在京高校和教育培训机构有序外迁，但"搬哪些、往哪搬、谁来搬、怎么搬"的问题还没有明确；承接地和环京津贫困带地区的基础教育如何快速提升？职业教育布局和专业设置如何配合三地的产业调整实现差异化发展和优势互补？各级各类办学主体之间以及他们与地方政府之间如何开展合作？这些问题都需要站在国家层面进行顶层规划设计，希望中央尽快出台专门的《京津冀教育协同发展规划纲要》，以此指导和统领三地教育的协同发展工作。

（二）以长远发展共赢为原则

教育是关系国计民生的百年大计，教育的协同发展应立足长远，尊重教育发展和区域发展规律，既要打破"一亩三分地"的本位主义，也要克服短期的功利做法和政绩诉求，要从国家战略和京津冀区域长远利益和可持续发展大局出发，树立协作共赢和利益共同体意识，将三地的思想认识、利益诉求、行动步骤等尽快统一起来，形成京津冀协同发展的合力。

（三）以政府主导推动为重点

要充分发挥政府在政策制定、规划引领、资源配置、环境营造等方面的优势和主导作用，充分调动各级政府的积极性和创造性，鼓励和支持他们在中央规划纲要的统领下，结合各地实际，主动作为、实践创新；同时又要充分发挥专家智库和市场机制的作用，尊重各级各类教育主体的办学自主权，激发他们推进教育协同发展的积极性、主动性和创造性，各方协同合作，加速推进教育协同发展工作进程。

（四）以体制机制创新为破解

京津冀教育协同发展涉及三地政府、教育主管部门和各级各类教育主体，要实现区域教育的优化布局和改革重构，关键的破解点在于体制机制的创新。应建立"决策层—协调层—执行层"的三级领导体制，由国务院组建京津冀教育协同发展领导小组成为决策层，由三省市教育厅委联席会议成为协调层，由区域内城市间协调会成为执行层，从而构建和完善三地教育协同发展的治理体系。改革运行机制，如在财政保障上增加地区间横向转移支付，加快区域内教育服务的市场化和社会化，合作设立发展专项资金,建立高层次的合作磋商协调机制,建立一体化的监督机制和激励机制等。引入新型评估方式,将京津冀教育协同发展工作目标任务的完成情况纳入三地教育主管部门的工作考核和评价中。

（五）以人才交流合作为推动

应充分发挥人才的第一资源作用,通过挂职、交流、引进、互派、兼职等多种方式,推进京津优质人才对河北的帮扶带动。要建立长效机制,科学制定选派干部教师的数量、范围、结构、周期等工作规划,要将干部挂职和教师交流纳入选拔培养管理人才和业务骨干的重要条件,并不断完善组织管理,加强考核激励,确保交流干部教师全身心投入工作,推动干部教师跨区域流动任职。

（六）以政策制度建设为保障

京津冀教育协同发展的关键在于重构和改革,很多工作都是前所未有的创新探索,而且将经历一个较长的历史进程。要边探索、边总结,分步推进、稳中求进。要不断完善各项政策制度,为协同发展提供坚实保障,并探索走出一条不同经济发展水平背景下、跨越行政区划的教育协同发展道路,为其他地区提供有益借鉴。

参考文献

1. 桑锦龙.促进京津冀教育协同发展的战略性思考［J］.教育科学研究,2016（3）.
2. 郭秀晶等.京津区域高等教育合作的行动研究与战略构想［J］.北京教育（高教）,2010（12）.
3. 高兵.区域科学视角下的基础教育协同发展——以京津冀为例［J］.上海教育科研,2015（11）.
4. 王寰安,蔡春.创新区域教育治理结构,促进京津冀教育协同发展［J］.首都师范大学学报（社会科学版）,2016（1）.
5. 崔玉平.区域高等教育的经济学分析［M］.黑龙江:黑龙江人民出版社,2011.
6. 李军凯.京津冀协同发展教育如何"破题"［N］.中国青年报2017年02月28日10版.

推进京津冀发展的若干政策建议[*]

陈　剑

2014年2月25日和26日，中共中央总书记习近平分别听取了北京市的汇报和京津冀协同发展专题汇报，并先后提出了五点和七点要求。习总书记的两次讲话意义重大，实则也有着紧密的联系。例如，谈到首都非核心功能的疏解，这是听取北京汇报后所作的五点指示的内容之一，就有一个非核心功能如何疏解，往何地疏解的问题，这一内容就与京津冀的发展相联系。

为推动京津冀协同发展，结合学习总书记的两次讲话，特提出以下政策建议，以推动讨论的深入。

一、非核心功能疏解——设立分支机构

习总书记在听取北京汇报时，谈到首都非核心功能的疏解。笔者以为，先要弄清楚哪些属于核心功能，不属于核心功能的，就属于非核心功能。

北京的核心功能，就是政治中心、文化中心、国际交往中心和科技创新中心。而后一个核心功能，也只是今年2月，习总书记第一次提出来的。北京要真正成为中国的科技创新中心，这一核心功能目前还不完全具备，还需要付出艰苦的努力才能实现。

除了上述中心之外，北京还有可能是中国的教育中心。有教育部直属的高校30多所，有中国最好的大学清华、北大等，有中国最有影响的学术大师，一半左右的两院院士等。

北京还有可能是中国的卫生中心。集中了中国最好、最齐全的卫生资源，例如集中了卫生部所属的几十家三甲医院和在全国知名的大夫等。例

---

[*] 此文原载《中国发展观察》2014年第11期。

如北京儿童医院、北京肿瘤医院、北京同仁医院等，这些在全国知名高的医院，每天接待的病人中绝大多数来自全国各地。

北京非核心功能还有很多。但如何疏解，往哪里疏解？要成建制的搬迁是困难的，也不现实。上世纪 70 年代，中国科技大学从北京搬迁到安徽，也是下了很大决心，做了大量的动员工作才成行。但至少经过了一个相当长的时间，中国科技大学才逐渐恢复元气。

现在时代不同了，要成建制搬迁，遇到的第一个问题就是，一些优秀的人才、专家教授，是否也会跟着一起搬迁。

要疏解北京非核心功能，笔者以为一个较可行的办法，是设立分支机构，在北京邻近的城市，如张家口、石家庄、承德等，设立分校或分院。例如，建立北京儿童医院石家庄分院，建立北京体育大学张家口分院等。通过设立分院，让北京的专家学者、大夫、教授有计划地定期到分院、分校去就诊，授课。由于不是工作调动，这样有计划、定期安排，会得到专家学者的认同。设立分支结构，需要与所在地城市合作，为在分支机构工作的包括专家学者在内的工作人员，尽可能创造较为良好的工作环境和生活条件，进而吸引部分在京的专家学者能够长期在分支机构工作，以达到向河北疏解非核心功能的作用，让北京的人才要素向河北倾斜，进而达到调控人口增长，推动三地协同发展的目的。

二、将北京打造成中国科技创新中心，需要三地协同

习总书记在今年 2 月 25 日视察北京时，对北京发展提出了五点要求，其中一条是对北京城市的定位，提出"坚持和强化首都全国政治中心、文化中心、国际交往中心、科技创新中心的核心功能，深入实施人文北京、科技北京、绿色北京战略，努力把北京建设成为国际一流的和谐宜居之都"。这其中，科技创新中心是第一次由中央高层领导提出。这一提法，既明确了北京未来发展的方向，也明确了整个京津冀地区产业结构调整的方向。

中国改革开放 36 年的发展，利用后发优势，奉行拿来主义和复制模仿，中国在一个很短时间里迅速崛起，一跃成为全球第二大经济体。随着中国经济在全球影响力的进一步增强，迫切需要从中国制造向中国创造迈进，而这就需要推进创新发展步伐，通过打造北京作为中国科技创新中

心，引领中国在全球国际舞台上发挥更多的作用。

要打造北京作为中国科技创新中心，需要宽广的国际视野，从全球创新发展的视野确定北京城市定位，即科技创新的引领者、高端产业的增长极、创新创业的栖息地、文化创新的先行区和生态建设的示范区。这其中，科技创新的引领者是其基本定位。这既是中央对北京提出的要求，更是中国自身发展的内在呼唤。

在打造北京作为中国科技创新中心的同时，需要京津冀三地协同，确定各自的功能定位，这样才更有助于推进北京作为科技创新中心的实现。其中，着力打造天津作为中国制造业的中心十分关键。国务院批复的《天津市城市总体规划（2005－2020）》，对天津城市职能定位是，"现代制造和研发转化基地、北方国际航运中心和国际物流中心、国家历史文化名城和旅游城市和生态环境良好的宜居城市"。其中，"现代制造和研发转化基地"是将天津打造成中国制造中心的重要基础。而"研发转化"与北京密切相关。北京作为中国科技创新中心功能愈显著，天津作为"研发转化基地"才有强大支撑。而天津的"研发转化基地"愈显著，也就愈有利于北京科技创新中心功能的实现。就河北而言，河北应加强与京津在城市布局、产业互补、交通互联、生态共建等方面对接协作，利用京津的科技优势，加快实现河北转型升级、绿色崛起。

要打造北京作为中国的科技创新中心，以下的工作十分必要：

一是强化意识。北京要有强烈的建设中国科技创新中心的意识，认识到北京肩负的责任，充分发挥中关村国家自主创新示范区的辐射带动作用，把首都打造成我国自主创新源头和原始创新策源地。

二是实现资源共享。其中，重要的是科技创新资源开放共享。应当强化政府在政策法规、标准规范、监督指导等方面的作用，推动数据文献等科技资源和创新要素开放共享。

三是促进成果转移。特别是促进科技成果转移与产业化，加快科技创新成果有序转移和高效产业化。只有京津冀地区科技功能定位清晰、产业创新分工明确、才有科技资源共享的协同发展、互利共赢的创新型区域建设。

四是优化创新发展环境。就一般意义上的优化创新发展环境，主要内容有，深化科技体制改革，建立区域科技合作新机制，完善京津冀协同创新政策体系，营造支撑引领京津冀一体化发展的创新创业环境。从更宏大的视野考虑，优化创新发展环境，需要培育创新文化，只有以创新文化作为支撑，创新才有源源不绝的动力。这也包括推动教育改革，推动思想市场的形成以及政治改革的适时推进。

三、将保定打造成为中国政治副中心

北京是中国的政治中心，政治资源高度集中。北京政治资源之多，集中了中共中央、国务院、全国人大、全国政协、最高法院、最高检察院以及军委各总部机关，以及上述机构绝大部分的直属机构和事业单位。以国务院系统为例，国务院各部委以及各部委的直属单位和事业单位，就是一个宏大的数量众多的群体。

中央单位人口包括国务院各直属机构在内的人口，例如教育部所属的高等院校、卫计委所管辖的医院系统等，目前保守估计至少200万人，很有可能接近300万人。其中，有相当大一个比重的人口来自于在政治中心机构的工作人员，或是其中的工作人员和家属，或是为政治中心所属机构服务的就业人员和家属。

北京市的一项工作，是要做好"四个服务"，即为在京的党政军首脑机关开展工作服务，为日益扩大的国际交往服务，为国家教育、科技和文化发展服务，为市民的工作和生活服务。"四个服务"的第一项服务是在京的党政军首脑机关开展工作服务，但在京党政军机关太多，要做好为200多万中央单位人口的服务不容易。比如，为领导人的安全服务。中国现有的副国级以上领导就有70余位，几乎都生活在北京，加上已退休的副国级以上领导接近200位，仅仅为这些领导人做好安全服务就十分不易。因而，北京的安保任务十分繁重。试想，如果一位副国级领导或在天津、或在上海、或在重庆、或在广东工作，因为副国级稀少，整个城市或整个省只有一位，其安全服务的压力自然减轻不少，其他服务也就有可能更到位，更有特色。

政治资源过度集中，既有集中的好处，也会有一些资源过度集中所带来的负面影响。将北京作为中国政治中心的功能作适当疏解，可能既有利于更好地发挥北京作为中国政治中心的作用（由于可以享有更好更周全的服务），也有利于那些疏解出去的功能更好地发挥作用。同时也有利于减缓北京人口、资源等方面的压力，推进京津冀协同发展，特别是河北的

发展。

　　北京作为中国政治中心的功能如何分解，笔者认为，选择北京周边的一个城市，将全国人大和全国政协机关搬迁到此，将其打造成为中国的议会中心或议会首都。这个城市，应当符合以下两个条件：地理上与北京相隔较近，同时又有很好的历史文化传统。

　　北京周边城市中，符合上述条件的最理想的城市是河北保定市。

　　保定是尧帝的故乡，春秋、战国时期燕、中山就在境内建都，有3000多年历史。北魏太和元年（477年）分新城县置清苑县，因清苑河得名，系保定设县之始。保定作为京师门户，曾"北控三关，南达九省，地连四部，雄冠中州"，素有"京畿重地"之称。

　　保定市始建于元代，保定之名，寓保卫大都、安定天下之意，大都即北京。清朝为直隶总督署，自清雍正八年（1730年）至清朝灭亡（1911年）直隶总督驻此，保定一直为河北政治、经济、文化、教育、军事中心。

　　保定与北京地理相近，与北京、天津构成黄金三角。保定市中心北距北京140公里，东距天津145公里，西南距石家庄125公里，直接可达首都机场、石家庄正定国际机场及天津、秦皇岛、黄骅等海港。

　　从地理角度考虑，保定与北京距离适中，有一定距离，但不超过两小时路程。将全国人大、全国政协机关设在保定，既有利于全国人大和全国政协更好地发挥作用，同时也有利于保定的发展。以全国人大为例，随着改革的推进，人大常委会代表专职化比例提高，在一个紧邻北京但又相对安静的城市，专心致志地审议修订或拟订法律，决定重大人事任免，由于减少了一些过度关注，并提供相对周到的服务，可能更有利于这些机构发挥作用，也有利于带动保定的发展。

　　保定虽然毗邻北京，但20多个所辖的县市中，按照2010的相关数据统计还有四个国家级贫困县，围绕京津一带的环京津贫困县，一个重要组成部分是来自保定。

　　世界上也有一些国家的行政中心和议会不在一个城市。例如，南非拥有三个首都，行政首都（中央政府所在地）为比勒陀利亚，司法首都（最高法院所在地）为布隆方丹，立法首都（议会所在地）为开普敦。荷兰王国类似。阿姆斯特丹是荷兰王国的首都、经济和文化中心。荷兰的议会、首相府、政府机关、各国使馆及国际法院等机构，则设在西部沿海的海牙。

将全国人大和全国政协机构迁到保定，既可减缓北京城市的巨大压力，也有利于提升北京城市的效率。试想，仅仅在每年的3月份，有5000多代表参加的两会，前后近半个月时间，北京就要全市总动员，以保证每年两会的顺利召开。两会或多或少会影响2000多万人正常的工作、生活和学习，其代价是高昂的。北京现有的公务员中，其中近半数来自公安系统，但尽管如此，安保的压力仍然巨大。笔者近期在北京市公安系统作"京津冀协同发展报告"中提到，在保定设立中国议会首都，全场学员掌声雷动，因为这样会减少北京在安保方面的巨大压力。也就是说，如果在保定设立一个议会首都，虽然保定的安保压力会提升，但影响面就会小得多。这有利于北京城市总体效率的提升。

保定由于紧邻北京，将中国的议会放在这里，仍属于大北京范畴，不仅不会影响北京作为中国政治中心作用的发挥，恰恰相反，应当更有利于提升北京作为中国政治中心的地位和作用，有利于加强京津冀之间的联系，特别是有利于推进保定地区的发展。

四、借助申办冬奥，推动张家口发展

北京和张家口联合申办冬奥会，今年7月份已经获得国际奥委会的通过，随着挪威的奥斯陆退出，只有哈萨克斯坦的阿拉木图和北京一同进入两个候选城市行列。2015年7月31日，国际奥委会将在两个候选城市中最终确定主办城市。从两个城市的各自优势和特征分析，北京有很大可能获得2022年冬奥会举办权。

奥运会是注意力经济。无论京张冬奥最终申办结果如何，都会对张家口的发展提供千载难逢的历史机遇。笔者认为，张家口应借力京津冀协同发展和申办冬奥会，发展成为有特色的绿色休闲城市，向国际城市迈进。北京则应通过京张冬奥会申办，加大与张家口的合作和扶持力度，推动与张家口的协同发展。

历届奥运会，无论冬季或夏季，都是有一个共同特征，就是借助奥运会的申办和举办，推动城市自身发展。例如，1992年西班牙巴塞罗那借奥运之力推动城市改造，使整个城市发展迈上新台阶。2008年北京奥运会，则是通过举办奥运会，推动城市基础设施迈上新台阶，在北京3000多年城

市发展史上，2008年奥运会是一个里程碑式的事件。

为推进京张互动，通过申办冬奥会，推动张家口发展，特提出以下建议：

一是明确张家口城市的自身功能定位。张家口要做好长远的未来城市规划，追求适度发展的，功能定位准确的，有特色的城市发展。如何定位张家口的城市功能，或功能多样性需要进一步探讨。就体育休闲而言，笔者建议将张家口打造成有特色的绿色休闲城市，这对推动其城市长远发展有重要意义。

张家口市区面积不大，全市人口只有400多万，全市面积则有2万多平方公里，比北京管辖的面积还要大。人口少，可借力的东西多，决策更灵活，方方面面的限制少。未来10年，北京、天津两大城市将高度合二为一，同城化特征显著，一个人口总量接近5000万的特大城市呼之欲出。而这对体育休闲、健康休闲需求很大。并且，随着人们生活水平的提升和对健康的更多关注，张家口的体育健康休闲将会吸引人们的注意，形成城市的特色和品牌。很多国际城市，如洛桑也就四、五十万人，规模不大，但很有特色。奥运会形成的注意力经济，能在短时间内推进一个城市的迅速崛起，成为世界著名城市。这次京张联动，如果运用得当，通过申办和举办冬奥会，将极大地提升张家口的影响力。目前迫切需要尽快找准城市定位，进而使城市发展形成特色和品牌，以利于张家口的持续发展。

二是北京应当加大对张家口的关注度。张家口作为北京的近邻，为北京的发展做出了牺牲。例如，张家口每年给北京提供大量的水资源等，上游不允许建工厂；投资，张家口的财力又达不到，可否通过建立合理的补偿机制，比如生态补偿机制，推动张家口的发展。

三是动员社会力量参与奥运。为了申办奥运，张家口可以借助历届奥运会的经验，特别是北京奥运会举办的经验，通过组建张（家口）奥集团，吸引社会资金参与。其中，政府的作用，主要是组织者和资源整合的角色。动员社会力量参与奥运，大量的资源、钱款应当来自社会，来自民营企业。政府应当争取由大型民营企业牵头。政府不花钱或少花钱，组建张奥集团。这样一个大型企业集团，应着眼于张家口城市发展规划，着眼于2022年冬奥会的举办。动用社会力量参与奥运会的举办，有利于以平常心办一届常态奥运会。

四是通过冬奥申办，开展广泛而持久的多方面营销。推销张家口，将张家口的经济、人文等多方面的亮点，实现组团营销，以扩大张家口的影响力和知名度。

五、对河北贫困地区，实行京津包干，对口支援

2005年8月17日，受河北省政府委托，由亚洲开发银行主持研究的《河北省经济发展战略研究》正式面世。"亚行报告"揭示了在北京和天津周围，环绕着河北的3798个贫困村、32个贫困县，其中京津以北连片的贫困县区21个，京津以南不连片的贫困县区11个，总面积8.3万平方公里。如果以150公里的直线距离计算，与北京接壤的河北省张家口、承德、保定三市就有25个国家级和省级贫困县，贫困人口180.4万，占全省贫困人口的35.86％。在这份亚行报告中首次提出"环京津贫困带"的概念。在以后近10年的研究中，许多学者将河北省张家口、承德、保定三市的25个环北京国家级和省级贫困县称为"环首都贫困带"。该地区是我国东部沿海地区贫困程度最严重的地区之一，与西部地区最贫困的三西地区（定西、陇西、西海固）处于同一发展水平，有些指标甚至比"三西地区"还要低。上述现象至今并没有破解。

面对河北如此多的贫困县，要实现京津冀协同发展，北京和天津应当有一份责任和担当，推进河北省贫困县早日脱贫，实现共同富裕。不然，一方面是高度现代化的国际大都市，另一方面是贫困落后的河北农村。这样的局面共存，如何实现共同富裕，打破"一亩三分地的思维"，笔者认为，对环京津贫困带，应当实行京津包干，对口支援。

北京重点扶持张家口和承德，天津重点扶持保定。也就是，北京对张家口和承德，加大扶持力度，例如加大生态补偿力度，动员社会资本向张家口和承德投资。此外，北京和天津两市，应制订重点扶持计划，动员两市区县政府与贫困带县市互动，实行包干，一对一的对接。当然，是在政策允许范围内，对环京津贫困带实行政策倾斜，重点扶持。京津两市与河北省共同承担起扶持落后地区的责任。目前，国务院京津冀办公室已经成立，如何尽快消除环京津贫困带，国务院京津冀办公室应与三地互动，制订详尽的尽快消除贫困带的方案，其中，京津包干，对口支援，应当是一个重要的选项。

税收助力京津冀协同发展的对策研究
——长珠三角税收管理经验借鉴

金志雄　魏雅娟　周聪利[*]

随着京津冀三地协同发展步伐的加快，需要与之相适应的税收制度、税收征管及税收服务。在一体化发展较为成熟的珠三角、长三角则提供了一个可比较和可参考的税收样本。

一、税收视角下的京津冀协同发展特点

京津冀同长三角、珠三角作为国内三大经济圈，以占全国6.3％的国土面积承载了全国27.6％的人口和40.9％的经济总量，以占全国72.1％的进出口额和66.4％的外商投资企业投资额，成为国家对外经济贸易往来的重要区域。与长三角、珠三角的主要指标对比看，京津冀地区在总体规模、产业结构、对外经济、增速方面均处于较低水平，其中经济密度略低于珠三角、远低于长三角（见表1）。

表1　三大区域主要指标比较（2015年）

区域		总体规模			产业结构		对外经济		发展水平		增长速度	
		面积（万平方公里）	人口（万人）	GDP（万亿元）	第二产业增加值（万亿元）	第三产业增加值（万亿元）	进出口总额（亿美元）	外商投资企业投资（亿美元）	人均GDP（万元）	经济密度（万元/平方公里）	GDP增速（％）	国定资产投资增速（％）
京津冀	数量	21.6	11142	6.9	2.7	3.9	4852.4	6359.1	6.2	3214	4.3	10.6
	占全国（％）	2.2	8.1	10.1	8.3	11.4	12.3	14	—	—	—	—

---

[*] 作者金志雄，北京市丰台区地方税务局党组书记、局长；魏雅娟：北京市丰台区地方税务局收入核算科副科长；周聪利：北京市丰台区地方税务局第二税务所科员。

续表

区域		总体规模			产业结构		对外经济		发展水平		增长速度	
		面积（万平方公里）	人口（万人）	GDP（万亿元）	第二产业增加值（万亿元）	第三产业增加值（万亿元）	进出口总额（亿美元）	外商投资企业投资（亿美元）	人均GDP（万元）	经济密度（万元/平方公里）	GDP增速（％）	固定资产投资增速（％）
长三角	数量	21.1	15931	13.8	6	7.2	13415.8	17352	8.7	6549.4	7.2	10.7
	占全国（％）	2.2	11.6	20.1	18.6	21.2	33.9	38.2	—	—	—	—
珠三角	数量	18	10849	7.3	3.3	3.7	10225	6443.1	6.7	4045.1	7.4	15.4
	占全国（％）	1.9	7.9	10.6	10.2	10.8	25.9	14.2	—	—	—	—
三大区域占全国比重（％）		6.3	27.6	40.9	37.1	43.5	72.1	66.4	—	—	—	—

资料来源：根据《2016年中国统计年鉴》《2016年中国财政年鉴》《2016年中国税务年鉴》分地区指标数据计算得出。受限于数据来源，京津冀由北京、天津、河北加总，长三角由上海、浙江、江苏加总，珠三角指广东。下同。

在税收指标上，如表2所示，2015年三大区域税收收入合计完成税收收入6.1万亿元，约占全国税收收入的一半。与长三角、珠三角相比，京津冀区域税收收入总额1.9万亿，占全国税收收入比重14.7％，略高于珠三角。其税收增长贡献率为15.1％，高出珠三角6.5个百分点，而税收增速为2.1％居于末位，低于全国5％的平均水平，远低于长三角。

表2 三区域税收指标比较（2015年）

地区	税收收入（亿元）	税收收入增速（％）	占全国税收收入比重（％）	税收增长贡献率（％）
京津冀	19992.9	2.1	14.7	15.1
长三角	33499.6	10.5	24.6	23.4
珠三角	11780.6	5.7	8.7	8.6

续表

地区	税收收入（亿元）	税收收入增速（%）	占全国税收收入比重（%）	税收增长贡献率（%）
全国	136021.8	5.0	100	100

资料来源：根据《2016 年中国税务年鉴》《2015 年中国税务年鉴》分地区指标数据计算得出。

与长三角、珠三角对比看，如图 1 所示，京津冀地区第一产业税收占全部税收比重低至 0.1%，同长三角、珠三角持平。三大区域中，京津冀第三产业税收占比达 70.2% 而位于首位，比长三角、珠三角分别高出 16.2 个百分点和 23.7 个百分点，反映了京津冀地区第三产业对税收的重要贡献。

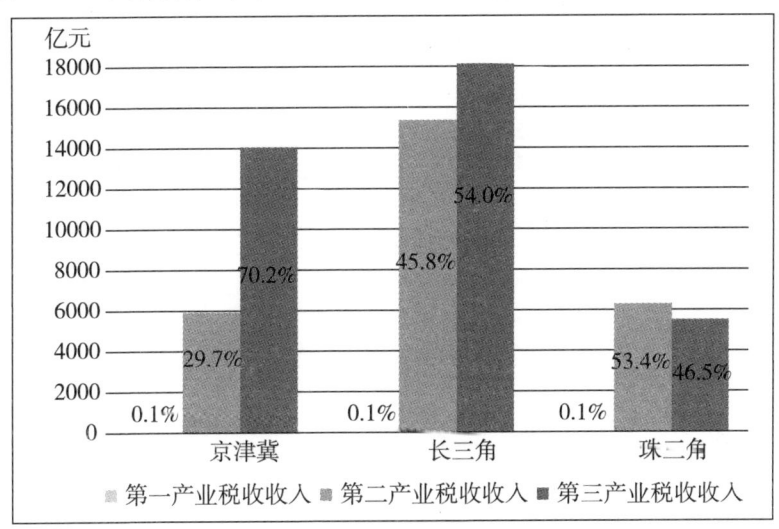

图 1　三大区域税收收入分产业收入对比（2015 年）

资料来源：根据《2016 年中国税务年鉴》分地区分产业指标数据计算得出。

《京津冀协同发展规划纲要》明确了三地定位，即北京市为"全国政治核心、文化核心、国际交往核心、科技创新核心"；天津市为"全国先进制造研发基地、北方国际航运核心区、金融创新运营示范区、改革开放先行区"；河北省为"全国现代商贸物流重要基地、产业转型升级试验区、新型城镇化与城乡统筹示范区、京津冀生态环境支撑区"，而三地主要产业的税收收入结构体现了当前北京、天津和河北的产业布局特征。图 2 显示了北京、天津、河北三地的行业税收占比高于全国平均水平的主要行业。其中，北京 11 个行业税收比重高于全国平均水平，金融业以 41.9%

居于首位，远高于全国 13.6% 的水平。租赁和商务服务业、批发和零售业、科学研究和技术服务业等第三产业比重高于全国平均水平，显示了北京第三产业的绝对优势；天津 3 个行业税收比重高于全国平均水平，制造业和采矿业分别高达 48.9% 和 6.8%，高于全国 33% 和 2.8% 的平均水平。科学研究和技术服务业略高于全国；河北 7 个行业税收比重高于全国平均水平，以制造业、采矿业、建筑业等第二产业为主。

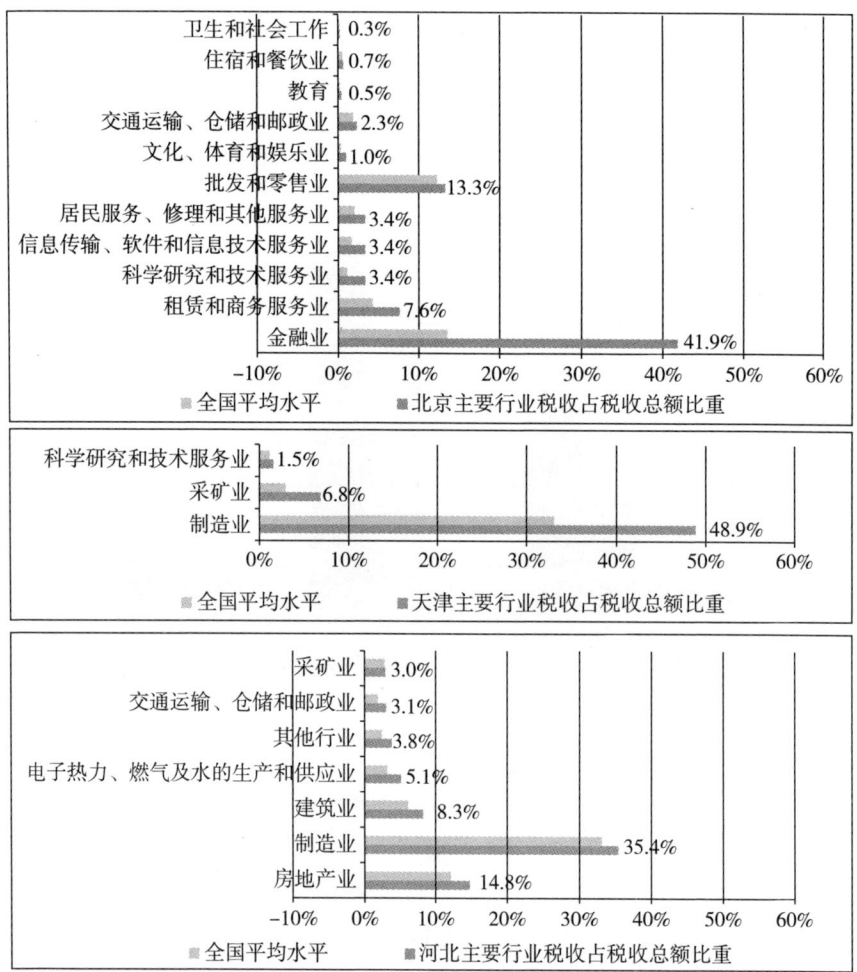

图 2：京津冀行业税收占本地税收总额比重超全国平均水平的行业分布（2015）

资料来源：根据《2016 年中国税务年鉴》分地区分产业指标数据计算得出。

综上所示，从三地定位看，北京市生产性服务业行业优势明显，但产业链大而全。天津市制造业优势明显，与其配套的生产性服务业发展滞后。河北省制造业优势明显，房地产业逐渐成为本地经济的重要支撑。值得注意的是，天津、河北均以制造业税收收入为首，亟待运用先进技术升级改造传统制造业以及发展高端制造业，因而需要增强北京科技创新优势对天津、河北产业的辐射和带动，以实现区域内科技成果转化和构建科技创新全产业链。总体而言，京津冀三地产业有待进一步优化调整。

二、税收在京津冀协同发展中面临的问题

（一）税收制度与政策方面

第一，部分税收政策的差异阻碍区域协同发展。一些地方税种存在幅度税率，三地政府根据本地实际情况确定的税率并不完全相同，一些税收政策上的差异可以起到调节作用，但也容易成为京津冀区域协同发展的障碍。如融资租赁出口退税政策上，天津东疆保税区政策力度大于河北曹妃甸，容易导致产业逆流。再如，京津冀三地的土地使用税税额标准不同，特别是京冀交界地区征收额差距较大，这些地方税征收标准未从区域协同发展的高度统筹设计。

第二，鼓励科技创新和协同创新的税收政策力度、范围均有不足。在政策力度上，现行的中关村国家自主创新示范区税收政策对企业技术创新和升级改造发挥了较好的促进作用，但在执行中存在惠及面窄、优惠力度有限、政策门槛过高、配套政策不完善等问题。比如，由于研究开发费加计扣除政策门槛过高，致使部分科技创新型中小企业无法享受相关优惠政策，不利于科技创新型中小企业发展壮大。在政策实施范围上，由于河北、天津的产业园区无法享受中关村示范区"新四条"试点税收政策，在一定程度上阻碍了科技创新产业在河北、天津的落地孵化。

第三，现行税制对环境治理的调节力度不够。出台的环境保护税法，按照平移原则费改税，根据现行排污费项目设置税目，未强化限制高污染、高能耗行业发展的税收力度；水资源税在河北试点阶段，未向京津冀区域推开；现行车船税法对于环保未达标的车船缺少课以重税的惩罚性、抑制性政策规定；对张家口—承德生态涵养区等为生态建设作出贡献的地区缺少税收优惠政策扶持。

第四，对优化城市布局缺少税收政策支持。从近期看，需要加快北京周边节点城市建设，以起到疏解首都人口和振兴河北经济的双重功效；从

长期看，需要推动河北大中城市建设，逐步形成世界级的城市群。由于优化区域城市布局具有紧迫性、艰巨性、长期性，税收政策应作为必要的调控手段，但目前还缺乏相应的税收政策，不利于加快推动基础设施建设、吸引人才、资金、医疗、教育等资源向需要重点发展的城市聚集。

（二）税收体制机制方面

第一，京津冀税收协同机制有待加强。推动京津冀区域协同发展，需要根据区域内产业结构、税源结构等税收征管实际，整合三地税务机关税源信息、征管制度、信息系统等。目前，京津冀税收协同正在探索和实践阶段，三地税务机关在税收便利化、征管协同、信息交换、科研合作等方面尚未建立长效工作机制。

第二，有利于财政均衡的税收利益分享机制有待完善。目前关于跨区域税收利益分享还存在诸多体制机制障碍，有待在法律制度层面和实践中加以理顺。一是国家层面相关制度安排还存在缺失。一些地方自行探索建立的税收利益分享机制以地方政府间签订协议的方式确定，缺乏必要的法律效力。二是对跨省迁移企业的税收利益分享原则尚未确定。关于税收利益分享的主体范围、实施条件、分享税种、分享比例、时间跨度等有待明确。三是现行的总分机构企业所得税汇总纳税制度采取统一的五五分成，没有考虑不同企业的行业差别、外部效应以及总分机构所在地付出的生产要素成本。

第三，高效、透明的涉税信息共享机制有待建立。一是三省市税务机关与其他政府部门之间信息数据交换的范围和及时性还无法满足税收专业化、精细化管理的需要，政府部门信息孤岛的现象较为严重，距离跨部门大数据管理还有较大差距。二是三省市税务机关之间的信息共享机制尚未建立，没有形成统一的数据交换标准，也缺少支持三省市税务机关数据交换的网络平台，对区域税收协作的推进形成制约。三是信息数据利用水平亟待提高。目前，三省市税务机关的信息化系统种类较多，数据分散，造成多系统应用下数据集中管理较为困难，涉税信息数据缺少深度挖掘，数据利用程度有待提高。

三、长珠三角税收管理经验借鉴与启示

从长三角、珠三角的经验来看，珠三角的区域协调在本省内协调，难

度相对较小。长三角以上海为中心进行的区域协作与内部整合已达到较高水平。

(一) 长珠三角区域经济一体化的先进经验

长江三角洲区域经济一体化的快速发展在很大程度上缘于改革开放后生产要素的跨地区流动、产业合理分工与密切协作。目前，长三角区域一体化坚持"政府为引导，市场为基础，企业为主体，多方共参与"的原则，充分发挥各自的比较优势，通力合作，达到了合作共赢。

第一，高度重视协同发展的合作制度和机制的构建[①]。目前，长三角地区已经基本形成了层次分明、分工合理的四级区域合作与协调机制。这种从宏观到微观的会商—决策—协调—执行的四级联动、有机协调的合作运作机制成为长三角区域一体化逐渐深入的最重要的基础和制度保障。

第一层是建立和实施每两年举办一次的沪苏浙（现在已经包括了安徽）等省市主要领导出席的定期会商机制，主要决定长三角区域合作方向、原则、目标与重点等重大问题；第二层是常务副省（市）长主持的每年一次的"沪苏浙经济合作与发展座谈会"机制，主要任务是落实主要领导座谈会的部署，协调推进区域重大合作事项；第三层是每年举办一次的长三角16城（现在已经扩大到22城）市长参加的"长江三角洲城市经济协调会"机制，主要任务是将宏观的合作目标变成合作专题，在城市之间以专题形式进行不同领域内的合作，主要开展交通、港口、规划、旅游、科技、信息及产权等专题项目的合作；第四层是部门间及行业间的合作机制，长三角城市政府相关职能部门间也建立了联席会议、论坛、合作专题等合作机制。

这种从宏观到微观的会商—决策—协调—执行的四级联动、有机协调的合作运作机制成为长三角区域一体化逐渐深入的最重要的基础和制度保障。

第二，城市功能区域定位完善[②]。长三角城市群中大中小城市齐全，各具特色的小城镇星罗棋布，城镇间联系密切，遵循错位发展的思路，形成既竞争又协同，相互协调，相互带动，构成"一核五圈四带"的网络化

[①] 引自：薄文广，周立群. 长三角区域一体化的经验借鉴及对京津冀协同发展的启示，城市 [J]. 2014 (5)，P8—11.

[②] 引自：魏亭亭，周桂荣. 京津冀区域与长三角区域协同一体化发展比较分析，经济界 [J]. 2017 (1)，P37—44.

空间格局："一核"是指上海；"五圈"是南京都市圈、杭州都市圈、合肥都市圈、苏锡常都市圈和宁波都市圈；"四带"是沿海发展带、沿江发展带、沪宁合杭甬发展带以及沪杭金发展带。这意味着，南京、杭州、宁波3个副省级城市在注重自身发展之外，还要充分发挥其作为区域龙头的带动与辐射作用。

而京津冀区域内当前三省市之间发展定位衔接不够，区域内不同规模城市没有形成合理分工和分布布局，城市之间未能有效相互衔接互动。河北在京津冀的格局中处于相对弱势地位，京津对河北的"虹吸效应"，可导致京津冀三地之间的差异越来越大。

第三，从共赢的合作方式入手，从易到难，由点及面地渐次进行[①]。长三角地区通过审慎选择合作专题和具体合作项目的实施由易到难、由点及面地渐次进行而不能盲目地进行合作。比如，长三角区域一体化就是从交通基础设施（公交一体化）、旅游合作、品牌推广、消费者维权等可以有效增进所有参与地区利益的合作行为入手，逐渐向生产要素一体化（科技资源、人力资源、金融及职业资格互认）、产业一体化（规划一体化、市场准入及规范执法）、民生一体化（社保、医保联网结算及环境管理）、社会管理等方面推进。

第四，地方政府、企业和社会组织之间形成多层次、良性互动的网络型合作治理模式[②]。长三角在启动初期与京津冀相似，也采用了政府主导型模式，这可以在短时间内凝聚共识、制定政策并通过强有力的行政权力加以推行，但这种"自上而下"的模式存在着非市场性、非制度性、难监督性等特点。长三角区域一体化坚持"政府为引导，市场为基础，企业为主体，多方共参与"的原则，充分发挥各自的比较优势，通力合作，达到了合作共赢。长三角各级地区政府积极鼓励行业协会、中介组织、社会团体和研究机构等社会组织在区域一体化中发挥作用，举办各种论坛、研讨会，并提供智力支持，推动区域合作的决策模式由原来的政府单中心模式逐渐向以政府、企业及社会组织等共同参与的网络型互动合作模式转变。

---

① 引自：薄文广，周立群.长三角区域一体化的经验借鉴及对京津冀协同发展的启示，城市［J］.2014（5），P8—11

② 引自：薄文广，周立群.长三角区域一体化的经验借鉴及对京津冀协同发展的启示，城市［J］.2014（5），P8—11

（二）长珠三角经济一体化进程与之相适应、相促进的税收管理优化实践

第一，注重运用税收政策来引导资源流动。长三角在发展过程中，优惠政策主要集中于企业所得税、增值税、（原）营业税等税种上。其中，企业所得税采取的税收优惠方式为减免税收、职工教育经费扣除比例扩大、研发费用加计扣除、设备投资抵免、减计收入、缩短固定资产摊销年限等；增值税的税收优惠方式采用的是高新技术企业、软件企业增值税的免征、即征即退、先征后退等；（原）营业税的税收优惠方式主要是免征；珠三角发展中实施人才引进税收优惠政策，引导人才聚集，促进都市圈经济发展。

第二，建立税收合作与利益协调机制。珠三角方面，2004年2月9日泛珠三角区域签订了《泛珠三角区域地方税务合作协议》，泛珠三角税收合作机制的建立对区域内税收利益的协调起到了积极作用，我国地区税收合作项目的一种新的尝试；协调划分内地与港澳之间的税收管辖权，避免重复征税，促进港澳与内地经济的协调发展。

长三角方面，2016年6月3日公布的《长江三角洲城市群发展规划》提出，研究建立合理的税收利益共享和征管协调机制。如何分配好产业转移的税收是利益共享机制的核心，合理的税收分享机制将有助于推动合理的产业转移，保护和提高迁出地区和迁入地区的积极性；《长江三角洲城市群发展规划》同时提出，在相关城市自愿协商的基础上，研究设立长三角城市群一体化发展投资基金，鼓励社会资本参与基金设立和运营，丰富企业的融资渠道，为企业进行产业升级提供资金保障，对经济转型起到积极作用。

第三，税收管理及服务功能相对完善。长三角方面，政务一体化步伐不断加快。苏浙沪两省一市的交通、人事、规划、环保、质量等部门建立了长三角共享信息平台，逐步解决因行政壁垒带来的标准不一、资源流动不畅等问题；珠三角方面，2010年12月20日广东省政府出台《广东省涉税信息交换与共享规定（试行）》（粤府办〔2010〕69号），搭建集涉税信息采集、交换、分析、处理为一体的网络平台，联合工商、物价等职能部门通过该平台报送、传递涉税信息，实现多部门联合控税。

四、税收助力京津冀协同发展的政策建议

（一）构建京津冀地区税收合作机制和体制

建立统一的京津冀税收协调保障制度。将京津冀作为一个整体，明确各地政府部门在涉税信息共享、提供执法协助等方面的工作职责，积极构建"政府主导、税务机关协调、相关部门配合"的综合治税制度。设立区域涉税争议专门协调机构。建立区域涉税信息共享机制和区域涉税信息数据共享交换平台，统一数据交换标准，实时共享交换三地六局管理的所有纳税人的税务登记、税务认定、申报征收、发票管理、税收风险控制、税务稽查、相关重大税收违法案件、自然人、纳税信用、政策法规库等涉税信息。

（二）充分发挥税收政策导向作用，优化京津冀区域产业布局

对于不宜发展产业目录的产业，逐步取消税收优惠政策。对列入鼓励促进发展产业目录的产业，健全完善税收优惠政策体系。以鼓励京津冀制造业转型升级为例，对传统制造企业淘汰落后设备和实现产业转型升级而新建项目或新购置的生产经营设备，执行固定资产加速折旧政策；对压缩过剩产能的传统制造企业，按企业压缩过剩产能占当年产能的比例减征企业所得税。

支持首都周边重要节点城市发展。对京津冀企业，尤其是民营企业在首都周边重要节点城市的港口、码头、机场、铁路、公路、城市交通、地下管网、电网、通信等公共基础设施项目的投资经营所得，给予企业享受税收优惠减免政策。

（三）运用财政手段增进政府、企业、社会组织之间的合作和良性互动

对跨地区的行业协会联盟或新的行业协会组织，在其协同政府、共同制定区域行业发展规划、区域共同市场规则以推进区域市场秩序建立过程中，可给予适当税收减免及财力支持。

运用税收手段鼓励相关学术机构、科研院所加强京津冀协同发展研究，开展有关京津冀地区协同发展的重大专题类研究。积极鼓励外省市研究机构共同参与研究，通过轮流举办各种层次的研讨会和宣讲会等增进地区间的了解与合作，进而为京津冀协同发展实践提供理论指导和智库

支撑。

（四）规范统一促进京津冀市场一体化的税收政策

全面梳理现有京津冀三地执行的税收政策，分析比较税收政策执行中的细微差别，结合产业结构调整的战略布局，按照有利于产业转移对接、有利于区域发展、有利于区域间协同的原则，规范调整各地区的税收政策，减少因税收政策差异造成的产业逆向转移、阻碍区域发展、降低区域间协同发展效率等问题的发生。

完善相关领域税收立法。由国务院制定出台关于京津冀协同发展的实施意见，并制定财政、税收、金融、环保、交通、产业发展等各相关领域政策，加强各领域政策的有效衔接，形成政策合力。增加税收管辖制度的相关规定，对地域管辖、级别管辖以及管辖权争议解决给予明确规定。对京津冀区域实施先行先试税收优惠政策以及根据产业目录取消税收优惠政策，建议由国务院制定行政法规并颁布实施。对于示范带动效果较好的先行先试税收政策，应及时上升为法律，并在全国推广实施。

（五）创新完善区域税收分配制度

针对京津冀三地产业转移升级以及区域间税收分配的问题，积极争取国家相关部门的税收政策支持，充分发挥税收调节经济行为、调控产业发展、聚集财政收入的职能作用。

对共建产业园区产生的增值税、企业所得税地方留成部分，按照三地政府对园区的投资比例进行分成，对于房产税、土地使用税、契税、土地增值税、印花税等地方税种，全部归园区所在地政府。

对跨区经营汇总纳税企业，充分考虑企业分支机构的实际经营规模、经济活动贡献大小以及分支机构所在地承担的投资开发成本、污染治理成本、资源能源消耗等因素，在现有五五分成的基础上，适当调增总分机构企业所得税在河北省迁入地区的分成比例。

（六）加大技术投入，实现税收征管的统一化和信息化

加大京津冀一体化税收信息和网络化建设力度。一方面，完善统一的内部税收征管业务系统，提高涉税信息占有量，增强税收征管、稽查的针对性。另一方面，建立统一的纳税人申报、涉税咨询、投诉系统，杜绝纳税服务盲点，构建对接式、立体化的税收服务机制。

建立三地税收收入综合数据库。定期开展税收收入数据关联分析，将税收分析放到京津冀一体化大环境中进行，查找区域间税负差距，为公平

税负提供支撑，为上级领导提供决策参考依据。

第三，统筹建立社会信息系统，打造信息共享平台。定期交换跨区域纳税人征管信息、信用信息及有关经济税收数据。使各部门采集的各种信息成为多职能部门处理业务的基础资料。

（七）积极发挥税收对国家重大决策的服务作用

京津冀一体化作为重大国家战略，衍生出了"非首都核心功能疏解""首都副中心""冰雪产业带""雄安新区"等众多国家重大决策的出台，根据各自的发展特点，制定完善相应的税收政策。

在雄安新区的建设中，税收政策应定位于助力疏解、优化及创新这一战略部署，将北京非首都功能疏解至雄安新区，有必要对搬迁给予相应免税政策，以降低搬迁成本。在搬迁的过程中涉及到机构清算、纳税主体变更、新纳税地点税收遵从等问题，税收政策应在原有的政策基础上，制定有利于疏导功能的政策调整。

在优化京津冀城市布局和空间结构中，一方面，制定个人所得税优惠政策形成对人力资本的税收激励，如对赡养人口费用、教育支出及医疗费用可以税前扣除，对于雄安新区的人才制定特殊的个人所得税减免或返还政策等。另一方面，可采用优惠税率、所得税减免等手段给予雄安新区税收激励，或通过办税的便利性降低税收遵从成本。

京津冀协同发展的工作成果与未来展望[*]

京津冀三地党刊联合课题组[**]

推动京津冀协同发展,是党中央、国务院在新的历史条件下作出的重大决策部署,是一个重大国家战略,具有重大现实意义和深远的历史意义。2014年2月26日,习近平总书记全面深刻阐述了京津冀协同发展战略的重大意义、推进思路和重点任务,为京津冀协同发展指明了方向。根据《京津冀协同发展规划纲要》制定的发展目标,2017年是一个重要时间节点。三年多来,京津冀三省市按照国家制定的"路线图"和"时间表",创造性开展工作,取得了显著工作成果,实现了良好开局,为顺利完成协同发展目标打下了坚实基础。

京津冀协同发展的工作成果

习近平总书记强调指出,京津冀协同发展是个大思路、大战略,要通过疏解北京非首都功能,调整经济结构和空间结构,走出一条内涵集约发展的新路子,探索出一种人口经济密集地区优化开发的模式,促进区域协调发展,形成新增长极。三年多来,落实习近平总书记系列重要讲话精神、推动京津冀协同发展的过程,也是思想观念、政策思路和建设实践"三位一体"的提升过程。

(一)理念引领,促进发展方式转变

理念是行动的先导,对于开展工作具有重要指导意义。五大发展理念的树立和践行,推动了京津冀协同发展,引发了思想观念的深刻变革。

一是创新发展理念。创新是推动京津冀协同发展的强大引擎。这既是立足于京津冀地区具有首都优势、市场优势、科技创新资源富集优势、交

---

[*] 此文曾刊登在北京市委刊物《前线》杂志2017年第9期。
[**] 课题组成员:许海,中共北京市委前线杂志社主任编辑;田耀斌,中共河北省委共产党员杂志社二编室主任;陈爽,中共天津市委支部生活杂志社编辑二部副主任。

通区位优势的客观认识，又是应对北京功能集聚过多造成"大城市病"、区域功能布局不够合理、城镇体系结构失衡、区域发展差距悬殊、资源环境超载矛盾严重等"问题倒逼"的明智选择。树立创新发展理念，就是通过科技创新、体制机制创新、政策制度创新和思想理论创新等途径，有效破解深层次矛盾和问题，建立健全区域创新体系，整合区域创新资源，形成京津冀协同创新共同体，不断汇聚发展新动能，实现从规模粗放型发展到创新驱动发展的重大转变。

二是协调发展理念。协调是推动京津冀协同发展的内在要求。当前，京津冀三地处于工业化的不同时期，北京率先迈向后工业化社会，天津处于工业化后期，河北尚处于工业化中期。不同的发展阶段催生了"虹吸效应""环京贫困带"等现象。树立协调发展理念，就是通过协调功能定位，促进错位发展，相辅相成，共同服从和服务于区域整体定位；通过协调比较优势，充分激发各地积极性，调整优化区域生产力布局；通过协调产业分工，着力加快推进产业对接协作，理顺三地产业发展链条，形成区域产业合理分布和上下游联动机制，实现从同质化竞争到差异化发展的重大转变。

三是绿色发展理念。绿色是推动京津冀协同发展的重要保障。环境因素是三地协同发展的首要诱因和重要目标。京津冀地区进一步发展面临着资源底子薄，生态环境差、发展空间和承载能力严重不足的缺陷，特别是水资源缺乏、水环境污染、大气质量差等问题，不仅造成了各种环境负担，也制约了区域持续增长。树立绿色发展理念，就是通过建设绿色环境，打造绿色GDP，树立绿色政绩观念，着力扩大环境容量生态空间，加强生态环境保护合作，实现从资源能耗型发展到资源节约型、环境友好型可持续发展的重大转变。

四是开放发展理念。开放是推动京津冀协同发展的思想动力。长期以来，由于多种因素的影响，京津冀发展存在各自为战、思想活跃性与开放度不足、限制了自身发展和辐射带动作用发挥等问题。树立开放发展理念，就是要打破"一亩三分地"思维定式，跳出自身看发展，充分融入京津冀协同发展大格局，积极适应经济一体化和竞争全球化潮流，通过加强顶层设计，推进布局调整，增强系统性、包容性、主动性，加快对内对外开放进程，在更大范围内集聚配置资源，实现从局限一隅算利益到借力全国和世界谋发展的重大转变。

五是共享发展理念。共享是推动京津冀协同发展的目标愿景。实施协同发展，不仅要促进三地共同发展，更要坚持人民主体地位，以人民的需要和利益为出发点和落脚点。树立共享发展理念，就是要努力实现三地发展水平稳步提升，居民消费和收入逐步提高，生活水平的差距趋向缩小，公共产品和服务逐步均等化，人民群众享有人口、资源与环境和谐发展的成果。在此基础上，更好发挥环渤海地区辐射带动和全国示范引领作用，实现从自享发展成果到三地同享乃至环渤海和全国共享发展成果的重大转变。

（二）思路调整，提供政策制度保障

在五大发展理念的指导下，京津冀三地大力调整工作思路，推出多种政策措施，保障协同发展不断取得新成果。

一是工作思路实现新拓展。京津冀三地主要领导高度重视协同发展。北京市委书记蔡奇指出，推动京津冀协同发展，要紧紧抓住疏解非首都功能这个"牛鼻子"，在"疏"字上持续用力，在"舍"字上保持定力，在"优"字上集中发力，聚焦重点领域积极疏存量，加大禁限力度坚决控增量，推动功能疏解不断向纵深发展。天津市委书记李鸿忠强调，京津冀协同发展是天津发展的重要历史性窗口期，得之如宝，失之不再，必须坚持以新发展理念为统领，着眼大格局、秉持大胸怀、融入大战略，着力推动发展格局优化、发展动力转换、发展空间拓展、发展环境改善，在协同发展中定位天津角色、展现天津作为、作出天津贡献。河北省委书记赵克志认为，河北最大的优势是毗邻京津，最大的机遇是协同发展，要求坚决贯彻落实习近平总书记重要讲话和指示精神，推动各项工作进展，在对接京津、服务京津中加快发展自己。在主要领导的部署下，三省市积极拓展调整工作思路，推进协同发展呈现出新面貌。

二是政策规划形成新体系。北京制定了《京津冀协同发展规划纲要》的贯彻意见，2015~2017年工作要点，2015年、2016年和2017年各年度重点项目，"十三五"时期推动京津冀协同发展市级专项规划，形成"远期有贯彻意见、中期有五年规划、近期有工作要点、当年有重点项目"的一揽子推进体系。天津根据"一基地三区"功能定位，制定出台四个专项《实施意见》，坚持推动"双优化"，即在实现经济结构优化升级的同时，优化区域分工和产业布局；增强"双动力"，即一方面发挥科技创新的引擎作用，另一方面通过进一步深化改革发挥制度创新的发动机作用；扩大

"双开放",即扩大对内开放的京津冀向心力和对外开放的京津冀竞争力;坚守"双底线",即牢固树立生态环保和民生保障思维融入京津冀协同发展。河北构建起推进协同发展的"1+4+N"规划体系,精准勾勒出河北在协同发展中的发展路径。"1"就是《河北省推动京津冀协同发展规划》;"4"就是"三区一基地"4个功能定位规划;"N"就是空间布局、可再生能源开发利用、交通一体化等27个专项规划。结合中央有关部门发布的《"十三五"时期京津冀国民经济和社会发展规划》《京津冀空间规划》,12个专项规划和一系列政策意见,京津冀协同发展政策规划新体系初步形成,发挥了促进协同发展的重要作用。

三是体制机制创造新突破。三省市建立了跨越区域的联席会议机制,在横向协商机制的促进下,《关于推进京津冀产业协同发展战略合作框架协议》《京津冀区域环境保护率先突破合作框架协议》《京津冀文化领域协同发展战略框架协议》等协议纷纷签署。为加快打造京津冀协同创新共同体,制定实施《北京加强全国科技创新中心总体方案》,落实京津冀系统推进全面创新改革试验方案,全面开展18项改革实验,制定实施建设京津冀协同创新共同体工作方案、中关村京津冀协同创新共同体建设行动计划,推动区域科技资源共享和重大创新成果在津冀转化。2014年9月,京津冀通关一体化改革在全国率先实施,建立了关检互认、口岸直通、信息共享机制。医药产业转移异地监管取得突破,服务业扩大开放综合试点推出三个阶段136项具体措施。为加大人才在京津冀有序流动,北京通州、天津武清、河北廊坊三地试点合作,签署了人才合作框架协议,推出了人才绿卡、鼓励企事业单位间科研人员双向兼职等十多项先行先试政策。2017年,《京津冀人才一体化发展规划纲要》印发实施。这些举措体现出京津冀优化配置资源的体制机制优势,诸多经验被国内其他省区市借鉴。

(三)实践跟进,展现协同发展新景

按照习近平总书记系列重要讲话指示精神要求和规划纲要部署,在京津冀协同发展中,近年要在有序疏解北京非首都功能方面取得明显进展,在符合协同发展目标且现实急需、具备条件、取得共识的交通一体化、生态环境保护、产业升级转移等重点领域率先取得突破,深化改革、创新驱动、试点示范有序推进,协同发展取得显著成效。三年多来,这些要求和部署正在转化为生动的协同发展实践。

一是疏控并举,北京非首都功能疏解扎实有序推进。在严控增量方面，制定实施全国首个以治理"大城市病"为目标的新增产业禁止和限制目录，全市禁限比例达到 55%、城六区达到 79%。截至今年 6 月，根据目录不予办理的新设立或变更登记工商业务累计达 1.73 万件，其中今年 851 件。从严调控的制造业、农林牧渔业、批发和零售业新设市场主体数量持续下降，与首都功能定位相匹配的金融业、文化体育业、科技服务业持续增长。在疏解存量方面，坚持政府和市场两手用力，分领域率先实施一批有共识、看得准、能见效的重大疏解项目。2013 年以来全市累计疏解退出一般制造业企业 1880 家，其中今年前 7 个月退出 539 家；2015 年以来累计调整疏解市场 462 家、物流中心 71 个，其中今年前 7 个月疏解提升市场 160 个、物流中心 20 个。坚持疏解与提升并重，制定农副产品市场疏解替代措施，部分学校、医院疏解稳步推进。人口调控取得明显成效。2016 年末，全市常住人口为 2172.9 万人，比 2011 年末增加 154.3 万人，年均增长 1.5%，低于 2007～2011 年年均增速 3.2 个百分点。常住人口增量从 2011 年的 56.7 万人降至 2016 年的 2.4 万人，增速从 2011 年的 2.9% 降至 2016 年的 0.1%。

北京城市副中心是疏解非首都功能的一项标志性工程。副中心总体城市设计方案基本完成，各组团详细规划、城市设计导则和通州区全域总体规划抓紧编制。行政办公区一期工程二次结构加快施工，地下综合管廊等部分设施同步推进，安贞医院、人民医院、人大附中加速落户。从北京 23 个市级部门抽调 115 名干部组成的"工作专班"进驻通州，形成了市区合力推进副中心建设的良好态势。

二是统筹共进，三个重点领域率先突破。一体化交通网络加快构建。涉及北京的国家高速铁路网全部开工，"轨道上的京津冀"加快打造，京昆、京台高速先后通车，高速公路"断头路"加快打通，新机场航站楼钢结构全面封顶。出京公交已达 39 条，线路长度 2800 公里；京津冀交通一卡通已覆盖全市公交线路近 1000 条，年内实现城市轨道交通全覆盖，京津城际实行月票制，三地百姓出行更为便利。生态环境协同保护深入推进。完善区域大气污染、水污染防治协作机制，推动环保统一规划、统一标准，实现空气重污染应急联动。北京与津冀合力推进淘汰落后产能、发展清洁能源等减排措施，连续两年投入近 10 亿元支持廊坊、保定两市淘汰改造燃煤锅炉，区域 PM2.5 平均浓度 2016 年比 2013 年下降约 33%，老百姓的"心肺之患"正在逐步解决。生态建设协同力度加大，京津风沙源治理、张承地区生态清洁小流域治理和农业节水等生态工程持续推进，122万亩张家口坝上地区退化林分改造任务全面完成。永定河综合治理与生态修复总体方案出台实施，北京长城国家公园体制试点实施方案编制完成，环首都国家公园体系建设规划启动编制。产业对接协作深入开展。围绕构建"4＋N"产业合作格局，积极开展形式多样的产业对接活动。曹妃甸示范区累计签约北京项目129个，城建重工专用车及新能源车生产基地等项目开工建设。张承生态功能区绿色产业加快落地，张北云计算产业基地2个数据中心投入运营。北京新机场临空经济区1＋N规划启动编制，管理机构方案正在深入研究。天津滨海—中关村科技园管委会去年揭牌以来，新增注册企业100余家。设计年产能力30万辆的北京现代第四工厂在沧州投产，实现了"一个工厂带动一个产业基地"，带动就业2000人。北京·沧州渤海新区生物医药园吸引了86个生物医药项目落户，其中签约北京医药企业59家，成为"产业承接集聚化、园区建设专业化、异地监管协同化"的范例。北汽微车产业基地、新乐三元工业园投产运营，石家庄北京·正定集成电路产业基地启动建设，环首都1小时鲜活农产品流通圈布局实施。在重大产业合作项目的带动下，北京对津冀的投资呈井喷态势，2016年北京企业在津冀的认缴投资为2039亿元，比2014年增长了3.35倍。

　　三是共建共享，公共服务均衡化水平稳步提高。教育合作持续深化，北京市区两级与津冀各地方共签署教育合作协议21个，实施合作项目30余个。医疗卫生协作成效显著，与河北省开展了北京—燕达、北京—曹妃甸、北京—张家口、北京—承德、北京—保定等5个重点医疗合作项目。京津冀医疗机构临床检验结果互认试点首批互认项目27项，纳入互认医疗机构132家。文化旅游共建进程加快，组织编制《京津冀旅游协同发展行动计划（2016年—2018年）》。社会治理协作更加密切，建立三地社会保险关系转移接续问题共商机制。建立跨地区劳动保障监察案件协查机制，实现劳动监察案件"一点投诉、联动处理"，经三地会商，签订了《京津冀民政事业协同发展合作框架协议》。

　　四是探索前行，试点示范项目顺利开展。根据国家有关部门统计，在京津冀协同发展三周年之际，北京新机场临空经济区、曹妃甸区、天津生态城等先行先试平台加快打造，北京市密云区、延庆区与河北省张家口市、承德市联合共建生态文明先行示范区。北京服务业扩大开放综合试点推进实施，先后推出试点措施136项，其中首批33项全部落地生效，进一步放宽服务业六大重点领域限制，已形成40项开放创新举措。科技服务业区域试点在中关村、天津国家自主创新示范区和石家庄、保定国家高新区开展，试点数量占全国试点总数的1/6。引滦入津横向生态补偿、碳排放权交易、中小城市综合改革、亚太经合组织绿色供应链、食品安全追溯体系建设等试点也在深入开展。

总体看来，经过三年多的协同发展实践，京津冀三地经济结构不断优化，改革开放动力不断增强，协同效应初步显现。据国家有关部门数据，2014至2016年，天津市引进京冀项目4856个、资金5226.74亿元，分别占全市的35.6%和44%；河北省引进京津资金11041亿元，占全省同期引进省外资金的一半以上。在全国经济下行压力较大的情况下，京津冀地区保持了稳中向好的发展势头。北京加快"瘦身提质"，开启了前所未有的从"集聚资源求增长"到"疏解功能谋发展"的转变，"高精尖"经济结构加快构建，2016年全市实现地区生产总值2.49万亿元，增速6.7%，其中服务业占地区生产总值比重达80.3%；天津推动"强身聚核"，比较优势得到有效发挥，发展空间得到更大拓展，内生发展动力不断增强，2016年全市地区生产总值达1.79万亿元，增速9.0%，继续位居全国前列；河北促进"健身增效"，通过精准确定功能分区、精准承接北京非首都功能疏解和产业转移、精准打造发展平台和载体，强力化解过剩产能，加快产业结构调整步伐，2016年地区生产总值3.18万亿元，增速6.8%。三省市发展整体性、联动性、协同性进一步增强，京津冀协同发展呈现出生机勃勃的美好前景。

京津冀协同发展的未来展望

三年多来的京津冀协同发展历程，积累了宝贵经验。这就是坚持以习近平总书记系列重要讲话精神为指引，按照各自功能定位，矢志不渝推动协同发展；坚持抓住疏解北京非首都功能的"牛鼻子"，以疏解整治促进优化提升，使产业结构和城市功能更加科学合理；坚持以点带面，全面推进，以交通、生态、产业等重点领域为突破口，逐步实现全方位协同发展；坚持改革创新，以新型体制机制为协同发展提供坚实保障，不断推进基本公共服务均等化进程。同时也要看到，由于历史上"地方意识"的影响,发展缺乏宏观统筹,利益格局固化等问题需要着力解决;行政色彩相对浓厚,市场发挥作用不够充分,民营经济活力需要有效激发;三地资源禀赋条件、整体水平等差异客观存在,"发展鸿沟"需要大力弥合;疏解非首都功能有待持续推进,变"虹吸效应"为"外溢效应"的思路和方法需要继续拓展;交通、生态、产业等重点领域尚待取得新的突破,以点带面的作用需要充分发挥;体制机制壁垒仍然在一定程度上存在,需要深度破除,等等。这些经验和问题,都为下一步推进工作提供了有益参照。在未来的发展中,可以做好以下几方面重点工作。

第一,进一步处理好几组重要工作关系。一是规划与实施关系。"一分部署,九分落实"。顶层设计是开展工作的重要指导,要维护规划的权威性和严肃性,坚持"一张蓝图绘到底",加大实施力度,细化分解工作任务,推进规划的贯彻落实。二是政府与市场关系。要坚持市场主导,政府引导,加大简政放权力度,切实转变政府职能,加快完善市场机制,充分发挥市场决定性作用,更好发挥政府作用,促进生产要素在更大范围内优化配置。三是存量和增量关系。对于存量需要通过要素重组、疏解整治等,加快转换机制,不断提高效益;对于增量需要通过转变思路、优化结构等,促进转变方式,实现创新驱动发展,推动产业结构升级和全面品质的综合提升。

第二,进一步加快有序疏解北京非首都功能。有序疏解北京非首都功能是京津冀协同发展战略的核心,是关键环节和重中之重,对于推动京津冀协同发展具有重要先导作用。当前,要继续突出有序疏解北京非首都功能这一核心,进一步统一思想认识,加强各方面统筹协调,抓紧完善实施疏解北京非首都功能控增量、疏存量等相关政策和配套措施,深入开展相关重大问题研究,稳妥推进北京市城市副中心建设和相关单位搬迁工作,努力实现在瘦身中强体,在输出中带动,在整合中引领,在合作中增能,更好发挥北京推动京津冀协同发展的"一核"作用。

第三,进一步推进交通、生态、产业等重点领域取得新进展。在交通方面,构建以轨道交通为骨干的多节点、网格状、全覆盖的交通网络,完善便捷通畅的公路交通网,打通"断头路",全面消除"瓶颈路",加快构建现代化的港口群和航空枢纽群,通过形成综合立体交通体系,完善交通结构,提升管理水平,改变首都交通功能过度集聚状况,以区域安全绿色可持续交通助力协同发展。在生态方面,按照"统一规划、严格标准、联合管理、改革创新、协同互助"的原则,调整优化产业结构,加大淘汰过剩动能、落后产能的力度，积极扶持高新技术产业和战略性新兴产业，促进区域绿色发展；加强生态环境保护和治理，扩大区域生态空间，研究建立统一市场准入标准、统一补偿标准、统一排放标准、加大执法力度等联合治理机制，破解生态环保难题。在产业方面，根据自身产业发展定位，把握产业优势，理顺产业链条，加快产业转型升级，构建现代产业集群，更好发挥立足区域、服务全国、辐射全球的作用；加强政府引导，发挥市场机制作用，加快产业环境的优化提升，不断提高对创新资源、产业资源的吸纳和集聚能力，推动科技创新优势转化为产业发展强势。

第四，进一步改革创新体制机制。体制机制改革是推动京津冀协同发展的制度保障。当前，体制机制改革取得了显著突破，但统一要素市场发展相对滞后，市场壁垒仍然存在，协同发展还存在一些障碍，需要进一步建立推动要素市场一体化的体制机制，推进金融市场一体化、土地要素市场一体化、技术和信息市场一体化；进一步构建协同发展的体制机制，包括建立行政管理协同机制、基础设施互联互通机制、生态环境保护联动机制、产业协同发展机制、科技创新协同机制等；进一步形成促进基本公共服务均等化体制机制，统筹教育事业发展，加强医疗卫生联动协作，推动社会保险顺畅衔接，提升公共文化体育水平，推进协同发展顺利开展。

第五，进一步努力实现雄安新区宏伟规划。"襟带崇墉分淀泊，阑干依斗望京华"，雄安新区是深入推动京津冀协同发展的重大战略部署，是千年大计、国家大事。雄安新区既与北京城市副中心形成北京新的两翼，又与筹办冬奥会、推进张北地区建设形成河北的两翼，对于探索人口经济密集地区优化开发新模式、调整优化京津冀城市布局和空间结构、培育全国创新驱动发展新引擎，具有重要意义。自2017年4月公布以来，雄安新区建设在新型思路指导下稳步推进，进展明显，京津冀三地对雄安新区建设给予了大力支持，今年8月，北京和河北签署了《关于共同推进河北雄安新区规划建设战略合作协议》。接下来，要继续坚持世界眼光、国际标准、中国特色、高点定位，以创造历史、追求艺术的精神，努力把雄安建设成为绿色生态宜居新城区、创新驱动引领区、协调发展示范区、开放发展先行区，充分发挥有效疏解北京非首都功能的集中承载地作用，实现同北京、天津等城市的融合发展，同北京中心城区、城市副中心的错位发展，发挥对冀中南乃至整个河北和京津冀的辐射带动作用，为推动京津冀协同发展作出重要贡献。

京津冀协同发展战略实施效果与展望[*]

安树伟[**]

京津冀地区合作起步较早，一直以来并未取得实质性的进展，2014年以来进入了一个新的阶段。2015年4月，有关部门审议并通过了《京津冀协同发展规划纲要》，国家及京津冀地方政府也出台了一系列政策和措施，取得了较明显成效。下文在对非首都功能疏解、交通合作、生态环境治理和产业协作等方面的实现效果评估，以及存在的主要问题进行分析的基础上，提出京津冀协同发展的重点领域和相应的对策建议。

一、京津冀协同发展战略实施效果

2005～2015年，京津冀地区之间的合作意识不断加强，协同发展指数总体呈现上升趋势，由10.0提高到17.1。特别是2013年以来，协同发展指数由13.7提高到17.1，三地综合发展的差距呈现缩小的趋势（中国社会科学院，2016）。

（一）北京非首都功能疏解有序推进

首先，北京市常住人口增速下降。2014年北京市常住人口2151.6万人，2015净增18.9万人，2016年净增2.4万人，达到2172.9万人，增速比上年下降了0.8个百分点。其次，通州区北京城市副中心各项工程稳步推进。交通和基础设施、公共服务配套、生态环境、信息化和智慧化城市、产业结构调整等重大工程统筹推进（国家发展和改革委员会，2016）。三是区域性批发市场、一般性制造业企业等有序向外疏解转移。2014～2016年，北京市累计关停退出一般制造业和污染企业1733家，退出低端市场和疏解各类商品交易市场345家。天津与河北也积极主动承接非首都

---

[*] 2015年国家社会科学基金重大项目：《拓展我国区域发展新空间研究》（批准号：15ZDC016）。该文发表于《区域经济评论》2017年第6期。

[**] 作者为经济学博士，首都经济贸易大学城市经济与公共管理学院教授、博士生导师。

功能疏解，天津市与北京市签署了建设滨海新区—中关村科技园合作协议，共同推进未来科技城等一批承接平台建设；河北省加紧打造北京新机场临空经济区、曹妃甸协同发展示范区、芦台·汉沽津冀协同发展示范区等重点承接产业转移平台。

（二）交通一体化合作不断加深

2014年以来，"轨道上的京津冀"正在形成中，部分高速公路、港口、机场、高铁和城际铁路等项目建设顺利推进。2014年成立了京津冀城际铁路投资公司，北京新机场建设各项工作进展顺利。（北）京昆（明）高速公路河北涞水—北京段建成通车，（北）京沈（阳）客运专线、张（家口）承（德）高速公路等项目加快实施；2015年《京津冀城际铁路网规划》上报国家有关部门，京津城际延长线、（天）津保（定）城际铁路、张（家口）唐（山）铁路、（北）京昆（明）高速公路北京段建成通车；2016年（北）京秦（皇岛）客运专线天津段、北京大外环建成通车，（北）京唐（山）城际铁路开工建设。目前，（北）京沈（阳）、（北）京霸（州）、石（家庄）济（南）、呼（和浩特）张（家口）高速铁路加快建设，（北）京张（家口）、大（同）张（家口）铁路全线开工。以密布环绕区域内的高速铁路、城际铁路为骨架，呈放射状的铁道上的京津冀交通新格局正在形成。

（三）生态环境治理成效逐步显现

近几年，京津冀空气质量总体向好。无论是京津冀地区整体的PM2.5平均浓度，还是北京、天津和河北的浓度都有所改善。2013～2016年，京津冀PM2.5年均浓度由105.7$\mu g/m^3$下降到71.0$\mu g/m^3$，其中2015年的降幅尤为显著。京津冀主要城市优良天数比例也明显上升，2013～2016年，北京空气质量达到及好于二级的天数由167天增加到186天，天津由145天增加到216天，石家庄由49天增加到180天。北京、天津和河北SO_2排放量均在不断减少。2014年以来，京冀生态水源保护林新增6667ha，京津风沙源治理二期工程完成林业建设任务1.31万ha；2011～2015年，北京、天津和河北的化学需氧量均呈现下降的趋势，分别由19.3万吨、23.6万吨和138.9万吨下降到16.15万吨、20.91万吨和120.81万吨。

（四）产业协同发展取得一定进展

京津冀产业转移有序推进，2015年河北与北京共建曹妃甸现代产业实验区，与天津共建涉县天铁循环经济示范区。2016年北京企业到天津投资额达到1700亿元，河北企业在天津投资到位资金294亿元，天津企业到河北投资到位资金400多亿元。同年，河北省引进京津资金3825亿元，北京现代汽车沧州工厂等一批产业项目建成投产，曹妃甸示范区北京项目开工35个，保定·中关村创新中心入驻的北京企业和机构达到45家，落户沧州的北京生物医药企业达到53家。2014～2016年，河北引进京津资金11041亿元，占全省同期引进省外资金1/2以上；天津引进京冀项目4856个、资金5226.7亿元。河北加快产业结构调整，2016年装备制造业超过钢铁成为第一支柱产业。

二、京津冀协同发展存在的主要问题

（一）区域发展差距依然悬殊，公共服务水平落差大

京津冀地区的区域发展差距主要体现为河北与北京、天津的经济发展和居民收入的差距。2010年河北人均GDP分别为北京的38.8%、天津的39.3%，2016年下降为北京的37.1%、天津的37.2%。2010年，河北城镇居民人均可支配收入和农民人均可支配收入分别相当于北京的55.9%和59.1%、天津的66.9%和50.5%，2016年则分别相当于北京的49.3%和53.4%、天津的76.1%和59.4%。经济发展水平差距的扩大，导致京津冀三地的经济中心继续由西南向东北方向移动（图1）。

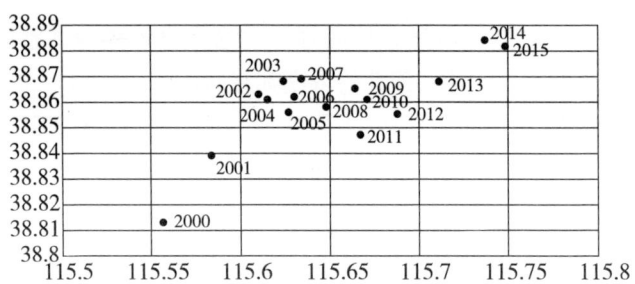

图1　2000～2015年京津冀经济重心变动图

2010年以来，京津冀的劳动力收入差距越来越大。2010年河北与天津、北京城镇单位就业人员平均工资差距分别为20038元/人和33707元/人，2015年则扩大为29169元/人和60469元/人。2013～2015年，北京和天津的一本录取率均超过20%，而河北的平均录取率刚超过10%；尽管各地的三甲医院数量不断增加，但河北与北京的万人拥有三甲医院数量的差距却越来越大，说明改善河北的医疗卫生条件任务依然艰巨（表1）。

表1 2010～2015年京津冀每万人拥有三甲医院数量比较

单位：个/万人

年份	北京	天津	河北	河北/北京（%）	河北/天津（%）
2010	0.019	0.017	0.004	23.6	26.3
2011	0.018	0.016	0.005	26.4	29.8
2012	0.018	0.016	0.005	28.4	32.6
2013	0.021	0.016	0.005	24.9	33.2
2014	0.021	0.019	0.005	24.6	26.9
2015	0.024	0.020	0.005	21.5	26.2

数据来源：根据相关年份《中国卫生和计划生育统计年鉴》《中国统计年鉴》整理计算。

（二）人口集聚不平衡，大城市病问题突出

京津冀的人口集聚突出表现为北京、天津人口增长过快，而河北人口集聚力不足。2010～2016年，北京人口年均增长率为1.7%，天津市为3.1%，而河北省只有0.6%（表2）。由此，2000～2015年京津冀人口分布重心呈现出较为明显的由西南向东北方向偏移的趋势（图2），说明北京、天津的人口集聚能力、吸纳就业能力均明显高于河北省。

表2 2010～2016年京津冀人口变化情况

地区	总人口（万人）							2010～2016年年均增长率（%）
	2010	2011	2012	2013	2014	2015	2016	
北京	1962	2019	2069	2115	2152	2171	2173	1.7
天津	1299	1355	1413	1472	1517	1547	1562	3.1
河北	7194	7241	7288	7333	7384	7425	7470	0.6
京津冀合计	10455	10615	10770	10920	11053	11143	11205	1.2
（北京+天津）/京津冀（%）	31.19	31.79	32.33	32.85	33.19	33.37	33.33	—

数据来源：根据相关年份《北京统计年鉴》《天津统计年鉴》《河北经济年鉴》《北京市国民经济和社会发展统计公报》《天津市国民经济和社会发展统计公报》和《河北

省国民经济和社会发展统计公报》整理计算。

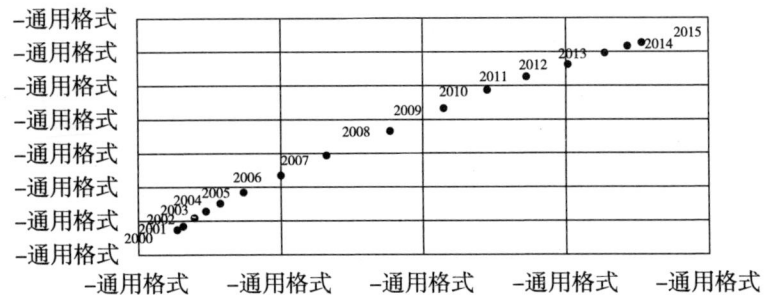

图2 2000～2015年京津冀人口重心变动图

资料来源：安树伟，闫程莉，王宇光．遵循城市发展规律，促进京津冀协同发展[J]．财经智库，2017（3）：37－47．

北京市人口的过度集聚，产生了一系列的社会问题。交通日益拥堵，2014年北京工作日早、晚高峰路网平均时速低于28km/h，人均通勤时间居全国首位，北京的堵车指数为37%，位列全球第15位（方晓，2015）。2016年北京的拥堵指数上升为46%，位列全球第10位（曾静娇，2017）。房价持续高涨，城六区新建和二手房成交价均超过4万元/m²。

（三）环境问题依然严重

京津冀大气污染防治工作依然十分严峻，大气污染物排放总量仍超过环境容量，大气环境承载力严重超载情况短期内难以发生根本性变化。2014年以来，京津冀PM2.5平均浓度趋于下降，"天帮忙"的因素起到了很大的作用，"人努力"的效果主要体现在风速偏大的天气；对于低风速的静稳天气下PM2.5浓度的下降，"人努力"的效果尚不显著。与国家标准（35μg/m³）相比，仍然有相当差距。从季节分布来看，冬季供暖季开始区域污染严重，重污染天气频发。京津冀各地空气污染排放物的多项指标都超过国家标准，2015年北京NO_2年均浓度50.0μg/m³，超过国家标准0.25倍；PM10年均浓度101.5μg/m³，超过国家标准0.45倍。2015年天津NO_2年均浓度42μg/m³，超过国家标准0.05倍；PM10年均浓度116μg/m³，超过国家标准0.66倍。2015年河北省NO_2年均浓度46μg/m³，超过国家标准0.15倍；PM10年均浓度136μg/m³，超过国家标准0.94倍。

（四）综合运输体系有待进一步完善

京津冀区域内交通布局不合理。2015年京津冀旅客周转量主要依赖于铁路运输（占旅客周转量的 72%），公路运输较少（占旅客周转量的 28%）；货物周转量中铁路运输仅占 31%。京津冀区域的轨道交通网络功能层次不完善，缺乏能够支撑都市圈和城市群的多层次、大容量、高效的轨道交通系统。一是缺乏服务于都市圈通勤出行的市郊轨道交通系统。如北京市主要依靠单一的地铁制式支撑连接郊区与中心城之间的通勤出行，运输速度慢且运力不足；二是缺乏联系城市群内部主要城市之间的城际轨道交通系统，目前仅建成京津城际铁路和（天）津保（定）城际铁路两条线路（孙明正，余柳，郭继孚等，2016）。

（五）产业协作效率不高

运用 DEAP2.1 软件 BBC 模型，用 2003~2015 年的数据对京津冀的产业协作发展综合效率进行评价分析。结果表明，京津冀产业协作发展综合效率为 61.8%，即京津冀各地区在产业分工与合作过程中，仍然有 38.2% 的地区之间或地区内部存在无效率的分工合作。分城市来看，只有北京市、天津市和唐山市具有相对经营效率，综合效率为 1.00；而其他城市的综合效率均小于 1，且都处在规模报酬递增阶段，说明这些城市仍有较大的产业协作空间（表 3）。

表 3 2003~2015 年京津冀产业协同发展的综合效率

城市	综合效率	纯技术效率	规模效率	规模报酬
北京	1.000	1.000	1.000	—
天津	1.000	1.000	1.000	—
石家庄	0.597	0.992	0.602	irs
唐山	1.000	1.000	1.000	—
秦皇岛	0.578	1.000	0.578	irs
邯郸	0.661	1.000	0.661	irs
邢台	0.475	1.000	0.475	irs
保定	0.361	1.000	0.361	irs
张家口	0.320	0.997	0.321	irs
承德	0.334	1.000	0.334	irs
沧州	0.408	1.000	0.408	irs
廊坊	0.626	1.000	0.626	irs

续表

城市	综合效率	纯技术效率	规模效率	规模报酬
衡水	0.670	1.000	0.670	irs
京津冀合计	0.618	0.999	0.618	—

资料来源：安树伟，闫程莉．沿海三大城市群产业协作效果评价与比较[J]．河北学刊，2017（5）：144－150．

三、未来京津冀协同发展的重点

（一）推动京津冀形成"一主两副"的经济中心格局

促进京津冀协同发展，建设京津冀世界级城市群，要求京津冀至少有一个明确的经济中心。当前，北京事实上承担了京津冀经济中心的角色，那么在北京疏解非首都功能的背景下，北京是否仍然能承担经济中心的职能？

在城市群发展壮大的过程中，传统的单中心发展战略也存在着种种弊端。单极发展策略无法避免由于核心城市规模扩张而导致的交通堵塞、环境污染等各种大城市病；也无法解决各种经济活动对核心城市资源的争夺，从而延缓核心城市的工作效率；还会导致实力相差不远的核心城市对资源的恶性争夺，影响城市群的分工合作，制约城市群的总体竞争力（刘春成，白旭飞，侯汉坡，2008）。处于后工业化阶段的北京，近期仍然是京津冀以金融服务、研发创新、管理控制为主的经济中心，北京在京津冀的这一地位近期不可能被其他城市超越。为有序推动北京非首都功能的疏解，同时也要加快天津、石家庄次级经济中心的培育，最终形成"一主两副"的经济中心格局。世界上90％以上的经济中心城市位于海岸线和河岸线的附近，都有自己的港口，而天津具有世界级城市经济中心的地理区位条件，既靠近海岸线，又有北方第一大港口——天津港，同时还有土地及劳动力等优势条件；石家庄是河北省的省会，也是京津冀城市群的"第三极"，有希望发展成为京津冀的经济中心城市。

（二）科学规划建设雄安新区

一是提防雄安新区变"空城"。城市作为区域发展的高级形态，是在一定的产业和人口集聚条件下形成的，适度规模的产业集聚是城市形成的前提。国家对雄安新区的功能定位是"科技新城——北京非首都功能疏解的集中承接地",该定位方向之高端是目前国内其他新区所无法比拟的。然而,把雄安新区作为京津冀协同发展的重要突破和典型的政策区域,仅靠河北一省之力很难建成。主要难点在于:雄安新区建设的最大产业资源是国家,即央企、国家部委的事业单位、科研院所、高校等,其前期历史使命是承接北京非首都功能。鉴于北京巨大的社会福利效应,在现有管理架构下,很难按照市场配置资源来吸纳这些产业转移到雄安新区,若以央企为主的非首都功能向外疏解不顺畅,将很难使雄安新区形成有效的产业支撑,新城建设难免走上"空城"之路。

二是合理规划与协调雄安新区与周边区域的关系,实现雄安新区与周边融合发展。雄安新区致力于打造首都副中心、科技新城。对于保定等周边区域而言,应围绕其"科技新城",结合自身发展基础和方向,与新区产业相呼应,如打造新区科技成果转化基地等,保证新区与周边区域生态环境经济社会发展一体化。

(三)打造京津冀产业协作的有效载体

北京在推动形成世界城市的过程中,必须有经济基础较好的腹地,这样才有利于提升北京周边地区的经济能级,有利于产业结构优化升级和京津冀的产业协作。加强承接载体的统筹规划和布局,依托现有基础,科学布局、相对集中、功能有别、错位发展,依托现有产业协作基础,建设"7+8+N"的产业承接转移平台,形成"新区—省级重点承接平台—其他开发区(园区)"的机制。即以雄安新区、滨海新区、正定新区、北戴河新区、渤海新区、邢东新区、冀南新区 7 大新区为重点,以北京新机场临空经济区、曹妃甸协同发展示范区、武清协同发展示范区、正定高新技术产业开发区、北戴河生命健康产业创新示范区、张家口可再生能源示范区、衡水工业新区和承德高新技术产业开发区 8 个区域为支撑,其他省级开发区(园区)为补充。在市场机制作用下,有效发挥政府的引导和支持作用,促进京津冀产业有序转移和高效承接(安树伟,郁鹏,2017)。

(四)协同治理大气污染

京津冀要实现主要大气污染物排放总量的大幅度减排,持续改善空气环境质量,仍然是一个艰巨、复杂、长期的过程。《北京市"十三五"时期大气污染防治规划》提出,到 2020 年北京市 PM2.5 年平均浓度比 2015 年下降 30% 左右,控制在 $56\mu g/m^3$ 左右,空气质量优良天数比例达到 56% 以上。如果气象条件没有发生显著变化,对于京津冀的大部分区域来说，即使是在周边区域同时减排的前提下，依据"大气国十条"制定的污染物减排行动计划，也难以实现"大气国十条"要求的浓度目标（天津和河北的PM2.5年均浓度下降25%，北京的PM2.5年均浓度达到60μg/m³）；如果周边区域不同时减排的话，几乎所有区域都难以实现"大气国十条"要求的浓度目标（石敏俊，2017）。河北经济发展水平严重滞后于北京和天津，靠自身力量治理大气污染有较大难度，解决河北的环境问题需要北京、天津的横向转移支付。短期内应以减少污染物排放总量为主，建立京津冀之间以生态补偿为目的横向生态转移支付机制。长期来看，要通过加强区域立法提升环境规制强度，并在大气污染治理过程中更多地引入市场机制，注重使用经济和法律手段（安树伟，郁鹏，母爱英，2016）。

四、促进京津冀协同发展的政策建议

（一）促进京津冀协同发展政策由行政手段向法律手段和经济手段转变

为了促进京津冀协同发展，中央及各部委、各地政府部门相互间都出台了大量的规划、意见和建议，更多的是政府为主导的行政手段，而经济手段和法律手段近乎为零。法律手段和经济手段具有责权明确、稳定性的特点，能有效减少交易成本。京津冀区域政策的调控手段需要以行政手段为主，尽快转变到以经济手段和法律手段为主，以保证政策手段的稳定性和持续性。

（二）打破区域行政壁垒，实现产业高效协作

高效的产业协作平台需要良好的市场运行机制。对于京津冀而言，打破区域间部分行政壁垒、弱化政府因素对于资源的配置，更深程度地实现市场对资源配置的决定性作用，是实现区域产业良好协作状态的关键力量。打破区域间行政壁垒，意味着京津冀各地区行政主体，必须以市场力量为主，弱化政府的行政干预。按照各省市功能定位，合理规划产业布局。北京的产业发展要突出高端化、服务化、融合化、低碳化，充分发挥科技创新中心作用；天津优化发展高端装备、电子信息等先进制造业以及航空航天、生物医药、节能环保等战略性新兴产业；河北积极承接首都产业功能转移和京津冀科技成果转化，改造提升传统优势产业，大力发展先进制造业、现代服务业和战略性新兴产业（国家发展和改革委员会，

2016)。以此真正地实现资源优势互补、产业良性互动的局面。

（三）转变经济发展方式，减少污染物排放总量

加快转变经济发展方式是推进京津冀地区可持续发展的重要之路，产业转型是降低资源环境负荷的有效手段之一，积极发展低碳产业、特色产业，促进高技术、高附加值产业的发展。可以在已取得的经济发展成就的基础上，加快转变经济发展方式，实现经济增长的低碳化。可以逐步提高核能、太阳能、风能、生物能等清洁能源和可再生能源在能源结构中的比重（陈晓春，胡婷，唐姨军，2010），实现近期污染物排放总量的减少。公众参与环境保护，对于治理京津冀环境问题也有重要的作用，构建一个公众对话平台，调动更多的社会力量来保护环境，也将会取得更好的效果。

（四）提升京津周边中小城市能级

京津冀内部缺失具有"二传手"作用的城市。中小城市能级的提升，主要依赖于产业发展水平与集聚程度，京津冀中小城市产业发展要立足于自身资源优势，发挥地方性的产业集群特征，同时也要合理承接北京非首都功能的产业转移，通过提升产业集聚功能，提升地区经济发展水平，进而起到吸纳人口集聚功能的作用。一要加大对中小城市和小城镇基础设施与公共服务供给的财政支持力度，推动基础设施和公共服务在不同城区之间、城市与城市之间基本均等化。此外，基础设施和公共服务业应为全体市民提供均等化服务，图书馆、体育馆、博物馆等公共设施，医疗、教育和卫生公共服务实行对全体市民提供同样的服务（张志耀，2012）。

（五）探索建立京津冀利益共享机制

京津冀协同发展的关键问题是跨省级行政区中各行为主体的区域利益目标不一致，解决此问题的关键是建立三地利益协调共享机制。产业协作方面通过建立跨区域项目财税利益分配机制，推进跨区域项目合作共建；通过完善园区合作共建财税利益分配机制，支持各方共建，促进地区间加强合作，推进产业转移；通过建立"飞地经济"财税利益分配机制，促进飞地经济有序发展，缓解落后地区发展瓶颈制约；通过建立企业迁建财税利益分配机制，理顺迁入地、迁出地之间的利益关系，优化产业布局（安树伟，郁鹏，2017）；在公共服务发面，也要建立京津冀三地的利益共享机制，比如建立医疗保险共享机制、义务教育一体化共享机制、人才共享一体化机制，最关键的是能够努力实现户籍一体化，从根本上助推京津冀

地区提升公共服务均等化水平。

参考文献

1. 中国社会科学院．京津冀协同发展取得明显成效［EB/OL］．http：//www.rreca.comnewsShowArticle.asp？ArticleID=2833，2016-12-26.
2. 国家发展和改革委员会．北京市以非首都功能疏解为核心，大力促进结构调整优化——京津冀协同发展工作进展宣传系列之一［EB/OL］．http：//www.rreca.comnewsShowArticle.asp？ArticleID=2817，2016-12-04.
3. 孙明正，余柳，郭继孚等．京津冀交通一体化发展问题与对策研究［J］．城市交通，2016（3）：61-66.
4. 刘春成，白旭飞，侯汉坡．"双核"经济中心理论下的京津冀城市群发展设想［J］．中国软科学，2008（3）：19-23.
5. 安树伟，郁鹏．推进京津冀产业协作［N］．中国社会科学报，2017-03-01（004）.
6. 石敏俊．《京津冀雾霾治理政策评估报告》的解读［EB/OL］．http：//www.360baogao.com/List_NengYuanCaiLiaoBaoGao/2017-01/ShiMinJunDuiJingJinJiWuMaiZhiLiZhengCePingGuBaoGao.html，2017-01-20.
7. 安树伟，郁鹏，母爱英．基于污染物排放的京津冀大气污染治理研究［J］．城市与环境研究，2016（2）：17-30.
8. 国家发展和改革委员会．京津冀协同发展十三五规划纲要［Z］．2016.
9. 陈晓春，胡婷，唐姨军．中国低碳经济发展之研究［J］．科学管理研究，2010（1）：49-52.
10. 张志耀．高速城市化进程中基础设施建设的发展策略［J］．青岛科技大学学报（社会科学版），2012（4）：6-11.
11. 方晓．全球最拥堵城市排行榜：北京位列15，上海第24名［EB/OL］．http：//news.qq.com/a/20150406/009003.htm？tu_biz=1.114.1.0，2015-04-06.
12. 曾静娇．全球拥堵城市排名：墨西哥城蝉联冠军，在中国最拥堵是重庆［EB/OL］．http：//money.163.com/17/0224/15/CE25KU5D002580S6.html，2017-02-24.
13. 安树伟，闫程莉．沿海三大城市群产业协作效果评价与比较［J］．河北学刊，2017（5）：144-150.
14. 安树伟，闫程莉，王宇光．遵循城市发展规律，促进京津冀协同发展［J］．财经智库，2017（3）：37-47.

遵循城市发展规律，促进京津冀协同发展*

安树伟　闫程莉　王宇光**

京津冀协同发展战略实施以来，以资源环境承载能力为基础，以有序疏解北京非首都功能、解决北京"大城市病"为基本出发点，着力调整和优化经济结构，构建现代化交通网络系统，推进产业升级转移，推动公共服务共建共享，努力打造世界级城市群。京津冀先后出台了《京津冀协同发展规划纲要》《京津冀城乡规划（2016－2030年）》《京津冀协同发展生态环境保护规划》等，协同发展水平明显提升。但是，京津冀协同发展也存在不少问题。首先，区域内部发展不平衡，城乡差距持续扩大。无论工业化还是城镇化，河北均与北京、天津有较大差距，并且这种落差较大的局面短时间内很难扭转。其次，城镇体系存在断层现象，特（超）大城市处于绝对优势，缺少发挥"二传手"作用的大城市；交通基础设施一体化也有待推进。最后，资源环境约束尤其是大气环境污染尤为突出，城市宜居品质不高。如2015年PM2.5年均浓度的下降，"天帮忙"的因素起了很大作用，"人努力"的效果主要体现在风速偏大的天气，对于低风速的静稳天气下PM2.5浓度的下降，"人努力"的效果尚不显著。这些问题背后的根本原因是河北与北京、天津发展差距的过大。下文针对京津冀协同发展中存在的问题，结合雄安新区建设提出未来京津冀协同发展思路和建议。

---

* 2013年国家社会科学基金重点项目《都市圈内中小城市功能提升的模式与路径研究》（批准号：13AJL014）。该文发表于《财经智库》2017年第3期。

** 作者安树伟为首都经济贸易大学特大城市经济社会发展研究院副院长、城市经济与公共管理学院教授、博士生导师；闫程莉，首都经济贸易大学城市经济与公共管理学院博士生；王宇光为首都经济贸易大学城市经济与公共管理学院硕士生。

一、人口向大城市集中仍然是城镇化的普遍规律

人口向大城市集聚是世界主要国家①的城镇化规律。根据联合国社会和经济发展局的统计，1950~2010年世界主要国家的城镇化率由不到30%提升到56.7%；与此同时，世界主要国家小城市人口比重稳定降低，由81.25%降到55.45%。世界范围内，这60年间最大城市人口超过500万人和100万人口规模城市超过5个的国家在，小城市人口所占比重均呈大幅下降，最大城市人口所占比重呈上升趋势（表1）。这说明，在城镇化过程中世界大城市的人口占总人口的比重呈上升态势，而小城市人口占总人口的比重呈下降态势。

表1 1950~2010年世界主要国家城镇化主要指标

项目	年份	小城市人口所占比重（%）	最大城市人口所占比重（%）	城镇化率（%）
最大城市人口超过500万的国家	1950	71	23	35.10
	2010	49	25	64.94
	增长率	−30.99	8.6	85.01
100万人口规模城市超过5个的国家	1950	68	18	39.63
	2010	47	19	70.50
	增长率	−30.8	5.6	77.90

资料来源：丁成日. 世界巨（特）大城市发展——规律、挑战、增长控制及其评价 [M]. 北京：中国建筑工业出版社，2015.89−90.

在城镇化过程中，城市之间人口也存在向大城市集聚的趋势。1900~1980年，全世界50万人以下城市人口占城市总人口的比重由76.4%下降到57.2%，人口在小城市的集聚程度呈下降趋势；50万人以上城市人口占城市总人口的比重均呈现不同程度上升趋势。在50万人以上人口城市中，城市人口增长率由高到低分别是500万、250万、100万和50万以上人口城市（表2）。这充分表明，在城镇化进程中城市人口规模大，对人口的集聚能力越强；人口向大城市集聚的速度要快于向中小城市集聚的速度。

---

① 主要国家是指国家人口不少于700万；全国最大城市人口不少于100万。2010年全球共有84个主要国家（不包括中国）。

表2　1900~1980年世界大城市人口增长情况

类型		1900年	1950年	1970年	1980年	1980/1900（1900年＝1）	1900~1980年平均增长率（％）
世界总人口（万人）		165000	250800	361040	437410	1.7	2.1
世界城市总人口（万人）		22000	72400	125000	180600	7.2	9.0
50万人以上城市	总人口（万人）	5200	25700	56300	77300	13.9	17.4
	占世界总人口（％）	3.2	10.2	15.6	17.7		
	占城市总人口（％）	23.6	35.5	45.0	42.8		
100万人以上城市	总人口（万人）	2700	18400	43300	59900	21.2	26.5
	占世界总人口（％）	1.6	7.3	12.0	13.7		
	占城市总人口（％）	12.3	25.4	34.6	33.2		
250万人以上城市	总人口（万人）	1500	9700	25700	35900	22.9	28.7
	占世界总人口（％）	0.9	3.9	7.1	8.2		
	占城市总人口（％）	6.8	13.4	20.6	19.9		
500万人以上城市	总人口（万人）	700	5700	16600	22500	31.1	38.9
	占世界总人口（％）	0.4	2.3	4.6	5.1		
	占城市总人口（％）	3.2	7.9	13.3	12.5		

续表

类型		1900年	1950年	1970年	1980年	1980/1900（1900年＝1）	1900～1980年平均增长率（%）
50万人以下城市	总人口（万人）	16800	46700	68700	103300	5.1	6.4
	占世界总人口（%）	10.2	18.6	19.0	23.6		
	占城市总人口（%）	76.4	64.5	55.0	57.2		

资料来源：作者整理。

即使在中国现行的人口制度下，人口向大城市集聚也是中国城镇化的普遍特征。1992～2010年，全国50万人以下的小城市人口占总人口的比例下降了10.41个百分点，50万～100万人的中等城市人口比例下降了8.55个百分点，100万～200万人的大城市人口比例下降了1.66个百分点。与此同时，200万～800万人的大城市人口占总人口的比例上升了8.23个百分点，800万人以上的大城市人口占总人口的比例增加了12.39个百分点（表3）。可见，中国的城镇化进程中大城市对人口的集聚作用要远远强于中小城市。

表3 1992～2010年中国不同规模城市人口分布变化趋势

单位:%

城市人口规模	1992年	1995年	2000年	2005年	2009年	2010年
50万以下	15.59	13.35	10.54	6.75	5.46	5.18
50万～100万	28.86	25.94	26.31	21.70	20.12	20.31
100万～200万	30.55	35.25	32.77	28.58	28.98	28.89
200万～800万	25.00	21.90	20.24	31.31	33.00	33.23
800万以上	0	3.36	10.14	11.66	12.44	12.39

资料来源：魏后凯.走中国特色的新型城镇化道路［M］.北京：社会科学文献出版社，2014.103.

城镇化的国际经验和国内实践表明，城市人口的增长有其内在规律，很少受到政策和规划左右。大城市对人口的集聚作用要显著高于中小城市，特大城市对人口的集聚作用要明显高于一般大城市，人口向大城市集聚是城镇化的普遍规律。在中国新型城镇化进程中，依然要以市场为主导，减少约束人口自由流动的制度约束，降低人口城镇化的制度壁垒和成本，对于特（超）大城市限制人口的强制性规划和政策应该谨慎应用，这对于中国科学合理地推进新型城镇化具有重要的意义。解决大城市病问题宜疏不宜堵，政府应在大城市内部均衡提供优质的基础设施和公共服务，缓解中心城区的人口过度集聚，提高城市的环境承载力。在交通方面，大城市内部交通应进一步加密地铁线路，缩短通勤时间，完善城际交通，打造快速交通圈。在医疗、教育方面，在城市内部均衡配置医疗和教育资源，合理增加医院和学校的供给，逐步实现大城市内部公共服务的均等化。为了促进大中小城市和小城镇的协调发展，政府应着眼于提升中小城市的公共服务功能，提升中小城市的服务配套措施，增强中小城市的人口吸引力，扮演好"政府搭台，市场唱戏"的角色。

二、北京疏解"非首都功能"的困境

为了解决北京日益严重的膨胀病，国家及北京市有关部门正致力于疏解北京的"非首都功能"，试图通过产业的高端化、服务化、集聚化、融合化、低碳化，以有效控制人口规模；河北则试图积极承接北京"非首都功能"及天津的产业转移。

北京是全国产业功能、吸纳就业功能、人口集聚功能和社会服务功能最完善的城市，城市吸纳能力很强，由此导致人口增长过快。1990～2016年，北京常住人口由1086万人增加到2173万人（平均每年增加68万人），年均递增4.43%；同期外来人口由53.8万人增加到807.5万人（平均每年增加47.1万人），年均递增18.45%；外来人口占常住人口的比例由5.0%提高到37.2%，年均提高2.01个百分点。而北京的人口承载力是有限的，由此导致"大城市病"极为严重。尤其是大气污染物排放总量仍然超过环境容量，空气质量与国家新标准和公众期盼依然存在较大差距，大气污染防治形势十分严峻。未来北京市新型城镇化发展的主线就是着力解决城市吸纳能力强与承载能力弱的矛盾。在这种背景下，中央及北京市提出大力疏解"非首都功能"。

（一）人口和劳动力为什么会向北京流动

托达罗的人口乡村——城市流动理论告诉我们：人口流动的过程是人

们对城乡预期收入差异而不是实际收入差异做出的反应。预期收入是按照城乡工作之间的实际收入差异和一个新迁入者获得一份城市工作的可能性来衡量的。即"预期收入＝城市实际收入×在城市找到工作的概率"。如果迁移者预期在起初阶段找到有稳定工资收入的工作概率较小,但有希望随着自己在城市里关系的扩大,使这种概率逐步提高。那么,即使在最初或更长时期内预期的城市收入可能低于预期的农村收入,但对于迁移者来说,迁移仍然是合理的。

经济发展水平的差距是人口向大城市集聚的首要原因。较高的经济发展水平主要体现在经济收入的差距上。我国的大城市人口变动主要以机械变动为主,城市人口增加主要来自乡村和中小城市人口的迁入。京津冀地区有超大城市北京、特大城市天津,河北省内部也形成了大中小城市分布的格局。北京市建城区的人口密度已达 1.34 万人/km^2,远超京津冀的其他地级城市。从城镇职工年平均工资来看,2015 年北京市城镇职工平均工资已超过 10 万元,是天津的 1.22 倍、河北省地级市的 2 倍左右(表 4)。在如此巨大的经济收入的差距下,河北省各地级城市的人口就会基于经济谋利动机,向北京、天津等特(超)大城市聚集,导致京津人口成为京津冀地区人口聚集的制高点。

表 4　2015 年京津冀主要大中小城市人口集聚的影响因素

城市类型	城市	建城区人口（万人）	建成区人口密度（万人/km^2）	城镇职工平均工资（元）
超大城市	北京	1877.70	1.34	103400
特大城市	天津	875.24	0.99	84833
大城市	石家庄	282.17	1.01	48272
大城市	唐山	197.69	0.79	51214
大城市	保定	157.35	0.85	43046
中等城市	邢台	94.24	1.05	41195
中等城市	张家口	89.5	1.04	39400
中等城市	承德	56.92	0.49	44512
小城市	廊坊	36.85	0.56	63426

数据来源:《中国城市建设统计年鉴(2015)》《中国城市统计年鉴(2015)》。

大城市往往比中小城市具有更加完善的社会服务,完善的公共服务和较低的使用成本也是造成人口向大城市集聚的主要原因。2013～2015年，北京、天津普通高考一本录取率均超过23%，而河北平均录取率仅超过10%（表5）；河北与北京和天津的每万人拥有三甲医院数量的差距也越来越大（表6）。

表5　2013～2015年京津冀各地高考一本录取率（单位:%）

地区	2013年录取率	2014年录取率	2015年录取率	平均录取率
北京	24.33	24.81	24.13	24.42
天津	24.52	24.25	23.39	24.05
河北	9.03	10.23	12.00	10.42
北京－河北	15.30	14.58	12.13	14.00
天津－河北	15.49	14.02	11.39	13.63

资料来源：http://gaokao.eol.cn/zhiyuan/zhinan/201512/t20151225_1351335.shtml，2017-4-15。

表6　2010～2015年京津冀每万人拥有三甲医院数量（单位：个/万人）

年份	北京	天津	河北	河北/北京（%）	河北/天津（%）
2010	0.019	0.017	0.004	23.59	26.26
2011	0.018	0.016	0.005	26.38	29.77
2012	0.018	0.016	0.005	28.39	32.61
2013	0.021	0.016	0.005	24.91	33.17
2014	0.021	0.019	0.005	24.61	26.92
2015	0.024	0.020	0.005	21.52	26.21

数据来源：根据相关年份《中国卫生和计划生育统计年鉴》《中国统计年鉴》整理计算。

城市的发展规模有利于创造就业机会，城市每增加100万人，个人的就业率平均值要提高0.66个百分点，而且城市扩张的就业增加效应对于较低技能的劳动力更大（陆铭等，2012）。此外，在人均公园面积、城市绿化率、公路里程、社区数量、医疗卫生等公共服务等方面，大城市都比中小城市具有更明显的优势。

良好的人文和制度基础使得大城市具有比中小城市更强的人口吸引力。大城市市场化水平要普遍高于中小城市，市场在资源配置中的决定性作用能够更好地发挥；大城市具有比中小城市更加优越的营商环境，有利于各类企业尤其是中小企业的发展,能够吸引各类人才等要素资源的快速集聚。大城市具有完善的企业制度,能够很好地实现企业技术成果转化,大多数中小城市市场转让的科技成果与京、津、沪相比,仍然相差几十倍乃至上百倍。大城市完善的法治环境能够促使社会安定,降低城市犯罪率,维护社会公正法治,保证企业和个人的生产生活能够有序进行。

陌生的生活环境、严格的户籍制度、激烈的竞争环境以及居住质量的下降,是人口向大城市迁移面临的主要成本。在中国,特(超)大城市严格的户籍制度背后是对优质公共服务特权的保护。但在当前的城镇化进程中,人口向特大城市或大城市的集聚主要还是对收入增长的需求,对于优质公共服务的需求还不构成主要影响因素。因此,严格的户籍制度并不能阻碍人口向大城市的集聚,人口向大城市集聚依然是城镇化进程中的主要趋势。

事实上,2000～2015年京津冀人口分布重心有明显向东北方向偏移的趋势。2000年人口分布重心大致在河北省保定市号头庄回族乡附近;2015年人口分布重心大致在河北省保定市大辛庄镇附近(图1)。东北方向对人口的吸引能力更强,反映出京津两地对河北人口的吸引能力仍然强大。

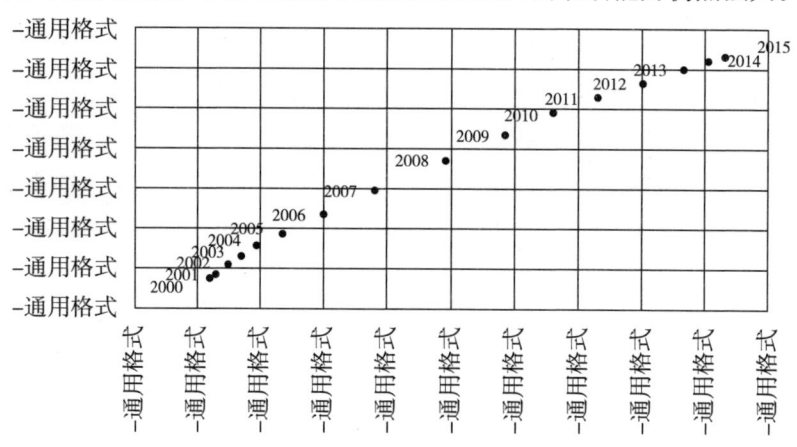

图1　2000～2015年京津冀人口重心变动趋势图

(二)什么是北京的"非首都功能"

严格来讲,"非首都功能"并不是一个科学的概念。根据城市经济增长的基础模型理论(Export Base Model),可以将城市的产业部门按照是否向城市域外"出口"产品和劳务而分成基础部门和非基础部门。基础部门是城市存在和发展的原动力,是服务于其他地区的产业;而非基础部门则是指那些只为城市内的消费而生产的部门。基础部门是自变量，非基础部门是因变量；基础部门决定了非基础部门的规模，从而决定了城市的规模。基础部门向非基础部门提供需求，城市经济的增长取决于基础部门和非基础部门的比例，这一比例越高则城市经济增长率越高（蔡孝箴，1998）。

北京是我国的首都，是全国的政治中心、文化中心、国际交往中心、科技创新中心，属于典型的"知识型＋服务型"城市，在高端服务业、高新技术产业和文化创意产业等方面具有明显优势（李国平等，2014）。按照城市基础模型理论，北京的基础部门应该是体现"政治中心、文化中心、国际交往中心、科技创新中心"的相关部门，如体现政治中心的中央国家机关；体现文化中心的图书馆、博物馆、展览馆、影剧院等；体现国际交往中心的交通枢纽、国际及国外驻华机构；体现科技创新中心的高等院校、科研院所、工程中心、技术中心等。因此，北京的"非首都功能"就应该是除了体现"政治中心、文化中心、国际交往中心、科技创新中心"的其他部门。

（三）北京的"非首都功能"很难疏解

北京试图疏解"非首都功能"的出发点可以理解，问题是任何一个城市的存在不仅仅是单纯依托基础部门（即"首都功能"），而不需要非基础部门（即"非首都功能"）。一个只向域内销售的商店的关闭并不意味着城市规模的缩减，而是另外一个新商店的开张，或者其他类似商店会扩大规模以填补空缺；只有一个向域外"出口"产品的企业的关闭才能导致城市经济规模的缩减（蔡孝箴，1998）。因此，在某种程度上讲，北京要想"消肿"只能从城市的基础功能（即体现"政治中心、文化中心、国际交往中心、科技创新中心"的部门）开始。而寄希望于通过"非首都功能"疏解来治理北京日益严重的"大城市病"，无异于南辕北辙。即使通过行政手段勉强而为之，也是事倍功半，得不偿失。

既然北京的"大城市病"治理很难从自身的"非首都功能"疏解入手，那么必须在更大范围、更广视角来考虑。比较可行的出路，一是遵循人口向大城市集中的基本规律，继续促进人口向特大、超大城市集中；二是着力在河北省的范围内培育新的增长极，即从根本上提高河北的经济发展水平，逐步缩小河北中小城市与北京之间巨大的收入差距和公共服务水平差距，进而起到拦蓄进入北京人口和产业的作用（闫程莉，安树伟，

2014)。

三、有效推进京津冀协同发展的政策选择

（一）加快促进河北绿色崛起

京津冀协同发展的根本难点在河北。因此，在京津冀协同发展中，河北并不仅仅是承接北京和天津的产业转移，而是要以提高地区整体发展水平和竞争力为核心，对接和落实国家顶层设计，强化省域统筹协调，充分发挥地方政府和企业的主体作用，全面缩小与京津的发展梯度，大力提升河北的综合承载力，积极承接产业转移，推进产业转型与提升，优化省域城市空间格局，着力抓好环境治理与生态建设，加速构建一体化的综合交通体系，强化公共服务和社会管理，推动体制机制创新，在京津冀协同发展中加快实现河北的绿色崛起。

（二）推动形成"一主两副"的经济中心格局

世界级城市群的发展历程表明，世界级城市群的建设与世界城市的形成是相互促进的。其核心城市既是世界城市，也是一定范围内的经济中心。促进京津冀协同发展，建设京津冀世界级城市群，都要求京津冀至少有一个明确的经济中心。当前，北京事实上承担了京津冀经济中心的角色，在北京疏解非首都功能的背景下，北京是否仍然是经济中心？学术界和政府部门对此看法并不相同。我们认为处于后工业化阶段的北京，近期仍然是京津冀以金融服务、研发创新、管理控制为主的经济中心，北京在京津冀的这一地位近期不可能被其他城市超越。要加快天津、石家庄次级经济中心的培育，最终形成"一主两副"的经济中心格局；增强唐山、保定、邯郸等区域性中心城市职能，提升其他城市的支点作用，完善现代城镇体系结构。

（三）协同治理京津冀地区的大气污染

京津冀的大气污染是一个自然历史过程，近年来大气环境质量的恶化与该地区污染物排放总量有很大关系。大气污染日益严重的根本原因是，污染物排放总量超过了大气环境容量，而污染物主要来自于河北的高污染、高排放企业。目前，国家京津冀协同发展政策的立足点是北京，但重点和难点是河北（安树伟，肖金成，2015），靠行政手段疏解"非首都功能"并不能从根本上解决京津冀地区的大气环境污染问题。河北经济发展

水平严重滞后于北京和天津，靠自身力量治理大气污染有较大难度，解决河北的问题需要北京、天津的横向转移支付。因此，短期内应减少污染物排放总量，通过完善环境保护的激励约束机制，使环境保护的外部效应内部化，尽快建立京津冀之间以生态补偿为目的的横向生态转移支付机制。根据生态系统服务价值、生态保护成本、发展机会成本，由北京和天津向河北省进行生态补偿类横向财政转移支付。长期来看，还是要通过加强区域立法提升环境规制强度，并在大气污染治理过程中更多地引入市场机制，以制度创新强化企业技术进步，更加注重使用经济和法律手段优化生产力布局，从根本上促进京津冀地区的协同发展（安树伟，郁鹏，母爱英，2016）。

（四）科学规划建设雄安新区

一是提防雄安新区变"空城"。城市作为区域发展的高级形态，是在一定的产业和人口集聚条件下形成的，适度规模的产业集聚是城市形成的前提。国家对雄安新区的功能定位是"科技新城——北京非首都功能疏解的集中承接地"，该定位方向之高端是其他新区所无法比拟的。然而，把雄安新区作为京津冀协同发展的重要突破和典型的政策区域，仅靠河北一省之力很难建成。主要难点在于：雄安新区建设的最大产业资源是国家，即央企、国家部委的事业单位、科研院所、高校等，其前期历史使命是承接北京非首都功能。鉴于北京巨大的社会福利效应，在现有管理架构下，很难按照市场配置资源来吸纳这些产业转移到雄安新区，若以央企为主的非首都功能向外疏解不顺畅，将很难使雄安新区形成有效的产业支撑，新城建设难免走上"空城"之路。

二是合理规划与协调雄安新区与周边区域的关系，实现雄安新区与周边融合发展。雄安新区致力于打造首都副中心、科技新城，产业高端化是大势所趋。对于保定等周边区域而言，应围绕其"科技新城"，结合自身发展基础和方向，与新区产业相呼应，如打造新区科技成果转化基地等，保证新区与周边区域生态环境经济社会发展一体化。

参考文献（略）

第四部分 2022北京冬奥会

掌握指导 2022 年冬奥会筹办的锁匙*

陈 剑

党的十八届五中全会提出的创新、协调、绿色、开放和共享五大发展理念，对于筹办 2022 年冬奥会有着重要指导意义，从中可以找到办一届"精彩、非凡、卓越"冬奥会的"锁匙"。

创新办冬奥

党的十八届五中全会提出，"必须把创新摆在国家发展全局的核心位置"，"让创新贯穿党和国家一切工作"。冬奥会的筹办也同样应当把创新贯穿在全过程中。创新与思想解放密切相关。只有推动思想解放，让思想插上自由的翅膀，2022 年冬奥会才有可能办成一届"精彩、非凡、卓越"的冬奥会。

冬奥会的开、闭幕式对于体现"精彩、非凡、卓越"至为关键。但通过大量的资金投入，即使华美，如果不符合节俭、可持续要求，也不是我们所需要的"精彩、非凡、卓越"。花钱少、投入小，同时又能够体现奥林匹克精神，反映主办城市北京、张家口悠久文化等，只有符合上述条件，才可以纳入"精彩、非凡、卓越"的范畴。在筹办冬奥会过程中，可以通过在全社会招标开、闭幕式创意理念，通过对开、闭幕式创意理念的讨论吸引社会的关注，最终由冬奥会创作团队吸收开、闭幕式创意理念的精华，由赛事运营中心向世人展示冬奥会开、闭幕式精彩内容。

创新办冬奥，重要的是创新冬奥组委机构设置和人员的组成。首先是冬奥会组织机构规模不宜过大。否则，大量的人员开支纳入运营成本，既难以体现节俭办奥运的精神，也不利于效率的提升。其次是人员组成的优化。冬奥组委是一个临时性的赛事机构，不需要完全比照政府架构来设

---

* 此文原载中共北京市委《前线》杂志，2015 年第 12 期。日期：2015－12－10。

置。机构设置需要层级分明，这样有利于工作的开展和效率的提升，但工作人员的级别设置应当创新，不需要十分严格。冬奥组委工作人员的组成，应当因事设人。冬奥组委的中高层岗位设置并不一定需要相应级别的官员担任，而应当是一个开放的机构，通过选聘上岗。一般性岗位的人选可以是官员，也可以是学者、企业人士、寻找就业的本科生和研究生、有一技之长的志愿者，等等。岗位的人员选择只有一个标准，即有利于筹办工作的顺利推进。最后是冬奥组委不同部门之间的职责划分。冬奥会筹办面临着地理空间布局和组织机构设置等多重挑战。机构设置需要明晰，各部门之间的职责应当是十分明晰的。但部门与部门之间或许有一些边界可能是相互交融的，属于模糊地段。对于模糊地段工作，就需要沟通协调、明确各自的分工，才能确保组委会运行的效率和赛事顺利推行。

协调办冬奥

协调发展对筹办2022年冬奥会有着重要意义。冬奥会的主办方是国际奥委会，各单项国际体育组织对具体项目有业务指导职责。冬奥会主办地是北京、河北。三个比赛地点，包括北京延庆区、朝阳区和河北张家口崇礼县。负责冬奥会筹办机构包括国家体育总局、中国残联、北京市和河北省。因而，冬奥组委成立后，既要与国际奥委会保持密切沟通，也需要协调各单项国际体育组织，同时需要协调上述诸多中央和地方机构，形成合力，共同推进冬奥会的顺利举办。而协调目的应当是节俭、简练和高效。

冬奥会组织工作需要得到国际奥委会和各单项国际体育组织的指导，因而需要做好沟通和协调工作。我们在2022年冬奥会申办报告提出了很多承诺，比如带动3亿人参与冰雪活动的宏大规划。如何通过制定详尽规划和具体行动兑现这些承诺，需要与国际奥委会沟通。再比如，赛事管理是冬奥组委的核心工作，冬奥组委会需要制定详尽的赛事规划，特别是对重大事项流程的制定，而这些都需要与国际奥委会和各单项体育组织沟通，得到其认可。

冬奥组委会也面临着与国内各种机构的大量繁复的沟通问题，比如国家各部委、城市政府、体育行政主管部门、相关社会团体、赞助商等。

在筹办过程中，冬奥组委还需要协调参与奥运会市场开发的政府下属的国有企业、官方的人民团体和民间团体的工作开展。冬奥会的市场开发十分重要。中国大型国有企业如果参与冬奥会的市场，它们应当有很好的市场开发规划和企业营销计划，这样企业的市场开发行为才有可能物有所值。为此，在市场开发过程中，冬奥组委应当对大型国有企业参与市场开发的风险进行评估并协调其开发行为，以提升市场开发的质量，降低企业参与市场开发的风险。这同样也是节俭办奥运的重要内容。

协调发展还包括一个重要内容，就是对奥林匹克知识产权保护的协调。2008年奥运会，北京奥组委与国际奥委会密切合作，对推动奥林匹克知识产权保护、提升国人的知识产权意识、特别是奥林匹克知识产权意识有重要意义。我们要在借鉴以往经验的基础上，继续创新思路，探索出更好的工作办法。

绿色办冬奥

中共中央在"十三五"规划建议中指出："坚持绿色富国、绿色惠民，为人民提供更多优质生态产品，推动形成绿色发展方式和生活方式，协同推进人民富裕、国家富强、中国美丽。"促进人与自然和谐共生的绿色发展理念对冬奥会的筹办也有重要意义。北京在陈述2022年冬奥会三大发展理念时，特别强调可持续发展理念，与绿色发展理念高度吻合。

在历届冬奥会的筹办过程中，由于雪上项目完全在野外，在场地建设过程中，如何适应雪上项目的需要，建设好比赛场地同时又要保护好周边的生态环境而不致带来对周边环境的破坏，一直是国际奥委会十分关注的问题。2022年冬奥会的雪上项目分别设置在张家口的崇礼县和北京的延庆区，在制定雪上项目的场地规划中，如何建造高质量的滑雪场地而不致对周边环境带来破坏，无疑是考验能否将可持续性发展理念真正落实在行动上的关键环节。

2022年冬奥会将在北京市朝阳区、延庆区和张家口3个赛区布局场馆，共计25个场馆。其中，竞赛场馆12个，非竞赛场馆13个。在场馆建设中，相当部分属于改造。无论新建或改造，冬奥会的场馆建设都应将绿色低碳作为重要发展方向。

北京携手张家口申奥成功，相关地区需要由此对自身的产业结构和发展方式进行相应调整。比如，张家口拥有良好的生态和绿色优势，绿色发展已成为张家口当下发展主线，并契合了周边巨大的市场需求。由于有着广阔的市场需求，因而有着持续增长的潜力。绿色发展，完全符合张家口城市发展方向，其产业支撑也应当集中在绿色低碳领域。

开放办冬奥

成功申办2022年冬奥会本身就是中国改革开放的结果。2022年冬奥会的主办方是国际奥委会，需要遵循国际奥委会的规则与惯例，需要我们进一步开放才能做到。这就需要进一步打造法治化、国际化、便利化的发展环境，提升政府运营的透明度和效率等。在对外开放的同时，也需要对内开放。甚至在一定意义上可以说，对内开放更具有重要意义。对内开放，重要的是向市场开放和社会开放。

"凡是市场能够做到的，交给市场；凡是社会能够做到的，交给社会。"这是李克强总理上任之初提出的，其核心思想是释放市场和社会的活力。

对各国举办奥运会的历史进行分析，我们不难发现，冬奥会的大量筹办工作完全可以交给民营企业和民间社会组织承担。就现行中国体制架构进行分析，主办冬奥会这类国际重大活动，当然需要政府主导。通过政府主导，集聚社会资源集中力量办大事，可以保证冬奥会举办的方向正确，避免出现重大失误。问题是，政府主导是有边界的，并不需要将大量具体事务也由自己承担。大量事务性工作是可以交给市场和社会的，通过释放市场和社会的活力，以提升整体效益，推进中国开放的整体步伐。

向市场开放，就是要在公平、公正、公开的条件下，让市场成为资源配置的基础，也就是更多更好地发挥民营企业的作用。2022年冬奥会的筹办需要大量投资。可选择适当的、有回报的投资向民营企业开放。例如，为举办冬奥会，需要建设奥运村，奥运会结束后，奥运村一般就可以面向市场和社会销售。因此，建造奥运村这类事，就可以向市场开放，让民营企业承办这些工作。政府可以不用建设而是采用租用奥运村的方式，待奥运会结束后将奥运村还给开发商，由开发商向社会销售。此外，一些回报少而需要投资较大的领域也可以动员民营企业参与，政府给予适当补贴以维持企业的基本产出平衡。例如，冬奥会一些雪上项目建设。如果完全政府投入，投入额度大而赛后难以很好运营。动员民营企业参与，组委会给予适当补助，赛后的运营也交给民营企业，以提升民营企业的参与积极性，组委会投入也可以大大减少。

向社会开放，就是向民间社会组织开放。筹办2008年北京奥运会，一些民间社会组织扮演了重要角色、承担了重要任务。例如，北京奥运经济研究会就曾得到当时分管奥运会的领导习近平同志的"让民间社会组织发挥作用"的批示，通过组织举办奥运经济新闻发布会而发挥了积极作用。2022年冬奥会，应当将更多的筹办工作交给民间社会组织承办，组委会向社会招标，通过购买社会服务，将大量工作转交给民间社会组织。这样做，既可减轻组委会的工作压力，也可释放社会的巨大活力。

共享办冬奥

2022年冬奥会的承办也应当体现共享发展理念。北京携手张家口举办冬奥会，张家口作为中国的一个欠发达地区，虽然与北京为邻，但其经济发展水平与北京相差甚远。习近平总书记在对北京冬奥会作出的重要指示中强调，办好2022年北京冬奥会，是我们对国际奥林匹克大家庭的庄严承诺，也是实施京津冀协同发展战略的重要举措。因此，推进共享发展是筹办2022年冬奥会承担的特殊历史使命。通过冬奥会的筹办，缩短张家口与北京发展的整体距离，同时也应推动北京延庆区的发展，缩短延庆山区与北京市区的距离，应当是共享办冬奥的重要内容。

让张家口乃至北京周边地区共享冬奥会发展成果，严格说，这不是冬奥组委的工作内容。在很大程度上，这项工作应当属京张两地市委市政府考虑的内容，即如何借奥运会举办之机，推动京张两地整体发展迈上新台阶。奥运经济作为一种注意力经济，借助全球关注、推动城市发展，是所有奥运会主办城市共同关心的话题。因而，虽然冬奥组委本身没有这项职责，但在筹办过程中，如何最大程度体现共享发展理念、推动京张两地整体发展、特别是张家口所属的贫困县和北京延庆区的发展，则是在设置冬奥组委时就必须要考虑的问题。

尊重奥运产权　推动市场开发*

陈　剑

北京 2022 年冬奥会和冬残奥会市场开发计划已于 2017 年 2 月 27 日正式启动。2016 年，中国经济总量达到 74 万亿元人民币，占全球经济总量的近 15%；2015 年，中国对全球经济增长贡献率达到 33.2%，接近三分之一。因此，中国市场的巨大吸引力使人们对北京冬奥市场开发计划充满期待。

冬奥市场开发主要内容

市场开发是筹办奥运会的一项重要工作，承担着筹集资金、物资、技术、服务保障的重要使命，为合作企业提供营销平台和优质服务，进而实现奥运会和合作企业的双赢。2022 年冬奥会市场开发的首要目标，就是要完成保障赛会运行对于资金和物资的需求。

国际奥委会和举办城市组委会各自有自己的市场开发计划。这是两个不同运行主体，前者开发收入会有一部分分配给组委会，组委会开发收入除了主要用于本届赛会外，也要分一部分给国际奥委会。因此，本文虽然分析的是 2022 北京组委会的市场开发，但也有必要对国际奥委会的市场开发有所了解。

国际奥委会管理着奥林匹克全球合作伙伴赞助计划（又称 TOP 计划）、电视转播合作伙伴计划以及国际奥委会官方供应商和特许计划。国际奥委会市场开发中，最重要的是 TOP 计划，其赞助商是国际奥委会全球最高级别的合作，向整个奥林匹克运动提供资金、产品、服务、技术和人力资源支持。奥运会目前共有 12 家 TOP 赞助商（2017 年之后应为 13 家，编者注），均为各国的代表性企业，如美国的可口可乐、VISA 和通用

---

* 此文原载中共北京市委《前线》杂志，2017 年第 4 期。

电气，日本的丰田与松下等。2017年1月，成立仅17年的中国阿里巴巴成为国际奥委会TOP赞助商中最年轻的面孔。阿里巴巴还是全球第一家与国际奥委会达成直至2028年长期赞助合作的公司，也是首家承诺支持北京2022年冬季奥运会的中国企业，其全球合作权益将覆盖2018年平昌冬奥会、2020年东京奥运会、2022年北京冬奥会以及将于2024年、2026年和2028年举办的夏季和冬季奥运会。

北京2022年冬奥会市场开发计划由赞助计划、特许经营计划和票务计划三大部分组成。其中赞助计划含金量最高，特许经营计划参与度最广，票务计划则对体育迷们最有吸引力。赞助计划是市场开发的主要收入来源。从时间跨度分析，赞助北京2022年冬奥会和冬残奥会的营销期将从2017年至2024年，涵盖平昌2018年冬奥会、东京2020年奥运会、北京2022年冬奥会、2024年奥运会和残奥会等国际奥委会、国际残奥委会管辖下的多项重大国际赛事，蕴含着巨大的市场营销价值。

赞助计划将赞助企业设定为四个层级，分别是：官方合作伙伴、官方赞助商、官方独家供应商和官方供应商。根据层级的不同，赞助企业获得的权益也有差异。如作为官方合作伙伴，赞助企业将获得7年半的营销权；第二层级的赞助企业，征集工作于2018年启动，营销期可达6年左右；而后两个层级的征集工作要在2019年年中启动，营销期也相对短一些。每个层级设定了赞助基准价位。在同一层级中，不同类别的基准价位会有所差异，以体现不同行业之间的差别，企业情况不同则价位不同。

赞助企业所享有的权益有：市场营销权、接待权、产品和服务提供权等。赞助计划所面对的企业，主要包括银行、运动服装、乳制品、保险、航空客运、固定通讯运营服务、移动通讯运营服务等符合北京2022年冬奥会和冬残奥会筹办工作需要和奥林匹克市场开发规则的赞助类别。

赞助计划遴选标准主要有以下一些内容：第一，企业资质。企业应行业领先，实力雄厚，财务状况良好，具有良好的社会形象和企业信誉。企业的品牌形象、产品与奥林匹克精神契合，产品符合低碳、环保、可持续发展等标准。第二，赞助报价。企业应当满足相应层级的赞助基准价位要求，有能力按期支付赞助费用。第三，产品和服务保障能力。企业的产品、技术和服务能力处于行业领先水平，能为整个运营期提供所需要的充足可靠的产品、技术和服务。第四，营销推广能力。企业在奥运市场营销方面，有充足的后续资金提供支撑。

赞助企业的征集，将采取公开、定向和个案三种方式选择。公开征集是指北京冬奥组委面向社会发布征集公告，邀请所有符合条件且有赞助意愿的企业参加的征集活动。如某些赞助类别只有少数几家企业具备赞助条件，则采取定向征集方式确定赞助企业。如某些赞助类别只有一家企业有赞助意愿，将采取个案征集方式、通过直接谈判确定赞助企业。

特许经营计划分为国内特许经营计划和国际特许经营计划两大部分。国内特许经营计划将于2018年平昌冬奥会后正式启动，随着赛事临近逐步扩大经营规模。国际特许经营计划将于2020年以后视国外市场需求确定启动时间，以满足国外消费者的需求。

特许经营是北京冬奥组委许可特许企业生产和销售带有北京冬奥会和冬残奥会会徽、吉祥物、中国奥委会商用徽记、中国残奥委会徽记及相关知识产权的产品的市场开发行为。特许企业从生产和销售特许商品中获得收益，通过缴纳特许使用费对筹办北京2022年冬奥会和冬残奥会、宣传推广奥林匹克运动做出贡献。这一计划虽然在整个北京冬奥会市场开发计划中的收入贡献比例最少，但在助推群众广泛参与，传播冬奥文化等方面却有着不可替代的作用。

特许经营计划包括特许商品计划、纪念钞/币计划和纪念邮票计划，主要有胸章和纪念章、服装服饰及配饰、文具、玩具、工艺品、宝石玉石、珠宝首饰、各类饰品（家居饰品、手机配饰、汽车配饰等）、体育用品等类别。

北京冬奥组委还将与国家金融管理部门和国家邮政部门合作，制定实施专门的北京冬奥会和冬残奥会纪念币计划和纪念邮票计划。票务计划，通过门票销售和宣传推广计划，激发社会公众观赛热情，并为公众和各客户群观赛提供优质服务，丰富和提升观赛体验。票务计划，既要满足市场需求和一定的公益需要，同时也要为各层级参与市场开发的客户提供服务。

冬奥市场开发潜力巨大

2008年北京奥运会市场开发圆满成功，并催生了一批企业成为世界和亚洲知名品牌。这说明奥林匹克品牌价值巨大。但应认识到，夏季奥运会市场开发的成功并不意味着冬奥会市场开发也一定成功。冬奥市场开发若要取得成功，需要明确目标客户并付出艰巨努力。

冬奥会市场开发有些不利因素，如冬季运动在我国的关注度远不如夏季项目，冬奥会体量即参赛国家和运动员以及在全球影响力都比夏季奥运会小了不少；近年来世界经济低迷，中国经济增速也出现下降趋势，2007年中国经济增速高达14.2%，2016年下降到6.7%，今后几年或许会继续维持下行的态势；近几届冬奥会候选城市数量减少，市场开发不佳或许也会对2022年冬奥会的市场开发产生消极影响。

应当看到2022年冬奥市场开发也具有许多有利因素。

一是2022年冬奥会得到了中国政府大力支持，绝大多数国民也对这届冬奥会持赞成态度，作为一个崛起的大国，并持续作为全球经济增长贡献率最大的国家，中国企业需要通过扩大自身影响提升其品牌价值。

二是2022年冬奥会是自2008年夏季奥运会后在中国举办的最高级别的综合性国际大赛，也是冬季奥运会首次落户中国。奥运会是注意力经济的集中体现，作为顶级的国际赛事的冬奥会，其品牌价值在全球具有广泛的影响力。

三是中国冰雪运动的快速发展，为冬奥市场提供了有巨大想象力的空间。中国国家主席习近平指出，北京举办冬奥会将带动中国3亿多人参与冰雪运动，这将是对国际奥林匹克运动发展的巨大贡献。这预示着全球最具魅力的冰雪产业市场已经向全球敞开大门。到2025年，规划中的中国体育产业总规模将达到5万亿元人民币，其中的冰雪产业总规模计划2020年达到6000亿元，2025年达到1万亿元。中国冰雪运动蕴藏巨大商机，无疑会受到国内外企业的广泛关注。

正因为2022年冬奥会市场开发有着诸多有利条件，如果能够很好借鉴2008年北京奥运会市场开发经验，在此基础上，通过提升北京冬奥组委的运营开发能力、市场营销能力，给赞助企业创造更多的机会，包括给企业提供更多的服务、更好的项目，北京冬奥会市场开发会有一个很好的预期，其赛会运行服务保障所需要的资金和物资一定能通过市场开发予以解决。

市场开发要保护奥运产权

2022年冬奥会的市场开发能否取得预期成果，一项重要工作是对参与奥运市场开发企业的合法权益的维护。在2022年冬奥会筹办和举办过程中，能否有效保障奥林匹克知识产权，为参与市场开发的企业提供充分有效的权益保护，是2022年冬奥会市场开发能否取得成功的关键。

保障赞助企业的排他权。排他权是冬奥会赞助权益回报的核心内容之一。国际奥委会的全球合作伙伴、北京冬奥组委的官方合作伙伴、官方赞助商和官方独家供应商都享有奥林匹克市场开发的独家权力，一般情况下一个类别只有一家赞助企业。高级别占用的类别不能再用于低级别开发，逐级排他。排他权原则体现了奥运赞助资源的稀缺性和宝贵价值，为赞助企业开辟了独有的市场营销空间，有助于赞助企业在竞争中占据优势地位。

防止侵权和隐性营销奥运会市场开发已经形成了一套相对成熟的运营体系。与此同时，每届奥运会、冬奥运会，也都有新兴的产品和服务出现，这无疑对扩大奥林匹克影响产生了积极作用。但一些探索和创新性产品，使产权保护的边界似乎存有模糊，引发争议。例如，2012年伦敦奥运会，有的用带有奥运元素的商标发微博，2016年里约奥运会进入了全球直播的时代，在赛场内有人带有奥运商标进行直播。这两个案例，虽然有些争议，但定性侵权似乎没有争议。判定是否侵权，主要看是否得到权利人许可，如果使用奥运元素用于商业目的，没有得到权利人许可，定性侵权没有争议。道理很简单，商业活动中运用奥林匹克标志必须得到奥林匹克标志权利人的许可。

我国在获得2008年北京奥运会举办权的时候，北京市和国务院先后颁布了这方面的法律和法规。以国务院法规为例，2002年1月30日，国务院第54次常务会议通过了《奥林匹克标志保护条例》，并于同年4月1日起施行。这个条例对奥林匹克标志的具体内容进行了细化，包括：国际奥林匹克委员会的奥林匹克五环图案标志、奥林匹克旗、奥林匹克格言、奥林匹克徽记、奥林匹克会歌等等。

从上述条例内容中可以看出，奥林匹克知识产权最主要、最核心的部分是奥林匹克标志。奥林匹克知识产权与奥林匹克标志在许多场合下几乎可以视为近义词。

就奥林匹克知识产权而言，我国各级政府都不是权利人，赞助企业也不是权利人。依据我国法律法规，奥林匹克标志权利人数量非常有限，主要是国际奥委会、中国奥委会、在华举办奥运会的组织机构。

此外，保护奥林匹克知识产权，也要防止隐性营销。一些企业，虽然不是奥运会赞助企业，不是国际奥委会或奥组委的合作伙伴，但通过参与或组织与奥林匹克有关的一些商业活动，试图使公众误认为该企业跟冬奥会、奥运会有某种联系，这就是隐性营销。隐性营销损害了赞助企业的权益，违背相关的法律规定。对于隐性营销，同样应当坚决反对、抵制和制止。

应区分公益活动与商业活动的不同。2015年12月通过的《奥林匹克2020议程》，提出了对于奥林匹克市场开发的改革，贯穿了社会价值、公益属性、人文精神等基本取向，彰显出奥林匹克营销的独特功能和精神诉求。

为了弘扬奥林匹克精神在全球的传播，为了使2022年冬奥会的筹办让更多国民了解，需要开展丰富多彩的公益活动以扩大影响。而开展公益性活动，必然涉及奥林匹克的一些标志内容。因此，在保护奥林匹克知识产权的同时，必须区分公益性活动和商业性活动。鼓励公益性活动的开展，对不是权利人开展的商业性活动，则需要抵制和制止。没有公益性活动，奥林匹克精神难以得到弘扬，奥运理念难以做到家喻户晓，奥运会筹办工作难以做到有序推进。公益性活动主要弘扬奥运理念，不以赢利为目的，主要依赖政府、非营利的社会性组织等，但也不能把企业完全排除在外。笔者2008年曾撰文，不能一概把企业参与公益性活动等同于奥运的隐性市场开发。如果一些公益性活动，既不是企业主导，也没有与冬奥会或奥林匹克运动建立虚假的或未经授权的联系，即没有直接或潜在的商业利益目的，企业参与这些活动是可以接受的。而对那些公益性机构、社会组织开展的围绕弘扬奥林匹克精神、推动冬奥会筹办而开展的公益活动，更应当给予大力支持，进而提升社会各界参与冬奥会的热情，促进奥运理念在全社会的普及。

东北亚三国奥运会及政策建议*

陈 剑

日本扎幌拟申办 2026 年冬奥会，若申办成功，未来 8 年，即 2018 年 2 月至 2026 年 2 月，东北亚三国将举办 4 场奥运会。奥运会的举办对扩大居民消费和投资也都起了十分积极的作用，有利于促进经济增长。同时也为三国经贸往来提供了平台和进一步合作空间。如果东北亚三国能够携手合作，例如通过建立奥运城市联盟，设立奥运城市发展基金等措施，可以在三国奥运盛会中找到合作的空间。例如经验分享、城市基础设施、ICT 领域以及三国间的旅游的推动等等。当然也应当看到，奥运会举办有可能带来一定的经济风险。例如，奥运会后的低谷效应、场馆的后续利用等，需要做好风险防范，积极应对。

一、2008 年北京奥运会

北京在办奥运会过程中，努力将奥运经济的作用扩展到最大限度。例如，让更多的城市参与奥运会的举办。北京奥运会涉及的举办城市，除了主办城市北京，还有两个项目城市——山东青岛（帆船）和香港（马术），四个足球预赛城市——上海、天津、辽宁沈阳和河北秦皇岛。北京奥运会涉及 7 个城市，筹办奥运会推动了这些城市及其所在区域的发展。一是提升城市基础设施水平。以北京为例，2001 年北京只有约 54 公里的地铁运营线路，在整个公共客运交通系统中的客运量分担率只有 10% 左右。七年奥运筹办，北京轨道交通建设明显提速，到 2008 年 7 月轨道交通总里程已达到 200 公里。二是提升区域产业结构水平。奥运会为区域内的建筑和建材业、环保业、信息产业、文化产业、体育产业以及传媒和广告业带来商机，从而为奥运会举办城市及其所在区域的产业结构调整提供了契机，有

---

* 此文是中日韩三国秘书处出版的 2017 年中日韩三国经济报告（2017 Trilateral Economic Report）中涉及奥运的内容。作者是此版报告的主笔，标题是另加的。

利于提升区域产业结构水平。三是推动区域经济合作。奥运会为举办城市周边地区及其他非奥运会举办城市带来了发展机遇，进而推动区域间的交流与合作。

北京在筹办奥运会之初，就对防范后奥运经济风险有了明确认识，并采取一系列措施来降低这种风险。北京在筹办奥运会之初，在奥运场馆选址、规划和设计等方面，就考虑到赛后利用问题。例如，增加临时场馆建设；将一些场馆建在大学校园内，奥运会后这些场馆就直接为大学生体育活动新增了体育设施。此外，还建立社会化的投融资机制来缓解资金压力和资源闲置风险。在北京奥运场馆建设中，社会投资占投资总额一半以上，使政府投资压力减小了许多，而企业也可在其中找到自己的发展机遇。其他项目投资大多是企业联合体公开竞标，然后投资、运营。这种机制，对控制投资规模和赛后利用都大有好处[①]。

2001 至 2008 年，七年奥运会筹办期间，经济增长速度年均也达到 12.4%，地方财政收入增长 2.3 倍，在此期间的人均国内生产总会从 2001 年 2700 多美元提升到 6000 美元以上。北京奥运会极大提升了北京整体发展水平，使北京城市发展迈上了一个新台阶。

TV-C1：举办奥运会对北京市国内生产总值增长的影响

年份\项目		2001	2002	2003	2004	2005	2006	2007	2008
按全市中长期规划预计	国内生产总值（亿元）	2846	3159	3506	3892	4320	4795	5323	5908
	国内生产总值增速（扣除物价因素）（%）		9	9	9	9	9	9	9
	人均国内生产总值（美元）		3371	3716	4098	4518	4981	5494	6058

---

① 陈剑，"奥运经济：中国的创新与发展"，人民日报，2008 年 7 月 25 日第 10 版。

续表

项目\年份		2001	2002	2003	2004	2005	2006	2007	2008
加入奥运因素后测算	奥运投资拉动国内生产总值增量（亿元）		34	125	271	408	435	416	300
	奥运消费拉动国内生产总值增量（亿元）		12	45	98	151	164	158	247
	国内生产总值（亿元）	2846	3205	3676	4261	4879	5394	5897	6455
	国内生产总值增速（扣除物价因素）（%）		10.6	12.7	13.9	12.5	8.6	7.3	7.5
	户籍人口（万人）	1125	1133	1141	1149	1156	1164	1172	1179
	人均国内生产总值（美元）		3421	3896	4486	5103	5603	6086	6619

资料来源：刘淇主编，《北京奥运经济研究》第8页，北京出版社2003年第1版。

二、2022北京冬奥运会筹办

2022年北京携手张家口举办冬奥会，其赛场由三部分组成：北京市区、北京市延庆县和张家口市崇礼县。为保障三地赛场间的交通服务，北京将建设连接北京－延庆－张家口三地的高速铁路和高速公路。铁路方面，即将开工建设北京至张家口城际铁路（京张城际铁路），全线长约174千米，主线共设近10个车站，设计时速将达350公里，乘火车从北京北站到延庆场馆约20分钟，到张家口场馆为52.5分钟。为方便观众前往崇礼观赛,京张城际铁路的崇礼支线也一并建设,步行 10 分钟即可抵达奥运村及其周边比赛场地。

  2022 年冬奥会将在北京、延庆和张家口 3 个赛区布局共计 25 个场馆,其中,竞赛场馆 12 个,非竞赛场馆 13 个,25 个场馆中 10 个为现有,6 个为计划建设,4 个为冬奥会建设,还有 5 个为临时建设。就北京来说,市区分布 5 个竞赛场馆,7 个非竞赛场馆,延庆县 2 个比赛场馆,3 个非竞赛场馆。奥运会的直接投资来源于两部分,其中一部分是奥运场馆及非比赛场馆的建设,按 2014 年的货币价值计算,这部分投资总额为 15.1 亿美元,折合人民币 92.86 亿元,冬奥会对场馆的直接投资以及奥组委对场馆的投资主要分布在一些场馆的租用、临时设施、以及场馆的试运行,具体明细表如下。

TV-C2:2022 冬奥会场馆投资明细(单位:亿元)

场馆分类	场馆名称	地点	场馆现状	比赛项目	公共资助	私人资助	总额
比赛场馆(56.1)	国家游泳中心	北京	现有	冰壶	0.73		0.73
	国家体育馆	北京	现有	男子冰球	1.25		1.25
	国家速滑馆	北京	新建	速滑	5.31	6.5	11.81
	首都体育馆	北京	现有	短道速滑/花样滑冰	0.433		0.433
	五棵松体育馆	北京	现有	女子冰球	0.579		0.579
	国家高山滑雪中心	延庆	新建	高山滑雪	10.04		10.04
	国家滑雪中心	延庆	新建	有舵雪橇/无舵雪橇	9.92		9.92
	冬季两项中心	张家口	新建	冬季两项		4.39	4.39
	北欧中心越野场地	张家口	新建	越野滑雪		5.83	5.83
	北欧中心滑雪场	张家口	新建	滑雪跳跃		3.72	3.72
	云顶雪场 A	张家口	现有	自由滑雪/单板滑雪		5.17	5.17
	云顶雪场 B	张家口	现有	自由滑雪/单板滑雪		2.23	2.23

续表

场馆分类	场馆名称	地点	场馆现状	比赛项目	公共资助	私人资助	总额
训练场馆(3.00)	首都短跑道速度滑冰馆	北京	现有		2.61		2.61
	首都滑冰场	北京	现有		0.33		0.33
	首都体育馆训练馆	北京	现有		0.06		0.06
奥运村(32.20)	北京奥运村		新建			18.21	18.21
	延庆奥运村		新建			6.92	6.92
	张家口奥运村		新建			7.07	7.07
主新闻中心	中国国家会议中心	北京	现有		0.572		0.572
其他非比赛场馆	国家体育场	北京	现有		0.973		0.973
总计					32.81	60.06	92.86

资料来源：陈剑主编《京张冬奥发展报告2016》第216页，中国文史出版社2016年12月第1版。

冬奥会对两地经济的影响可以分为三个阶段：奥运前，各类场馆以及奥运配套基础设施投资逐渐增加，将拉动GDP增长的百分点逐渐扩大；奥运年，赛事运营消费对北京、张家口GDP增长达到高点；2022年以后，奥运对两地滑雪产业产生的长期促进作用将逐渐释放[①]。

三、三国奥运合作

（一）奥运经济合作

1. 加强在冰雪产业合作

2022年北京冬奥会作为中国冬季体育产业崛起的催化剂，北京和张家口地区将借此打造一批体育产业带、集群或者基地。为拓展中国冰雪产业

---

① 陈剑主编《京张冬奥发展报告2016》第210—243页，中国文史出版社2016年12月第1版。

市场，日韩可以加大对中国冰雪产业市场的投资，包括冰雪健身休闲业、高水平竞赛表演业和冰雪旅游业，通过打造一批顶级的滑雪装备设备制造企业，与冰雪基地、冰雪旅游形成一个完整的产业链，逐步将中日韩三国的冰雪产业打造成与欧美比肩的支柱产业。

此外，北京冬奥会的赛区之一是张家口，这个区域是华北地区风能和太阳能资源最丰富的地区之一，加大三国在风能和太阳能资源方面的合作，共同打造国际领先的"低碳奥运专区"。

2. 推进基础设施领域的合作

在基础设施建设方面，中国可以与日韩进行优势互补，中国在价格、劳动力方面有竞争优势，而日韩在工程、技术方面优势明显，中国可以利用日韩的技术优势，欢迎日韩参与中国冬奥会的基础设施建设和投资。日韩为举办奥运会，基础设施也需要投资。中国也可以利用自身优势参与投资日韩奥运基础设施建设。

3. 推进奥运市场开发的合作力度

例如，动员本国企业积极参与有利于企业自身发展，并由各自组委会的赞助计划发展一些特许经营计划。并向国内观众推介各国的票务计划，以激发社会公众观赛热情。

（二）加强三国文化之间的交流与合作，共同分享办赛经验

三国之间共同分享办赛经验，至少有以下一些内容：

1. 奥运低谷效应

奥运会后，如何避免发展的不可持续性，是中日韩三国举办奥运会，在制订奥运规划和城市规划时必须考虑的因素。

2. 奥运会场馆的后续利用

要解决场馆闲置问题，奥运会场馆设计不但重视场馆赛时功能需求，还特别关注场馆赛后的功能定位与综合利用，全面考虑到场馆的复合化、多功能化设计，并在建造阶段就为赛后的多元利用预留设计空间。

3. 分享冬残奥运会的办赛经验

日本作为三国中唯一举办冬奥会和冬残奥会的国家，在筹办冬奥运会和冬残奥运会积累了丰富经验，包括其中的教训，值得中韩分享。

四、政策建议

1. 成立三国奥运城市联盟，设立奥运城市发展基金

1964年东京奥运会，开启了中日韩也是亚洲人举办奥运会的先例。今后4年，三国还要举办三次奥运会，这也就意味着，中日韩三国将会有更多的城市进入奥运城市行列。

北京是第29届奥运会的主办城市，但在北京之外还有其他6个城市。奥运会的帆船比赛在青岛市举行，马术项目在香港举行，而奥运会的足球比赛在秦皇岛，上海，沈阳和天津举行。此外，2014年南京举办的青年奥林匹克运动会，2022年北京携手张家口举办2022年冬奥会。也就是说，中国有9个城市属于奥运城市。其中北京、天津和上海是中国直辖市。

韩国的奥运城市是首尔（1988）、江陵和平昌（2018），日本的奥运城市是东京、扎幌（1972）和长野（1998）。基于此，建议成立三国奥运城市联盟，共涉及包括三国首都在内的12个城市。并成立具体办事机构——中日韩三国奥运城市联盟秘书处。以三国首都为核心，加强联盟中各自成员的交流与合作。作为次区域的一种发展联盟，由于只涉及成员国部分城市，其发展空间有较大的灵活性，合作范围十分广泛。既能够继承奥运遗产，同时也能够推进中日韩奥运城市之间的经济、文化和社会发展。

在中日韩三国奥运城市联盟的基础上，设立奥运城市发展基金，用于中日韩三国奥运城市的文化交流、基础设施建设、体育产业发展和奥林匹克主义的弘扬。

2. 加强三国在ICT领域的交流与合作

2018年韩国平昌冬奥会，韩国确立的五大愿景之一，是在ICT领域取得突破。作为IT（信息业）与CT（通信业）两种服务的结合和交融，通信业、电子信息产业、互联网、传媒业都将融合在ICT的范围内。韩国政府公布的"韩国ICT 2020"（K－ICT 2020）的五年战略规划，政府将扩大在ICT领域的投资，使其成为韩国创新经济推动下的新"蓝海"。近年来，不仅韩国，日本在ICT产业发展方面取得了卓有成效的进步，中国也在一些领域取得突破。中国ICT领域在2013－2018年间年均增长率有望达到13.3%。而韩国在ICT领域取得的突破，既推进了科技奥运进展，也会对东北亚地区乃至全球的科技革命产生重要影响，中日韩三国应当在这

领域加强交流与沟通，尝试深度合作，共同推进三国在 ICT 领域的水平，进而维持东北亚地区与全球 ICT 产业发展同步，并在一些地领域居于全球领先地位。

3. 推动中日韩三国间旅游发展

中日韩三国一衣带水，毗邻而居。三国也是全球旅游市场上成长性强、潜力巨大的重要旅游区域。利用奥运会的举办，进一步推进三国的旅游合作，向旅游人数 3000 万人次迈进，无疑是值得期待的目标。例如，统一设计线路，让三国之外的游客经过该线路，分别到访中日韩；建立中日韩青少年旅游合作机制，制定交流计划，定期组织青少年旅游互访，让青少年成为三国旅游的后备力量；打造新的旅游线路，推动旅游市场的发展。

2016 年 12 月，中韩正式实施持公务护照人员互免签证。目前，日本尚未对中国游客实施免签政策。旅游应该是不受国界限制的，三国应该还可以进一步扩大免签范围，争取让中国普通游客也能享受免签政策。

加强互联互通，继续推动增加重点集散地城市间增加航线、航班，鼓励三国更多二三线城市间开通空中和水上航线，支持和鼓励企业开展旅游包机业务，让三国游客互访更直接、更方便。

第五部分　媒体专访

雄安会成为中国"硅谷"吗?
——专访中国经济体制改革研究会副会长陈剑

齐 夕*

媒体专访

陈剑,担任多年北京改革和发展研究会会长。他近年来提出若干京津冀协同发展的观点,诸如"北京与首都或许已经分开",一度引发了业界和舆论的讨论。他较早提出在保定打造中国的政治副中心,并认为完全具有可行性。

三联生活周刊:河北经济一直被视为京津冀发展中的"木桶短板",雄安新区设立后,你认为会怎样撬动这种格局?

陈剑:京津冀的短板主要在河北。河北当前的局面是,产业结构调整的阵痛期、环境治理的攻坚期,两期叠加。

京津冀协同发展战略三年前就提出了,虽然有很多动作,但是京津冀这三年来在中国经济版图上定位不仅没有上升,从一些数据来看,还有所下降。2015年,京津冀三地经济总量占全国10.2%,2016年降到了10.02%。这个比例今年可能首次低于两位数。如何改变河北的弱势地位短期看不出迹象,因为看不出它的增长点。

京津冀虽然是中国经济增长的一个增长极,但和珠三角、长三角比,成绩相对没有那么辉煌。改革开放近40年,深圳特区开启了一个大浪潮,深圳市成了中国改革开放最具活力的地方。1992年邓小平"南巡"谈话之后,1993年浦东新区正式成立,中国经济连续五年实现两位数的增长。浦东以及长三角的崛起成为中国经济最大的引擎。浦东新区成立24年,它和长三角已然是中国经济的火车头。长三角现在的两翼浙江和江苏也非常突

---

* 此稿原载《三联生活周刊》2017年第17期。

出。江苏自己去年经济总量已经逼近广东。珠三角现在相对长三角弱一点。

河北这几年在中国经济的排名持续下降。2014年是第六名，之后先后被四川、湖北超过，今年很有可能被湖南超过。主要原因就是产业结构落后，河北第三产业占经济总量41.7%。比全国平均水平低近10个百分点。这种产业结构说明河北还处在工业化中期。北京已经进入信息社会，天津是制造业中心，进入工业化后期。还有一个问题是环京津贫困带的问题，保定还有四个国家级贫困县。

什么叫环境治理的攻坚期呢？2015年通过的《京津冀协同发展规划纲要》中是这样说的，京津冀地区已经是中国人与自然关系最为紧张的地区。环保部每半年会公布中国十大污染城市，河北常常占6～7个。

设立雄安新区一个很重要的意义是，为京津冀、为北方经济、为中国经济寻找一个新的经济增长点。北京的定位是科技创新中心，雄安新区要打造成创新高地，我们希望它是创新驱动型的城市。创新高地和创新中心并不矛盾，两个可以齐头并进，也就是世界级城市群的设想。雄安新区的设立，使京津冀地区从两核，成为三核，京津雄成为三角，成为构筑世界级城市群的基本框架。

三联生活周刊：我们希望雄安新区是创新驱动的城市，但跟河北目前的产业结构水平之间还有巨大的落差。把北京的科研机构搬过去就可以平衡这一落差吗？

陈剑：河北产业结构落后，钢铁企业、低端产业要逐步淘汰。这很快会有一个变革，但需要外力推动。河北的产业结构调整当前需要做三件事，首先是传统产业更新改造。比方说，传统的钢铁产业需要提升其科技含量。第二个是发展新兴产业和战略性产业，河北这两年在这方面发展还是很快的。第三个路径是要发展现代服务业，特别是文化创意产业。河北是文化大省，有很多文章可以做。北京就得益于两个五年文化产业的发展，文化产业占北京GDP的比重超过1/7。

对雄安新区来说，第一要注意市场的力量和政府力量如何平衡。发挥市场决定性作用，特别是发挥民营资本的活力。第二点是政府的投资效率如何得到提升。国家现在有一定实力在一个地方，调动各方资源，用央企、用国家队衬托起一个地区的繁荣，但形成后产出怎么办呢？这是一个很大的问题。第三个是人口资源环境的平衡问题。白洋淀水资源是很有限的，河北的地下水也一直紧缺。第四，创新高地建设与创新要素汇集如何取得平衡，雄安新区建设，要打造一个创新的高地，形成新的经济增长极，意义重大。问题是，如何才能形成创新高地。

中国近40年的发展，主要做法就是复制模仿，拿来主义，利用后发优势实现赶超。但这一发展模式现在已经难以为继。中共十八届五中全会提出创新发展、引领型发展，意义深远。要打造创新高地，需要吸引国际国内一流人才，如何形成能够吸引世界一流人才的土壤和环境，同样也是一个具有巨大挑战的问题。没有思想的解放，吸引一流的人才是很困难的。首先要创造土壤让思想解放。

三联生活周刊：很多专家提出要把雄安新区建设成中国的"硅谷"、全球创新中心。你怎么看？

陈剑：我还要观察。

我认为习总书记提出的七点任务是解读雄安新区建设的一把钥匙。根据习总书记的部署，雄安新区承担了七方面重点任务：建设绿色智慧新城；打造优美生态环境，构建生态城市；发展高端高新产业；提供优质公共服务，建设优质公共设施，创建城市管理新样板；构建快捷高效交通网，打造绿色交通体系；推进体制机制改革，激发市场活力；扩大全方位对外开放，打造扩大开放新高地和对外合作新平台。

前五点是说要建设一个什么样的雄安新区，后两点则是建设的途径和原则，能不能推进体制机制改革，能不能扩大全方位对外开放，这是驱动新区长期的、自生的发展最核心的元素。近40年的改革经验就是开放和放开，七点任务的后两条说的还是放开和开放。

要建设一个创新中心、创新高地需要很多条件，最重要的就是刚刚说的七方面重点任务的第六和第七，体制机制的创新还有扩大开放。

实现创新驱动对北京来说也是个挑战。改革开放近40年，主要靠后发优势、复制模仿、拿来主义。但现在面临很大的发展瓶颈，经济增速也持续放缓。这主要受三大因素影响：一个是中国改革已有的改革红利基本上用尽了；很多体制和机制束缚了活力的释放。另一个束缚是创新的缺失，核心的创新动力不足。第三个因素是人口，我们廉价劳动力也用完了，"人口红利"时代结束。

北京的定位是全国政治中心、文化中心、国际交往中心、科技创新中心。能不能成为科技创新中心，对北京是一个挑战。北京最大的优势是聚集了中国一流的院校和专利技术，具有科技创新的潜力。但这些年中国创新版图上的第一把交椅是深圳。深圳的民营资本不但活跃，而且体现出高度的市场导向，创新动力强，这是市场力量形成的；而北京的人才储备、机构优势等等，过去主要是靠中央政府定的。北京要承担的创新，应该是整个制度和体制的变革，需要思想市场的解放、法制社会的建设。另一方面，北京想成为创新中心，但它功能太多了，权力都集中在这里。要疏解它的功能，才能聚焦核心功能。

三联生活周刊：正如你提到的三个因素导致发展瓶颈，有人认为让深圳、浦东快速发展的时代背景和条件已经没有了。

陈剑：全球化在一定时期回潮反弹是正常的。但对中国而言，关键是中国的改革现在处在僵持期。

政府可以建高铁、建新城，让央企大规模进入，但能否吸引人才是另一个问题。滨海新区最大的问题就是它的可持续性。雄安或许会对滨海新区产生挤压。雄安新区可能会影响对滨海新区的关注度。

现在已经不需要担心北京不要的给雄安。因为这次规定的央企、高校、医疗机构都属于北京好的资源，中央要求如果不是首都功能都要搬过去。甚至一些核心功能我认为都是可以疏解的。我认为，其实党中央、国务院在北京就行了，甚至"两会"的会址都可以搬迁。我一直建议，"两会"可以放到保定。

三联生活周刊：在你看来，雄安相对于滨海新区、曹妃甸，最大的优势在哪里？是"千年大计"的历史定位吗？

陈剑：最大优势是中央政府的定位，还有强大的国家意志。大量投资会繁荣一个地区，发生天翻地覆的变化是没有问题的。但这种大量投入不具有普遍推广意义，能否成为改革开放的先行区、示范区还需要观察。我认为可能很难成为西部大开发等的示范和样板。前期的资金可能需要央企大量的投入。设立雄安新区宣布之后，国投公司、中国石化、中国联通、中国铁建、中国中冶等40多家央企表态要进驻，这个数字已经占到央企40%了。

现在来看，对全国来说，雄安新区的设立更多的是政治意义，宣扬一种新的发展理念。中央政府全力打造的模式或许不具备普适意义，它形成的是有别于其他地区的政策环境，把行政作用发挥到极致。"千年大计"是中国语言的特点，意思是在历史上有一定的地位，要求规划经得起更长时期的考验。

陈剑：北京正站在新旧城双核心格局的起点上*

刘佳英　徐和谦　实习记者　罗瑞垚

过去两年以来，北京市的城市规划工作和发展布局，围绕着中共中央总书记、国家主席习近平在2014年2月对北京的视察指示精神，展开了诸多重大调整。到2020年，全市常住人口不超过2300万的人口增长红线被确立；将北京打造为全国政治中心、文化中心、国际交往中心、科技创新中心等"四大中心"的发展定位进一步明晰，不符合上述四大功能范畴的"非首都功能"被加速疏解清退成为定局。在诸多部署之中，尤为引人注目的，则是北京市东部的通州区，从原本的几个市郊发展集团中脱颖而出——先是在2015年获得了"市行政副中心"的定位，准备迁入北京市委、市政府等四大领导班子；到2016年，关于通州定位的表述，又进一步提升为"城市副中心"，北京出现新、旧两城双核心格局的远景，已初显轮廓。

在日前正式向社会公布的《中共北京市委北京市人民政府关于全面深化改革提升城市规划建设管理水平的意见》（下称《意见》）中，关于建设城市副中心的要求被单独写成一段，北京市副中心的规划范围被确立155平方公里，比原先规划界人士预想的纯行政办公用地范围扩大不少。此外，坐落于通州区范围内的城市副中心，其规划建设还要与通州全境、北京市中心城区、北京东部地区以及河北省廊坊市"北三县"等地，协调统筹发展。中共北京市委市政府更强调，要以"落实千年大计、国家大事的要求"，"以最先进的理念、最高的标准、最好的质量"做好城市副中心的各类规划工作。

此前，中国经济体制改革研究会副会长、北京社会主义学院副院长陈剑研究员，曾在财新网上发表《"新北京"与通州城市副中心建设》一文，引起众多读者关注和讨论。

北京城市副中心的发展蓝图徐徐铺开，对北京市中心城区究竟会产生

---

* 财新网，2016年6月22日。

什么影响？广大居民和在京企事业单位，又可如何适应并运用这种变化？

在《意见》发表前夕，陈剑接受了财新记者的专访，阐述他个人对中央决策层和北京市管理当局政策精神的解读，以下是访谈内容：

东城西城合并可期

财新记者：在北京市副中心确立后，你曾提出，北京市的市政功能和中央首都职能会发生一定程度的拆分，甚至不排除会出现以承担首都功能为范围的新行政单元。这是意味着，目前中央机关最集中的北京市东城区、西城区终将合并吗？如果合并之后，该怎么管、由谁管？

陈剑：北京市老城区的行政区划整并其实已经讨论了十多年了。早在十多年前，就有主张提出，应该把东城、西城、崇文、宣武等四个老城区全部合一，"四改一"；但当时阻力太大，所以只初步实现了"四改二"，将东城区与崇文区合并，将西城区与宣武区合并。但是，去年出台的《京津冀协同发展规划纲要》写得已经很清楚，原文是"积极推动老城重组，优化调整东城西城行政区划"。"优化调整东城西城行政区划"还能怎么"优化"呢？实际上就是合并。老北京城的整体面积其实就92平方公里、220多万人口，这么小的一个地方还规划了几个区，未必符合行政效率。

东城区西城区合并之后，是成立一个承载首都职能的服务特区，仍然归北京市管；还是成为一个直接归中央政府管的行政单元？都可以。关键是东城西城的合并，肯定是为了这个区域更好的规划与发展。过去多年来，北京市民和市政管理单位，其实为了承担首都职能做了不少牺牲和妥协。包括涉及中央单位的空间规划、土地使用，难以由北京市级单位统整协调；过载的交通；长期被压低的市级机关和市属事业单位工资等等，都是例子。为什么北京市级机关和事业单位的工资会被压低？因为如果北京市的工资一涨，中央机关就得动；中央一动，全国就会纷纷跟着动，所以只能把北京市的工资给压着。大家过去往往把北京和首都完全等同起来，其实不完全正确。首都是政治核心，政治核心在哪里，首都就在哪里；北京只是承载这个核心功能的空间。

未来，中央机关首都职能的所在空间，和北京市级主导的空间会略为分开；但"北京"和"首都"严格来说，是分不开的。要实现首都的政治核心功能，也需要北京市的支持。但是在行政区划上，会不会把两者分开？这现在还不好说，中央有中央的考虑。

通州：新北京的代名词

财新记者：那么，由北京市级主导的发展空间的重点，就是城市副中心或是所谓的"新北京"吗？

陈剑：强化北京市的新中心是没有任何疑问的。过去古老的北京集中在东城西城，虽然北京老城被拆得面目全非，老城墙几乎没有了；不过，这里仍积聚了大量的中国文化象征、民族传统符号，有丰富的历史文化底蕴，但很难发展更多的产业。

那么"新北京"在哪里？新北京就在通州，通州就是新北京的代名词。到 2017 年 11 月份，北京市行政机构搬迁去通州后，大量的公共设施就会跟进，生产、生活、生态等"三生"建设都会跟上，预计初步将吸引 40 万人过去，包括北京市级机关的公务员、市属事业单位的从业人员，和他们的家属等等。到时候，会吸引大量目前居住在"城六区"里，还在犹豫、彷徨的人。

财新记者：但是从去年到今年，北京市先是单独针对通州下达了两波限购令；而后又出台文件，清理设在通州的单位集体户口、限控严审 8 类人群在通州落户的条件。这些措施，是不是与通州区作为北京新中心，用以疏解核心城区人口的目标相违背？

陈剑：这不矛盾，这是高度吻合的。通州区严格限制到通州落户，恰恰印证了这里要成为北京的新中心——它不是鼓励外地人落户，而是要鼓励北京城区的人去通州，疏解、接收大量的城六区人口。为什么要这么做？因为，常年在北京生活的至少有 2300 万人。如果要加速疏解"非首都功能"，把人给疏出去，要疏到哪里去呢？靠行政力量强制地压，把人往外赶，一定实现不了。

但是，打造一个"新北京"就比较简单了。日后，"首都归首都，北京归北京"，将目前承担了首都核心功能地带的人口疏解出来，以通州为中心打造新北京，规划一个生活及各项服务都有保障、生态宜居、生产就业有保障的地方，情况就会大不相同。整个通州的全境非常大，大量人口可以往那边迁移。

如果明确了要打造"城市副中心",那么很多机构、企业就会想方设法往里面拥,这没有什么问题,只是需要时间。等各种公共服务设施、用人单位跟进以后,水到自然渠成;目前单独针对通州、主要用来平抑在通州炒房冲动的限购、限制落户等政策,也会根据形势的变化再有调整。

财新记者: 通州承担了北京城市副中心的定位之后,当地在京津冀协调发展的过程中,将扮演什么角色?特别是和通州邻接的河北廊坊市下属的"北三县"——大厂、香河、三河,未来和"新北京"的关系是什么?他们会成为新北京的一部分吗?

陈剑: 行政区划的调整,是领导层小范围内的核心机密,只有公布出来才会知道。但是,行政区划的调整肯定要顺应经济规律,要考虑当地的发展需求。新北京打造成形后,会有广阔的辐射度和影响力;现在,已经要求北三县和通州协调发展,规划图纸要对接,实现统一规划、统一政策和统一管控,未来会有交通、环保、公共服务、社会保险等各类政策的对接,你说他还有可能继续被廊坊市保留吗?可能性很小。我认为,通州和北三县的合并是早晚的事;这样一来,迁到通州、位处北京东陲的新北京市政府,也才有更大的腹地。行政区划的调整不是完全不可能,领导层的思考也还在不断变化、深化之中。只要能有利于这个地区的发展、有利于这个地区的统筹协调管理,行政边界发生调整,不是不能做。

为何强调科技创新中心功能

财新记者: 从2014年以来,中央和北京市即强调,要强化首都作为全国"政治中心、文化中心、国际交往中心、科技创新中心"的四大核心功能。这些定位的设计,是基于什么样的背景?如何理解首都的这些核心功能?

陈剑: 中国现在面临很大的发展瓶颈,经济增速持续放缓不可避免。这主要受三大因素影响:一个是市场因素,中国改革走到今天,已有的改革红利基本上用尽了;很多体制和机制束缚了活力的释放。另一个束缚是创新的缺失,过去三十几年,我们的发展都是踩在别人的肩膀上,拿别人的东西用、拿别人的东西改进,搞"弯道超车",但核心的创新动力不足。第三个人因素是人口,我们廉价劳动力也用完了,"人口红利"时代结束。

在这种情况下怎么办？人口在短期内不会有什么太大的变化。我们能做的，是把握前面两种因素，一是深化改革，二是努力创新——尤其是要做在全球范围内能起到引领作用的科技创新，进一步释放市场潜力。

中共中央在十八届五中全会上提出的"引领型发展"，就需要一些城市作为节点，真正拿出中国自己的东西。在这方面，北京最大的优势是聚集了中国一流的院校和专利技术，具有科技创新的潜力。中共十八届五中全会已经提到，中国要从跟随者向引领者转变。从大的国际格局出发，将把北京定位成科技创新中心，对打造以首都为核心的世界级城市群，对整个中国的发展、全球经济的带动都有意义。但是，这种科技创新，不是简单地找几个人搞科研就能实现的。北京要承担的创新，应该是整个制度和体制的变革，涉及到思想市场的解放、法治社会的建设，实际上是巨大的革命性变革。

北京现在虽然人才扎堆、专利很多，但没有转化成现实的生产力量；就算有很多专利，也不具有震撼力，不具有产业化的潜力。和深圳相比，深圳的民营资本活跃、创新动力强，这是自然形成的；而北京之所以能有发展科技创新中心的潜力，包括人才储备、机构优势等等，过去主要是靠中央政府定的。至于这些潜力能不能真正打造出在全球范围内有影响、有引领性，提升中国在世界经济格局中位置的科技创新中心，就需要很大努力。

财新记者：这样一来，北京未来的产业格局会如何设置，还会保留部分制造业吗？

陈剑：北京的制造业本来就已经很少了。2015年，北京制造业占GDP的20%还不到；而第三产业、服务业在北京的比重已经达到79.8%，农业大概是0.7%。过去，借着2008年奥运会时的机遇，北京已经调整过它的产业结构，把该迁的制造业、工业都迁走了，北京现在可以说正处于"后工业化"时代，每万元GDP产值的能耗、水耗都比较低。早在1995年，北京的服务业占比就已经超过50%了，北京市产业格局的变迁脚步，领先全国大概20年左右。

不过，制造业也不会全部离开北京。现在美国、欧洲等西方国家也发现，"制造业空心化"对国家的经济发展、科技创新还是有影响，所以"再工业化"现在在欧美国家成为了很重要的话题。

对北京来说，制造业要留什么？今后就是留三个字——"高、精、尖"的，比如在亦庄这些产业园区里的高精尖制造业项目，还是会留在北京。

另外，北京除了是文化中心，也是文化产业的创新中心。过去，北京有 3000 多年的建城史，拥有很多世界级文化遗产。现在北京的文化产业已经异军突起，占 GDP 的大概 1/7 左右，是北京很重要的支撑产业。未来北京在这方面还有空间，能够引领全国，通过文化产业向世界传递中国的价值观和理念。

财新记者： 当前，北京一方面要强化四大核心功能；一方面又要在京津冀协调发展这一国家战略中，承担主要的引领作用。哪些要留在北京、哪些要疏解出去，成为北京市的一大难题。然而，如果把最好的、最核心的功能都留在北京了，会不会再次陷入京津冀发展仍不平衡、"河北天津只能挑北京不想留的引过去"的循环？

陈剑： 现在北京承担的非核心功能太多了，因为权力都集中在这里。其实，像教育中心、卫生医疗事业中心等等，很多的功能不一定要放在首都。

把首都作为政治中心，其实就是党中央国务院在北京就行了，甚至"两会"的会址都可以搬迁。我一直建议，可以把议会放到保定去，每年开"两会"的时候，5000 多人的议事、住宿、出行可以集中在保定解决，就不用在北京耗费这么大的社会成本；在保定打造中国的政治副中心，完全具有可行性。

另外，还有国际交往中心的功能，北京也应该与天津、河北分享机遇。现在，北京正在城市南部的大兴区修建第二座国际机场。为什么选在那里？因为新机场位于北京市大兴区、天津市武清区、河北省廊坊市的交界地带，它的定位不是一般的机场建设而已；除了给现有的首都机场分流，北京的新机场还肩负着通过国际交往功能、贸易功能，推动京津冀三地融合的任务。今后，北京新机场的邻空经济能量，很可能会超越现有依附于首都机场的顺义邻空经济区。因为在这里，汇聚了北京、天津、河北三地的市场能量；可以以此为枢纽，串连京津冀地区世界级城市群的发展。

责任编辑：徐和谦（ZN009） ｜ 版面编辑：张柘一实习

李铁：雄安新区不能再走土地财政老路

侯润芳

选择雄安可直接带动河北经济发展

新京报：在雄安新区设立前，中国有设立深圳、浦东等特区的先例，雄安新区与两者不同在哪里？

李铁（中国城市和小城镇改革发展中心理事长、首席经济学家）：改革开放后，中国设立了很多新区、特区。其中，深圳特区成功的经验是举全国之力来建设，同时依托香港这个全球金融中心，引进信息、资金等各种生产要素。因为依靠全国之力，深圳特区的建设模式不可复制。

上海浦东新区和深圳特区也不一样，浦东新区更多依靠上海这个中国经济最发达的城市——上海可以将资金、要素、人才等优势资源集中到新区，充分发挥上海在长三角的龙头作用，而且通过浦东新区的建设，放大上海作为亚洲金融中心和世界最大港口的作用，对沿海经济向内地辐射具有重要的战略意义。

雄安新区则体现了中国新时期区域协调发展的思路。设立雄安新区的时代背景是目前中国城市化水平达到了57%、接近60%。而沿海经济发达地区和特大城市的发展水平已经接近了发达国家。这些经济发达地区取得的成就与以往一部分先富起来的发展思路十分吻合，但是如果继续发展下去，结果就是会出现地区经济发展的严重不平衡。雄安新区的设立则是从整个区域发展的角度，强调区域发展的协调，解决地区发展不均衡、区域贫富差距问题。

从北京角度来看，北京是全国的行政文化中心，也是重要的服务经济发展的中心，北京集聚了全国最重要的行政资源。在这个集聚的过程中，

---

* 新京报，2017年11月17日。

也带动了市场资源和要素的跟进。因此北京人的收入水平、公共服务设施水平都比较高。北京在集聚资源和要素的过程中,并没有像上海、香港、深圳一样对周边的地区形成辐射,并全面地带动周边地区的发展。从河北角度来看,河北有30多个国家级贫困县,河北的常住人口城市化率为53%,和全国有一定的差距。整个河北的经济发展水平远远落后于北京。

一方面,环北京形成了一个瓶颈,从国家发展的角度来说,形成了"灯下黑"的局面。另一方面,北京由于人口过多集中,产生了交通拥堵、雾霾、房价居高不下等问题,从疏解的角度看,要把这些非首都功能疏解出去,缓解主城区的压力和城市病。

从区域发展战略看,北京应发挥辐射作用、带动周边发展,实现共同富裕。

新京报: 怎样疏解非首都功能?为什么疏解北京非首都功能选择雄安作为新区?

李铁: 疏解非首都功能的第一个步骤是,通过行政手段把北京市的政府部门迁到通州。第二个步骤是,弱化非首都行政功能和附着中央行政资源的功能。

疏解非首都功能,为什么不迁到距离北京较近的河北地区,而是选择迁移到距离北京135公里远的地方雄安?

从北京角度看,如果再将新区放到北京的辖区内,从地域上解决不了城市人口急剧膨胀、户改难度大等问题,也会加剧社会矛盾。与北京正好相反,河北面临各种经济发展问题,与其锦上添花不如雪中送炭。

我认为把雄安放到河北境内、不放在京津境内,可以避开现成的体制矛盾,是出于长远的考虑。设在雄安的好处是,可以跳出长期以来要素和资源过度向北京集聚造成北京城市公共服务压力愈加突出的矛盾,选择一个新的发展空间。

中国改革最大的一个特点是,企业和资源跟着行政走,希望通过依附行政中心来获得各种潜在的政策资源、财政资源、通过行政关系来打通各种环节,从而解决企业发展问题。将新区设置在雄安,大量的优质资源走进来,可以直接带动河北经济的发展。从区域的角度看,雄安是几个国家级贫困县,周边可以辐射到张家口、保定等贫困地区。从产业结构调整角度,北京迁来的互联网、IT产业和创新型产业,可以促进河北经济产业结构调整。此外,新区设置带动非首都功能的疏解,最重要的是服务型经济和总部经济将有一部分会迁到雄安,通过服务业的集聚促进河北的产业转型。

资源跟着行政走,解铃还须系铃人。以往通过行政手段导致要素过度向北京聚集,现在也是通过行政手段进行疏解,一方面缓解了北京主城区过度发展的压力,弱化了部分非首都功能;另一方面,通过空间的布局和战略调整,促进京津冀协同发展,实现区域的平衡。

雄安新区可缓解北京房价和住房压力

新京报:你认为雄安新区的设立对于北京的住房压力有着什么意义?

李铁:北京的高房价符合市场规律,有其一定的合理性。毕竟因为众多优质资源集中到北京,当然大大提升了北京主城区的公共服务水平。高房价说明这种优质资源的绝对稀缺性。过去,北京的房价被大量外部投资炒高。在北京实行严格限购政策后,从调控效果来看,二手房炒作已被严格控制,房子作为商品炒作的功能已经被大大降低。但是北京房价依然位居高位,是因为北京作为首都高度集中了全国的优质资源,具有无可替代的地位。可以说,支撑北京高房价的是集聚在北京的高收入人口和全国13.7亿人口中潜在的高收入人群。

什么房子可以买得起?按照世界城市发展规律,距离中心城区越远,房价越低,可以在北京周边通过促进中小城市和小城镇的发展来缓解主城区的压力。实际上,全世界的主要大都市均是通过这一方法解决高房价的问题,中国房地产市场问题的解决也离不开这一规律。

北京的房地产问题不在于房价高,而在于政策没有提供低价房。目前看,仅仅依靠租赁住房和产权住房解决不了中低收入人群的住房供给。因此可以考虑在一个更大的空间范围来解决高房价的问题。按照总书记的发展战略,在区域内解决高房价的问题。雄安新区已经向各级地方政府提供了一个思路,即通过弱化中心城区或主城区的行政功能甚至疏解部分功能,可以解决包括房价在内的各种城市病问题,而不是简单地依靠行政手段的调控。

缓解北京房价更重要的是要重新认识北京的行政辖区的功能,应该把主城区和辖区有机地结合来考虑缓解北京房价问题,也可以放在京津冀协调发展的大思路下。不能北京辖区不让建房子,河北沿北京周边城市也不可以建房子。这样做的结果就是在逼北京的房价上涨。

新京报： 雄安新区的房地产市场备受关注，怎样才能使得房地产既避免沦为投资和投机的工具，也能为地方财政收入提供支持？

李铁： 雄安新区建设很重要的一点，设立新区不能再走传统土地财政的老路。传统的土地财政意味着"卖地"，房地产商一转手，房价被推高。不少地方以房地产为导向发展城市而不是发展实体经济，最后盖了一批房子，成为无人购买的空城。

雄安新区制度的设计首先明确，房地产不能用来炒作，否则房价高涨，其他要素无法进入新区。新区建设要遏制传统的城市发展模式、遏制土地财政发展思路，从而实现对产业要素、人口要素的集聚，降低生产成本，最终形成一个发展实体经济的良性模式。

如何不走土地财政的老路？

可以把雄安作为特区，进行城市发展的制度试验。西方发达国家没有土地财政，通过房地产税解决了一部分产业和财源问题。雄安的土地问题要进行封闭式改革，从税收、土地这些方面入手，调整税收结构，实行土地税收制度，征收房产税和地税。这样的话地方政府才能够有足够的财源，而不会对地产商形成依赖，也就不会通过出让土地作为财政收入的重要来源。

政府已经习惯了依靠土地财政获得收入，土地的收入模式决定了政府的长期收益和短期收益。当制度性地出让土地获取收益时，是短期的收益。房地产税以房地产为主，政府收税的话每年都可以收。有了税收，也就有了长期的收益。如果征收房产税，就可以形成长期的收益。

税收结构调整是否首先在雄安落实？目前还在策划中，还没有形成定局。但我个人认为，要在雄安新区基础上形成一个制度设计特区、进行城市改革发展的实验，可以在某种程度上来实行封闭型的改革，可以对全国提出一种新的城市发展路径和发展样板。

降低企业发展成本才能形成有活力的城市

新京报： 你提到使用行政手段建设雄安新区，你认为市场机制在雄安新区建设中起着怎样作用？

李铁：上面我也提到了，在中国等级化的城市管理体制下，城市空间资源的集聚一向靠行政手段来实现。例如财政资源、土地供应的指标、基础设施的投资等，当行政功能发挥作用时，各种市场化的资源自然会向行政空间来靠拢、依附。省会城市、地级中心城市的发展，都是依靠这种等级化管理的优势才实现了区域内资源的集中。

很多人表示建设雄安新区应该使用市场化的方式。当然，深化改革中最重要的一条就是让市场进入。但是如果改革不通过行政手段，政府不放权，如何推进市场化改革？如果不通过行政手段把政府过度集中的权力下放或者交还给市场，市场化的改革实现不了。因此，市场化的前提必须是政府能够放权，放权的前提是通过行政手段而不是通过市场。

不能说一切改革都要依靠市场，政府推进改革的第一要务就是用改革的思路、利用行政力量、强势主导资源的再配置。具体到雄安，首先要有政府的决策，必须通过行政命令和行政手段才能实现非首都功能的疏解，同时集中各种优势资源到雄安。在第一步实现了之后，第二步可以考虑市场在资源配置中发挥作用，建立一整套市场化的机制。

新京报：在你看来，雄安新区在规划和建设中应该注意什么？

李铁：城市有城市的发展规律和模式，雄安新区的建设有三点可循的规律和经验。

第一，按照国际城市发展经验，一个城市要能够更好的实现各种要素的集聚。中国城市发展规律的捷径，要能够体现出中国人口的优势、产业优势，使得城市发展兴旺。城市不是公园，中国有着13.7亿人口，花园城市显然不符合中国国情。整个城市的规划设计要站在城市发展角度，雄安的建设要体现出产业集聚优势、要素集聚优势、紧凑发展的规律。而不是从传统文化中城市园林的角度来考虑。如果要把雄安建设成皇家园林或者承德避暑山庄式样的城市，就大错特错了。

第二，城市是不同产业的组合，城市要能够形成产业的集聚。按照深圳等特区的经验看，产业的集聚不是通过规划来实现，只有降低金融成本、发展成本等，才能形成一个有活力的城市。如果新区的成本很高，会加重企业负担、导致企业主动进入新区的可能性降低。如何降低成本？可以实行优惠政策，更重要的是，在城市发展思路上如何降低企业发展成本。我们可以提出各项吸引创新型企业进入的政策，但是我们不能规定哪些企业进来，因为企业的进入要看成本，要看城市的功能，要看企业的管理者和员工的生活方便等多样化需求的满足条件。

第三，雄安要有包容性。雄安新区承接北京疏解的非首都功能，有个很重要的前提是，新区能够有包括医疗卫生教育以及各种生活服务设施等在内的系统的服务业供给配置。因此，雄安新区不能只是一片净土和一座封闭的城市，不能完全没有外来人口，不能全是高楼大厦，而街边找不到小吃店和小摊贩。因此，雄安新区的设计中要具有包容性，可以给就业提供丰富的空间，这样的话才能形成各个产业兴旺发达的局面。

采写/新京报记者　侯润芳

后 记

以习近平总书记两次视察北京讲话为遵循，国家"十三五"规划确立了把京津冀协同发展纳入国家发展战略。2017年9月13日中共中央国务院批复的《北京城市总体规划（2016—2035）》，对北京城市发展作出了"一核两翼"新布局，副中心建设或许意味着新北京建设正在布局，雄安新区的建设，作为千年大计，国家大事，更是吸引了无数中国人关注的目光，京津冀地区未来发展将给人们提供丰富的想象空间。

为破解京津冀发展中的难题，落实好习近平总书记两次讲话精神，落实党中央国务院有关推进京津冀协同发展一系列的政策要求，北京改革和发展研究会立足于北京的改革和发展，2014年以来，围绕京津冀协同发展，副中心建设、雄安新区建设以及2022年冬奥会的筹办，举办了多场论坛。呈现在读者面前的这部专著，就是围绕京津冀协同发展这一主题，专家们所提交的24篇最新的决策咨询报告。这些报告多数属于2017年公开出版物，已经在社会上产生广泛影响；有些报告则是专门为约稿所作。此次辑集出版，既是进一步扩大各位专家论文影响力，也是解码京津冀协同发展的最新力作。

为了此书的出版，北京社会科学界联合会提供了经费资助；参与撰稿的各位老师提供了他们最新的研究成果，燕山出版社和出版社的金贝伦老师为此书出版提供了大力支持，北京改革和发展研究会秘书长毛雪峰为此书的出版提供了具体细微的服务，在此一并致谢！

京津冀协同发展是一项宏大的工程。需要我们持续跟踪，为决策部门提供有智慧的思想，进而通过科学决策，为京津冀协同发展奠定扎实的腾飞基础。

《解码京津冀——京津冀协同发展研究报告》编委会
2017年11月30日